侠の歴史

西洋編 下

士は己を知る者のために死す、「侠」に生きた勇者たち

堀越宏一◆編著

清水書院

はしがき

現在の日本人にとって、「侠《きょう》」という語から連想されるのは「任侠」や「侠客《きょうかく》」であり、いわゆるヤクザ的生き方であろう。しかし、これを今風に反社会的勢力として単純化して捉《とら》えてしまうと、歴史的には正確な理解ではない。一九六〇～七〇年代に流行《はや》ったヤクザ映画の登場人物でさえ、義理と人情を重んじ、「弱きを助け、強きをくじく」という側面を欠くことはなかった。

この『侠の歴史』シリーズの「東洋編(上)」の編者である鶴間和幸氏もその「序」の冒頭に引いている『史記列伝・游侠列伝《ゆうきょうれつでん》』では、「游侠とは、その行為が世の正義と一致しないことはあるが、しかし言ったことは絶対に守り、なそうとしたことは絶対にやり遂げ、いったん引き受けたことは絶対に実行し、自分の身を投げうって、他人の苦難のために奔走《ほんそう》し、存と亡、死と生の境目を渡った後でも、おのれの能力におごらず、おのれの徳行を自慢することを恥とする、そういった重んずべきところを有している者である」『史記列伝・五』(小川環樹・今鷹真・福島吉彦訳、「岩波文庫」。一部改変)とされている。単純な「無法者 outlaw」ではなく、既存の秩序や価値観に抵触《ていしょく》してでも、自身を犠牲《ぎせい》にして、その信念や仲間のためにできる限りのことをした人たちのことを指しているのである。

こうして、単純ヤクザ的「任俠」を離れてみれば、「俠」という観念や言葉が存在しない西洋世界にも、この種の価値観はありうるのである。それは、必ずしも反権力でもないし、暴力的手段で既存の社会秩序とは異なる体制をもたらそうとするわけでもない。また、欧米語の表現で言うところの、「怪盗 gentleman thief」とか、民衆を助ける反権力的な「義賊 social bandit」という存在よりもむしろ、まさに司馬遷《しばせん》の言うような「游俠」の人物と言うほかはない。本書では、そのような人々のエピソードを集めた。

西洋世界の場合、東洋や、とりわけ日本と異なるのは、キリスト教の存在の重みである。本書でも、宗教改革者ミュンツァーを代表として、宗教的信念に殉《じゅん》じる人物が選ばれていることは、東西世界の違いの一つだろう。

しかし、そのような「俠」の人を探す作業は容易ではなかった。「俠」の人とは、悲劇的な最期《さいご》を迎えるとは限らないものの、おおむね社会的に成功することはない。このため、その名が知られることは、いわゆる英雄や偉人と比べるとはるかに少ない。このため、本書の人選は、「俠」の人と同時に、その人と対立する人物を意識することとなった。表紙カバーに描かれているのは、一九四三年、ヒトラーの独裁に反抗して処刑されたドイツの若者ゾフィー・ショルである。知名度という点で、このようなコントラストが生じるということも、「游侠の徒」ならではのことである。

『侠の歴史・西洋編』については、中東編と一緒になっている「上巻」とこの「下巻」ともに、その実質的な編者となって下さったのは、日本大学経済学部専任講師高草木邦人氏と日本大学文理学部非常勤講師林亮氏である。お二人はともに日本大学文理学部史学科の大学院出身で、在学当時、そこで非常勤講師をなさっていた学習院大学文学部名誉教授堀越孝一氏の演習に参加する機会があり、そのような縁を通じて、堀越孝一氏が編者となった『悪の歴史・西洋編』(上・下)(清水書院、二〇一七・一八年)の編集に参加されたのである。本来ならば、本書も同じチームで編まれるところだったのだが、二〇一八年九月に堀越孝一氏が病を得て亡くなられたために、名前がほとんど同じでややこしいのだが、同じ日本大学大学院で非常勤講師をしていた私、堀越宏一が本書の編者をお引き受けすることとなった。堀越孝一氏のご遺志を充分に継ぐことができなかったことを畏れつつ、同氏のご冥福を心から祈念申し上げる。

このような経緯のため、『侠の歴史・西洋編』「上・下二巻」に収められた多彩な人物は、ほとんど高草木氏と林氏の人選によるものである。お二人は、古代から現代に至る西洋世界に現れた「游侠の徒」を、できる限り多くの国から集めて下さったのみならず、表紙のイラストに至るまでさまざまなアイディアを提供して下さった。全体の編集の労をお取りくださった清水書院の渡部哲治氏への感謝とともに、お二人の努力に改めてお礼申し上げる次第である。

本書によって、人物伝としても面白いと同時に、理想や願望に導かれて、志を遂げたり、またはそれに殉じたりした人々が、西洋世界にも数多存在したのだということを、読者諸賢にも是非お知りいただければと願っている。

前四三〇年の疫病に見舞われたアテナイか、
一三四八年の黒死病のヨーロッパのような、　二〇二〇年四月　**堀越宏一**

「俠の歴史」西洋編【下】

目次

❖本書に掲載した各人物論におきましては、各執筆者の考えや意向を尊重し、年代・数字などの表記を除いて、論説や人物評価などの内容上の統一は一切はかっておりません。論説の展開上、同一の「侠者」が別のテーマでも取り上げられ、その人物評価や視点が異なるケースもあります。また、読者の便宜を踏まえまして、各テーマにおける重要人物に生没年や在位年を付記しましたが、これも別のテーマで重複して付記した場合があることをお断りします。（清水書院編集部）

「俠の歴史」

西洋編

【下】

イングランド支配に抗《あらが》う
スコットランドの勇者《ブレイヴハート》

ウィリアム・ウォレス

…William Wallace…

有光秀行

はじめに

本稿であつかう「侠客」は中世スコットランドの人なのだが、そのスコットランドの政治的個性を意識する機会が最近増えている。

たとえば、イギリス（連合王国）からのスコットランド独立の是非《ぜひ》を問う二〇一四年の住民投票。その報道に、驚きとともに接した人も多いであろう。このときの投票結果は反対が賛成を上回り、独立問題は一時沈静化したものの、今度はイギリスのEU離脱にあたって、再浮上している。スコットランドではEU離脱に反対する票が過半数を占めたのに、イギリス全体の投票結果に従って離脱を余儀《よぎ》なくされるのは理不尽《りふじん》であるとして、スコットランド自治政府のニコラ・スタージョン首相は、再度の住民投票を求めているのだ。ちなみに同首相は、独立を党是《とうぜ》とするスコットランド国民党の党首でもあり、この政党は現在スコットランド議会の第一党の座にある。

さて、筆者は一九九五年にスコットランドのグラスゴウ大学で研究生活を送る機会をもった。そして、現在のスコットランド独立の動きは、イギリス政府からの権限委譲の声が高まった、その頃からひとつの流れを形作っている印象をもっている。

筆者は当初スコットランドの事情にうとく、到着早々、「スコットランドはイングランドとお札が違うのか！」と驚くところから生活を始めたのだが、いささか彼の地になじんだと感じた頃に、大学近くの映画館で鑑賞したのが、本稿の主人公であるウィリアム・ウォレス（？—一三〇五）を主人公にした『ブレイヴハート』であった。ウォレスは一言で言えば、中世においてイングランド王のスコットランド支配に抵抗し、独立を守ろうとした人物である。映画館では、観客が時折声を上げながら、ウォレスに感情移入して見入っていた。このように、現代でもスコットランドの人びとの琴《きん》線《せん》に触れるウィリアム・ウォレスは、じっさいにはどういう人物であったのだろうか。

中世人が描くウォレス

十三世紀末のこと、

ウィリアム・ウォレスは、言ってみればその巣窟《そうくつ》から頭をもたげ、ラナークでイングランド人の州長官を殺害した。そのためこれ以降、イングランドの暴政の耐えがたい支配下で、隷属《れいぞく》という重荷の元に圧迫され、心中苦々しく思っていた人々はみな、彼のところに集まり、そして彼はその指導者になった。彼は驚くほど勇敢《ゆうかん》で豪胆《ごうたん》、見た目もよく、まったく物惜しみしない人だった。そして王国の伯《はく》たち、領主たちからは生まれが卑《いや》しいと思われていたが、彼の父祖は騎士《きし》身分という名誉に喜びを感じていたのである……こうしてウォレスはイングランド人を打倒し、日々力を蓄え、短い期間に力づくで、また武勇の力で、スコットランドの有力者を、望むと否とにかかわらず、みな支配下に置いた。

これは中世スコットランドを代表する歴史家の一人、ジョン・オヴ・フォーダン(?―一三六三/以降?)が十四世紀半ばに記した年代記の中で、ウォレスが初めて登場する部分である。ウォレスが亡くなって約五〇年後、彼がどのように記憶されていたかがわかる。武勇にたけ、かつ気前がよいのは、当時人々が理想視するリーダーに不可欠の資質である。出自《しゅつじ》の面で最上層のエリートたちはウォレスに距離感をもっていたものの、しかし間違いなく騎士身分、つまり一般民とは違う存在であったことも強調されている。イングランドの圧政に対するスコットランドの抵抗の中心として、無名の存在から十三世紀末に一躍脚光《いちやくきゃっこう》を浴びるに至った人物という、今日まで受け継がれるウォレス像の基本が、すでに明確にあらわれている。

ジョン・オヴ・フォーダンからさらに数十年後、一四四〇年代に年代記をものしたウォルタ・バウア(一三八五―一四四九)は、ウォレスをこう描いている。

高貴な騎士の息子で、イングランド人への鉄槌《てっつい》である有名なウィリアム・ウォレスが、台頭した。

彼は巨体で背が高く、見た目は陽気で容姿端麗《ようしたんれい》、肩は広く骨太で、腹部も釣り合いがとれ足は長く、ぱっと見て好感が持てるが野性的でもある。りっぱな臀部《でんぶ》、力強い手足をそなえた、たいへん勇ましい戦士であり、剛健な四肢《しし》を持っていた。……神は天与の才で彼の言動をおおいに祝福したため、彼を見るだけですべての忠実なスコットランド人の善意・好意は彼に組したのである。そしてこれは驚くべきことではない、というのも彼は贈り物をたいへん惜しみなく与え、判断はひじょうに公正であり、悲しむ者を慰めるときにはおおいに同情し、みごとな助言を与え、苦難に耐える際はじつに辛抱強く、その弁舌は傑出《けっしゅつ》しており、何より虚偽《きょぎ》・欺瞞《ぎまん》を突き止め、裏切りを嫌った。このため神は彼とともにあり、神の力を得て彼は万事に成功した……貧者や寡婦《かふ》を助け、親を亡くした若者の復位に汗を流し、抑圧《よくあつ》された者を救済した……。

バウアはウォレスが亡くなって一〇〇年以上ののちに執筆しているのだが、ウォレスを直接知っているかのような細々とした筆の運びである。ここでのウォレスははなはだしく理想化されており、英雄伝説の主人公としての存在感をすでに十分に示している。

それでは、没後百数十年のうちに、このように伝説的存在となった勇士ウィリアム・ウォレスは、なぜ「イングランド人への鉄槌」となったのであろうか。ウォレスの時代に、イングランドとスコットランドの関係はどうあったのであろうか。

スコットランド・イングランド関係史

スコットランドの視点から考えてみよう。はじめに、そもそもスコットランドはいつ形成されたのであろうか。この問いにはいくつかのの答え方があるが、そのひとつに、十一世紀後半のスコットランド王であった、マルコム三世(在位一〇五八—九三)の治世を重視するものがある。それまで王位の継承は、王家の血をひく者であれば原則として誰でも権利を主張でき、その結果、相続争いは珍しいものではなかったが、マルコムの息子エドガが即位した一〇九七年以降は、マルコムの血を直接ひく者が王位を継承した。「マルコムの子孫」を意味する「マクマルコム」朝が約二〇〇年という長い期間にわたって王国を支配したことが、臣民《しんみん》の、王国民としてのアイデンティティ意識に大きな影響力をもった、と指摘されている。

さて、ブリテン島で北部のスコットランドと並んで王を頂く国が、その南に広がるイングランドであった。前述のマルコム三世が、いとこでライヴァルのマクベス王(シェイクスピアの、あのマクベスのモデルである)を打倒して即位するにあたっては、イングランドからの加勢が大きな役割を担った。このように、スコットランド王権はイングランドに支えられ、またイングランドから人財を導き入れたり、さらに統治制度や城郭《じょうかく》建築、貨幣作成など、その文物を学び導入しながら、自らを強化していった。

一方で、両国の関係が悪化することもままあった。そのなかで、ウォレスの時代以前に、スコットランドの存在が危機的状況に陥ったことがある。一一七四年のファレーズ条約である。イングランド王ヘンリ二世（在位一一五四―八九）への反乱に加担したスコットランド王ウィリアム一世（在位一一六五―一二一四）は捕らえられ、ウィリアムは、ヘンリを主君として認める儀礼をおこなった上で、王国領有を認められたのである。この条約はヘンリ二世没後、金銭支払いと引き換えに破棄されたものの、両国の関係を考えるうえで、長く記憶にとどめられることになった。

さて、こうして紆余曲折《うよきょくせつ》を経て展開したスコットランド王国の歴史は、「黄金時代」と称される十三世紀後半のアリグザンダ三世（在位一二四九―八六）治世の後に、さらなる危機を迎えることになる。アリグザンダ没時に彼の血を直接引いていたのは、ノルウェイにいた孫娘マーガレットただ一人であったが、彼女もスコットランドに来る途中、一二九〇年に亡くなってしまったのである。

ここで後継者候補となったのは、マーガレットの遠縁の親戚であるジョン・ベイリオル（一二四八／五〇頃―一三一四）、ロバート・ブルース、ジョン・ヘイスティングズという三人の貴族であった。とくに前二者は王国西南部におけるライヴァルでもあり、軍事的対立への緊張感が高まるなか、仲介者として人々に望まれたのが、時のイングランド王エドワード一世（在位一二七二―一三〇七）であった。エドワードは審理の上、ジョン・ベイリオルを国王に選び、さらにこの機会に乗じて、自らを上級領主として認めさせた。当初はこれに大きな反対はおきなかったのだが、エドワード王はスコットランド人を大陸での戦争に徴用しようとするなどしたため、有力者たちはエドワード王に敵対した。しかし彼らは、ブリテン島を北上し進軍してきた王に屈服し、エドワード一世はかつて自らスコットランド王に選んだジョン・ベイリオルを廃位した。一二九六年のことである。

ファレーズ条約の時のウィリアム一世は、イングランド王に臣従しながらも王位にとどまったのだが、今回はスコットランド人の王が廃され、スコットランド王国はイングランド王の直接統治下におかれてしまった。こうした状況のなかで、ウィリアム・ウォレスはイングランドに対する抵抗運動の中心人物として、脚光をあびる存在となったのだ。

スターリング・ブリッジの勝利へ

さてこのウォレスだが、いつ、どのような環境のもとで生まれ育ったかについて、はっきりした記録はほとんどない。

彼が歴史の舞台に登場するのは一二九七年五月、先にジョン・オヴ・フォーダンの記述で概略を見たように、スコットランド南部のラナークで、イングランド側の州長官ウィリアム・ヘセルリグを夜襲・殺害し、略奪《りゃくだつ》と放火をおこなった事件が最初である。そのすぐあとでこんどは、サー・ウィリアム・ダグラスという貴族と結託《けったく》し、ウォレスは東部のスクーンに移動して、エドワード王の司法官ウィリアム・オームズビを狙った。オームズビは命からがら逃れのびたが、ウォレスはさらに活動をつづけ、各地でこうした抵抗運動がわきおこった。

一方イングランド側も反撃に出て、軍勢を北上させる。これに対し、グラスゴウ司教ロバート・ウィシャート、ウィリアム・ダグラス、ロバート・ブルース(前述のロバート・ブルースの孫)ら、スコットランドの有力者の軍勢も集結し、スコットランド西南部のアーヴィン近郊で両軍は対峙する。しかし戦闘に至る前にスコットランド側は屈し（アーヴィンの協定、一二九七年七月）、ウィシャートやダグラスは投獄され、ブルースの権威も傷ついた。一方でウォレスは、この一件にはかかわりをもたなかった。

ウォレスはスコットランド東部で、イングランドへの抵抗活動を続けた。当時エドワード王によってスコットランドの監督役に任じられていたのがサリ伯ジョン・ド・ウォーレン（一二三一頃－一三〇四）である。ウォーレンはエドワード王の下で対スコットランド外交に従事してきた人物で、エドワードによってスコットランド王に選ばれたジョン・ベイリオルの義父でもあった。エドワード王のスコットランド遠征にも参加したウォーレンは、上述のようにスコットランドの監督役となったものの、この地が健康に悪いから（！）とイングランドに戻り、ウォレスらへの対応に消極的であった。しかしエドワード王に強く命じられ、ウォーレンは北上して九月にスコットランド中部のスターリングに至り、ここでウォレスおよびアンドルー・マリが率いるスコットランド側の軍勢と対峙した。このマリは、スコットランド北部にあるマリ地方の有力家門の出身

ウィリアム・ウォレス関係地図

（Andrew Fisher, *William Wallace*, 2nd ed., Edinburgh, 2007[pbk]. より）

者で、一二九六年にエドワード王に刃向かって父や叔父とともに捕らえられたが、脱獄して抵抗運動を続けてきた、筋金入《すじがねい》りの人物である。両軍がどのくらいの規模であったか正確にはわからないが、エドワード王によってスコットランド財務府長官に任じられていたヒュー・オヴ・クレシンガムは、イングランドとスコットランドの境に近いロクスバラで騎士を三〇〇、歩兵を一万集めたとの記録を遺している。一方スコットランド側の規模はもっと小さく、そのほとんどは歩兵であり、不利な条件下にあったと考えられている。ウォーレンは降伏《こうふく》を迫ったが、ウォレスは断固戦って「我が国を自由にする覚悟」だとしてはねのけた。そして狭い橋を渡ってイングランド側が行軍する機を逃さず、スコットランド側はこれを攻撃し、財務府長官クレシンガムはじめ騎士約一〇〇、歩兵五〇〇〇を殺害し、ウォーレンを敗走させた。一二九七年九月十一日、スターリング・ブリッジの戦いとして長く語り継がれる、イングランドに対するスコットランド抵抗運動の大勝利である。

一進一退、そしてフォルカークの敗戦

こののち、拠点になっていた都市や城が次々とスコットランド側の手に落ち、イングランドによるスコットランド支配は弱体化した。

さらにウォレスらは、この勢いに乗じてイングランドに南下し、各地で略奪や殺人をおこなった。彼らに襲われたイングランド北部で、十四世紀に記された年代記によれば、ニューカースルからカーライルまでの聖職者はみな、ほとんどの人と同様、スコットランド人から逃げていったので、

すべての修道院や教会で神への礼拝がおこなわれなくなったという。人々の恐怖の記憶は、このように継承されていったのだ。その一方、十一月七日付で、やはりイングランド北部のヘクサム修道院で発給された証書には、ウォレスらがこの修道院を保護下においたことが記されていて、蛮行《ばんこう》ばかりがおこなわれていたのではないこともわかる。ちなみにこの証書は、以下のような挨拶文《あいさつぶん》で始まっている。「スコットランド王国軍の指導者であるアンドルー・マリとウィリアム・ウォレスが、神の恩寵《おんちょう》によりスコットランドの卓越《たくえつ》した王である、優れたジョン（・ベイリオル）殿の名において、同王国共同体の同意をもって、この文書が届けられるすべての人に挨拶する」。エドワードに廃位されたジョン・ベイリオルが依然王と見なされつづけていること、またスコットランドの「王国共同体」という存在が意識されていることを、はっきり読み取ることができる。

この証書が発給されてからほどなくして、ここまでウォレスとともに抵抗運動を牽引《けんいん》してきたアンドルー・マリは亡くなったらしい。一方で悪天候のため、一二九七年十一月末にスコットランドに引き上げたのちもウォレスは、イングラン

スターリング・ブリッジの戦い（個人蔵、Alamy提供）

ドとのさらなる争いへの準備に余念《よねん》がなかった。しかし、スコットランドの人々がみなウォレスに同調したわけではないようだ。現代におけるウォレス伝の作者アンドルー・フィッシャーは、その証拠として、ウォレス軍から二度脱走してその度に捕まり、三度目は死刑と脅《おど》され、自分の意思でなく恐怖から従軍したという証言の記録を紹介しているが、それに続けて、こうした者たちと、戦う気に満ちた者たちとが混ざった集団を、有能な軍勢に仕立て上げたことに、ウォレスの非凡な軍事的才能を見て取っている。

エドワード一世は、大陸での戦役に区切りをつけ、一二九八年三月半ばにイングランドに戻り、六月にはロクスバラで挙兵して北上した。騎士が二〇〇〇〜三〇〇〇、歩兵(多くがウェイルズ人)が一万四〇〇〇ほどと考えられている。前述のスターリング・ブリッジの戦いにあたって集められた騎士三〇〇、歩兵一万ほどに比べ、相当の大軍である。これに対してウォレスは決戦を挑《いど》まず移動し、それを追ってイングランド軍も北上を続けた。

食糧不足と配下の兵の反乱に苦しみつつ、イングランド側は七月に、スコットランド軍がエディンバラの西北西四〇キロメートル弱のフォルカークにいることをようやく探り当て、戦いを挑んだ。スコットランド側も、槍兵たちによる複数の密集部隊を中核にして、これを迎え撃ったが、イングランド軍の騎士、弓兵、弩兵《どへい》の攻撃によって敗北を喫した。ウォレスは戦場から逃げ延びた一方、エドワード王もイングランドに戻った。

ウォレスの最期と後世の評価

翌一二九九年十一月までに、ウォレスは海を渡って大陸にやってきた。フランス王フィリップ四世(在位一二八五—一三一四)を説いて、イングランドを挟撃する目的である。さかのぼって一二九五年の秋、エドワード王の圧政に対抗するべくスコットランドはフランスと、「古い同盟」と呼ばれる、イングランドに対抗する同盟関係を結んでいた。だがその後イングランドとフランスの関係は改善し、この一二九九年の九月、エドワード王はフィリップ王の姉妹マーガレットと結婚していた。フィリップ王はウォレスの身柄を拘束したが、翌一三〇〇年十一月のローマ教皇庁への使節団にあてた書簡では「彼の親愛なる騎士」ウォレスのために、彼がすすめたい件について教皇の寵を得るようにと記し、その姿勢は変化している。そこには、ウォレスの人間的魅力も反映されているのかもしれない。

ウォレスがいつスコットランドに戻ったかは不詳であるが、一三〇三年六月以降イングランドへの抵抗軍に再び加わっていた。しかしその前月に、フランスとの同盟を締結していたエドワード王の攻撃は厳しく、ウォレスとともに蜂起の中心人物だったジョン・カミンやサイモン・フレイザも、やがてエドワード王の軍門に下った。やはり有力者の一人であるロバート・ブルースは、すでに一三〇二年にエドワード王に屈していた。彼らはウォレスの捕縛《ほばく》を命じられた。年代記作者ジョン・オヴ・フォーダンは、ウィリアム・ウォレスのみがイングランドに服従しなかったことを、強調している。しかしそのウォレスもついに、一三〇五年八月、グラスゴウもしくはその近辺で「ずるいやり方で、裏切りによって」（フォーダン）ついに捕らえられた。ウォレスはすぐにロンドンに移送され、裁判のうえ絞首《こうしゅ》、その亡骸《なきがら》は記すに忍びない残酷な扱いをうけた。

こうしてスコットランドは、十年弱の間イングランドに対する抵抗運動を率いてきたウィリアム・ウォレスを、失うこととなった。しかしまもなく、その地位を引き継ぐ人物が現れる。ロバート・ブルースである。彼の下で、スコットランド史は新たな章に入っていくことになる。

スコットランド独立の主張を、ウォレスに比肩《ひけん》するほど勇気を持って、一貫しておこなった同時代人はいなかった……エドワードへの反乱で彼は革命を起こす寸前に至った。イングランド人が狙った彼の孤立は、スコットランドの支配層も彼から離れ、避けられなかった。彼は彼自身の成功の犠牲者《ぎせいしゃ》であった。

（アンドルー・フィッシャー）

しかしその後数世紀にわたって、ウォレスは民間伝承や文芸作品で語り継がれ、十九世紀後半には、彼を記念してスターリング近郊に「ザ・ナショナル・ウォレス・モニュメント」が中世風の建築様式で立てられた（ウォレスの記念建造物は、スコットランドにこのほか、二〇以上あるそうだ）。この「モニュメント」内の「英雄たちの間」には、こののち独立運動の中核となる前述のロバート一世（ブルース、在位一三〇六―二九）、「国民詩人」ロバート・バーンズ、宗教改革者ジョン・ノックス、作家サー・ウォルタ・スコット、技術者ジェイムズ・ワット、探検家デイヴィド・リヴィングストン、学者アダム・スミス、同じくトマス・カーライル、政治家ウィリアム・グラッドストンほか、そうそうたる人々の胸像が並べられている。またここには、二〇一九年以降、歴史に残る功績をあげた女性たちのそれが、加えられていくそうである。このように、時代とともに変化しながらも受け継がれていくスコットランドの国家的自尊心の一大象徴として、ウィリアム・ウォレスは今後も、その役割を果たし続けていくであろう。

⊙参考文献

有光秀行「スコットランドの形成と国王たち」（『中世ブリテン諸島史研究』〔刀水書房、二〇一三年〕第六章〔初出、木村尚三郎編『学問への旅』山川出版社、二〇〇〇年〕）

Andrew Fisher, 'Wallace, Sir William', *Oxford Dictionary of National Biography*, Oxford, 2004.

Idem, *William Wallace*, 2nd.ed., Edinburgh, 2007(pbk).

王と市民が協力するフランス王国の実現を目指して

エティエンヌ・マルセル

…Etienne Marcel…

佐藤 猛

エティエンヌ・マルセル（一三一〇頃―五八）は、十四世中葉のパリに生きた豪商《ごうしょう》であり政治家である。当時のフランスは、イングランドとの百年戦争における緒戦連敗と疫病《えきびょう》ペストの大流行によって、どん底の状態にあった。彼の名は、現在のところ日本の高校世界史の教科書には登場しない。しかし、その名はセーヌ川右岸を走る地下鉄の駅や通りの名称に刻まれ、オテル・ド・ヴィルの略称で知られるパリ市庁舎前にはその勇ましい騎馬像《きばぞう》がたたずんでいる。

革命家か反乱者か

エティエンヌ・マルセルは当時の裁判記録等によると、一三一〇年までには生まれたとされる。西欧一帯に蔓延《まんえん》したペストが落ち着き、しばらく経った一三五四〜五五年頃、実質的なパリ市長にあたる商人頭に就任する。翌五六年、国王ジャン二世（在位一三五〇―六四）が英軍の捕虜《ほりょ》となるなか、王太子シャルル（のち国王シャルル五世、在位一三六四―八〇）に対して国政改革を要求した。しかし、ナヴァール王シャルル・デヴルー（在位エヴルー伯：一三四三―八七、ナヴァール王：一三四九―八七）の台頭やジャックリーの乱によるパリの政局の混乱の渦中において、一三五八年七月三一日、かつての支持者たちによって殺害される。

エティエンヌは、死後五〇〇年を経た十九世紀のフランスにおいて、共和派からは「革命家」、王党派からは「反乱者」と見なされた。その評価は、彼が王国の平民代表として何を主張したかを見極《みきわ》め、その主張を当時の時代背景にどのように位置付けるかによって大きく変わっていく。彼の「俠」の側面を明らかにする上でも、これらの問題の検討が不可欠となろう。

パリ商人頭への抜擢

十二世紀、パリでは教会にステンドグラスと尖塔《せんとう》が備わり、神学を研究・教育する大学が設立されると、そこにはカペー朝フランス王国の都らしい風格が漂い始めた。十三世紀初頭には、カペー王権は北西フランスのノルマンディーやアンジューにおける英大陸領の征服に成功した。その後、セーヌ川の統制に乗り出し、これを管理するパリ水上組合に大きな権限を与えた。セーヌの水運を利用する商人は水上組合の許可を得た上で商取引を行い、収益の半分を水上組合に献上しなければならない。許可なくセーヌ川を利用した商人は、全商品を没収され、その売却益《ばいきゃくえき》はフランス王と水上組合のあいだで折半《せっぱん》された。

これにともなって、一二六〇年代には水上組合の長としてパリ商人頭の官職が創設された。商人頭は商人および手工業者の同業組合を監督するとともに、セーヌ川経由で運ばれるワイン、塩、穀物、木材等の日常必需品から、王家納品用の毛織物や香辛料《こうしんりょう》にいたる高級品まで、都の生産・流通・消費を取り仕切る存在であった。以来、商人頭にはパシィ家やピドゥ家等の名門商家の出身者が任命された。十三世紀末以降、王の統治機関が発達すると、こうした名門商家は国王宮廷に主に高級品を納入して富を築き、王に貸付や出資を行いながら王国の財務官職を獲得した。パリ周辺に土地を購入し、貴族身分を取得する者も少なくなかった。

マルセル家は毛織物商品を扱い、パリ北方のフランドルやブラバント（三六ページ地図参照）にまで仕入先を広げた名門商家の一つであった。エティエンヌの父シモンは同家の五男であり、エティエンヌは長男とはいえ分家の子であった。一三四六年八月二六日、百年戦争における最初の大会戦となったクレシーの戦いで仏軍が敗北した。そのなかで兵士や国王顧問官《こもんかん》のみならず、王に軍資金を貸し付けてきた豪商が敗戦の責任を問われ、失脚していった。エティエンヌの岳父《がくふ》で王の財務役人も務めたデ・ゼサール家のピエールも、その一人として財産を没収された。こうした状況も一因となって、分家出身のエティエンヌがパリ商人頭に抜擢《ばってき》される。

十四世紀中葉におけるパリの政治と社会に精通する中世史家レモン・カゼルは、二〇〇六年の著書『エティエンヌ・マルセル』において彼の性格を「お世辞《せじ》、宮廷《きゅうてい》との駆《か》け引き、世渡りが下手」と評した。本家に対して、長年にわたり嫉妬《しっと》を抱き続けるも、それを発散できない不器用《ぶきよう》な男という人物像が浮かび上がる。同じ商人である岳父の結末を知ったエティエンヌは、王家御用達《ごようたし》の豪商に見られる王権や貴族層との癒着《ゆちゃく》を避けながら、政治生活に入った。

全国三部会における国政改革

エティエンヌ・マルセルの生年を前述の一三一〇年頃と仮定しよう。彼は四五歳前後にパリ市民のリーダーとして行動したこととなる。その政治的主張は一三五五年十二月、パリの全国三部会において世に出た。三部会とは聖職者・貴族・平民の三身分の代表が一同に会し、課税を中心に王国統治の問題を協議し、王に助言を行う場である。それは、議員の旅費や各地の言語の違い等の理由から、北のラングドイル三部会と南のラングドック三部会に分けて開催されることが多かった。

クレシーの戦い以来、英仏は当時南仏のアヴィニョンに置かれた教皇庁の仲介《ちゅうかい》の下、和平交渉を重ねた。しかし、フランス南西部のアキテーヌ地方を中心とする英大陸領を独立させるか否かで妥結《だけつ》できず、一三五五年の夏以降、再び戦闘態勢に入った。十二月二日、国王ジャン二世は軍資金収集のためパリにてラングドイル三部会を開催した。各身分は、王が求める貨幣改鋳《かいちゅう》を拒否した上で、課税に同意し、三部会による税の徴収《ちょうしゅう》や管理等を要求した。貨幣改鋳とは貨幣の額面価格を変更せずに、貴金属の含有量を減らして、金や銀を節約する金策の手段である。

しかし、貨幣改鋳は物価、賃金、売買契約等の混乱を招いた。平民代表のなかには、貨幣価値の変動を利用して投資で財を築こうと目論《もくろ》む商人もいたが、経済活動の安定が重視され、三部会が管理するかたちでの課税・徴税方法が提案された。この結果、同年十二月二八日の王令において、三万人の兵士を雇うため、商取引に対する三・三%の消費税と塩税の賦課《ふか》が布告《ふこく》された。

財政的な援助を約束された国王ジャンは、春以降、行動に出た。一三五六年四月五日、ノルマンディー地方の中心地ルーアンにおいてナヴァール王及びエヴルー伯のシャルルを捕縛《ほばく》した。この男の母親はカペー家の国王ルイ十世(在位一三一四―一六)の長女ジャンヌであった。さかのぼること十四世紀初頭、フランスでは王位の継承順位が確立されないまま、同王とともにその二名の弟が男子を残さず死去した。その間、ジャンヌとその子孫が王位を継承する事態も想定されたが、一三二八年、王位は分家のヴァロワ家へと継承された。初代フィリップ六世(在位一三二八―五〇)はジャンヌに対して領地授与等の補償を提案した。しかし、百年戦争の勃発後《ぼっぱつご》、息子のシャルルがナヴァール王に即位すると、王位継承問題を交渉材料としながら補償の拡大を求め、交渉が決裂すると英軍と結んでヴァロワ家に圧力をかけていった。

エティエンヌ・マルセルは先の三部会において、国王ジャンへの協力を約束していたため、ナヴァール王の捕縛に際して五〇〇名の民兵とともに駆けつけた。しかし、ジャンは期待通りの税収が見込めないことが判明すると、一三五六年七月、貨幣改鋳の再開を命じた。これに対して、エティエンヌは三部会との合意を無視されたと判断し、徐々にジャンから離れていく。二ヶ月後の九月十九日、仏軍は仏中部のポワティエにおいて英軍に大敗を喫《きっ》した。この時、エティエンヌはパリの民兵を派遣していない。このことが敗因となったかどうかの問題はさておき、ジャンは英軍の捕虜となり、莫大《ばくだい》な身代金《みのしろきん》を要求されることとなる。

すでにノルマンディー公を名乗っていた王太子シャルルはポワティエからパリに戻ると、一三五六年十月十七日、パリでラングドイル三部会を開催した。三身分で八〇〇名あまりの代表が集結する。王太子が王の身代金を捻出《ねんしゅつ》するために援助金を要求すると、三部会は聖職者身分のラン司教ロベール・ル・コックを代弁者として、①国王顧問官の逮捕と裁判、②王国統治に関する常設委員会の設置、③ナヴァール王の解放等を要求した。王太子とその顧問官はこれらの要求を捕囚《ほしゅう》中の父王ジャンに報告後、十二月五日、叔父《おじ》である神聖ローマ皇帝カール四世（皇帝在位一三五五—七八）が滞在する帝国都市メス（現在は東仏の都市）に向かい、助言を求めた。

パリを発った王太子は三部会への回答期限を延期しながら、再び貨幣改鋳を発表した。これに対して、エティエンヌと数名の市民は実力行使に出た。十二月十二日、当時パリの西側城壁の外側にあったルーヴル砦《とりで》（現、ルーヴル美術館）に急行する。王太子から留守中のパリを任されていた弟のアンジュー伯ルイに対して、三部会の承認を得ていない貨幣改鋳令の撤回《てっかい》を求め、その延期を勝ち取った。年が明けて王太子がパリに帰還すると、エティエンヌ率いる三部会との交渉が再開された。両者は、パリを圧迫していた英＝ナヴァール連合軍への対抗という点では一致していた。しかし、軍資金の問題となると、貨幣改鋳か課税かで議論は平行線をたどった。

エティエンヌは事態を打開すべく、一三五七年一月十九日、市民にストライキとともに武装を命じた。王太子は譲歩せざるを得なかった。翌二〇日、三部会の要求に対して回答し、①パリ住民の恩赦《おんしゃ》、②国王顧問官の逮捕・追放・処刑、③三部会の要望に沿った貨幣制度の再考等を約束した。この時代におけるフランス王国史の基本史料である『フランス大年代記』の後半部、「ジャン二世年代記」によると、エティエンヌはこの時、王太子の約束の明文化を求めたという。彼の脳裏には、三部会との合意を無視され続けた記憶が焼き付いていたに違いない。

歴史研究において、この一月十九～二〇日のできごとは翌一三五八年初頭の「パリの革命」あるいは「エティエンヌ・マルセルの乱」の前史と捉えられている。

集権的かつ穏健な王政

それでは、エティエンヌ・マルセルは敗戦下のフランス王国や都パリに対して、どのような将来像をもっていたのか。その前提として、エティエンヌの行動を十九世紀の共和派が賛美したように、「革命」(仏語：révolution)と理解してよいのだろうか。「革命」を社会全体の体制、彼の時代に即していうと王政や封建制の転覆《てんぷく》と理解するならば、彼の目指したものは「革命」ではなかった。それでは、王党派が糾弾《きゅうだん》したように、平民による専制政治(despotisme)を志向したのかと問われると、そうでもなかった。たしかに、彼の主張のなかには国王顧問官の報酬《ほうしゅう》削減や兵士による徴発《ちょうはつ》と略奪の禁止等、反貴族的なものも見られた。しかし、それらは敗戦の責任を問うなかから出てきた要求である。

エティエンヌと市民の行動の成果は一三五七年三月三日、王太子の名の下、通称「大王令」のなかに結実した。全六一条から成る王令《おうれい》が扱う対象は三部会、課税、徴税、司法、貨幣、国王役人、軍事等、多岐《たき》にわたる。個々の条項に注目するならば、平民部会の要望のうち、三部会による徴税と配分(第一～四条)、無用な徴発と略奪の禁止(第十六～十七・三七条)、貨幣改鋳の停止(第十五条)等が合意された。中世フランスにおいて条項数の多い王令の内容を一言で表現するのは難しい。だが、あえて王令を全体として評価すると、政策の決定と実行の過程に三部会が関与することで、王と国王役人の権力濫用《らんよう》を抑えようとする方向性を読み取れる。穏健《おんけん》な王政を目指した措置だといえよう。

こうしてエティエンヌが求めたのは、王権と三部会が協力して王国を統治・運営することであった。特に王権への協力という点は、彼が率いた三部会の平民代表が税額やその身分毎の負担について反対することはあっても、課税そのものを拒否していないことにも表れている。逆に、王が三部会の承認を得ずに一部の顧問官と豪商の合意により貨幣改鋳を決定すると、彼は強く反対した。しかし、現状では三部会への貴族身分の出席者は少なく、一三五五年十二月のように、王と三部会の合意が王令の形で確定されたとしても、王や王太子によって覆《くつがえ》されていた。彼はその悪循環《あくじゅんかん》を断つため、アンジュー伯ルイに詰め寄った頃から武力に頼り始めた。とはいえ、身代金を集めて王の帰還を実現し、敗戦のなかで崩れかけた王政と王国を再建するという路線はブレてはいない。さらに、この路線をより広い時空間のなかに位置付けて考えてみよう。

まずは時間について、パリ商人頭が創設されたのは十三世紀中葉である。この頃のカペー王権は北西フランスの英大陸領を征服すると、セーヌの水運に対する統制に乗り出し、パリ水上組合と商人頭に大きな権限を授与した。パリの商人たちは、王権による支配圏の拡大と集権化を通じて、より広域の商業圏とともにこれを活用するための後盾《うしろだて》を獲得した。このことを踏まえるならば、王権と市民層の協力関係は、百年戦争の緒戦連敗のなかで突如として現れたのではない。むしろ、十三世紀以来の両者の協調路線が敗戦下で再確認されたというべきであろう。

次に空間について、この広域の商業圏は、セーヌ川に沿ってノルマンディーからパリ盆地そしてシャンパーニュへ、さらに支流のオワーズ川方面を北上してピカルディー、アルトワ、フランドルへと伸びていた（三六ページ地図参照）。この商業圏を守ることは、エティエンヌ・マルセルとパリの商工業者の生活と地位に直結した。逆にいえば、彼らはこの商業圏を乱し、破壊しうる勢力には批判的だった。例えば、各地の貴族が有する裁判権等の地方特権は商業活動を阻害《そがい》することもありえた。一三一四〜一五年には、各地において地方特権の明文化を求める貴族の運動が起きたが、先の「大王令」は彼ら貴族層を主体とする国王役人と兵士を統制するものでもあった。

しかし、イングランドとのかつてない規模の戦争の下、エティエンヌとパリ市民の力ではとても対処できない二つの巨大な勢力が動き出していた。一つはナヴァール王シャルルである。シャルルは王位継承権放棄の代償を求めながら、ノルマンディーに多くの所領を集積し、商業圏を蝕《みしば》みつつあった。もう一つは、イングランド王エドワード三世である。一三五七年十二月、エドワードは国王ジャンの身代金要求とともに商業圏を縮小しかねないフランス王国の分割案を示し、ロンドン近郊のウィンザー城において捕囚中の王ジャン二世の合意を得た。

テロの決行

一三五七年十一月九日、ナヴァール王シャルルが三部会の改革派貴族らの手助けによって監禁《かんきん》からの脱出に成功する。以来、パリの政治は、王太子とナヴァール王という二人のシャルルの対立軸に、ラン司教ロベール・ル・コックやエティエンヌ・マルセル率いる三部会が関与する形で複雑に展開した。教皇特使とともに、元フランス王妃でそれぞれナヴァール王の姉及び叔母にあたるブランシュとジャンヌの仲介の下、和平が成ったとしても、すぐに破棄される状況が続いた。

このなかで、エティエンヌ・マルセルの忠誠はヴァロワ家からナヴァール＝エヴルー家へと向かっていった。これは王権との協調路線を歩んできた彼にとって、大転換を意味するようにも思える。しかし、彼にとっては北仏商業圏の保護こそが最優先事項であり、王位の担い手は二次的な問題だった。一方、ナヴァール王にとって商業圏保護は二の次である。ヴァロワ家を追い詰め、補償問題での譲歩《じょうほ》を引き出すことが最優先事項だった。そんな両者が英仏平和条約の批准《ひじゅん》問題をめぐって急接近したのである。

一三五八年一月二七日、国王ジャン二世の四名の使者がロンドンからパリを訪れ、王太子の顧問会においてウィンザー城での合意内容を読み上げた。エドワード三世は王の身代金額を四〇〇万金エキュとした上で、フランス王位を放棄する代償として、南仏のアキテーヌにおける英大陸領とカレーを始めとする北仏の占領地等の割譲《かつじょう》を求めた。パリ大学、都市当局、聖職者団が反対するなか、王太子はナヴァール王とエティエンヌの説得を試みた。そこで、対英戦争をめぐる多様な利害と思《おも》惑《わく》がぶつかり合った。

国王ジャンは自らの釈放の前提となる平和条約締結を優先して、領地割譲の要求を呑み、三部会の閉鎖と課税停止を命じた。これに対して、ナヴァール王は自身の補償問題に充《あ》てられる領地がなくなることを、またエティエンヌは北仏商業圏が縮小することを恐れて、王国分割を条件とする平和条約案に反対した。二月十一日、貴族代表不在のなか開幕したラングドイル三部会は平和条約案を検討することもなく、戦争継続を訴えて新たな課税を承認した。

エティエンヌ・マルセル関連地図

（近江吉明『黒死病の時代のジャクリー』〔未来社、2001年〕をもとに作成）

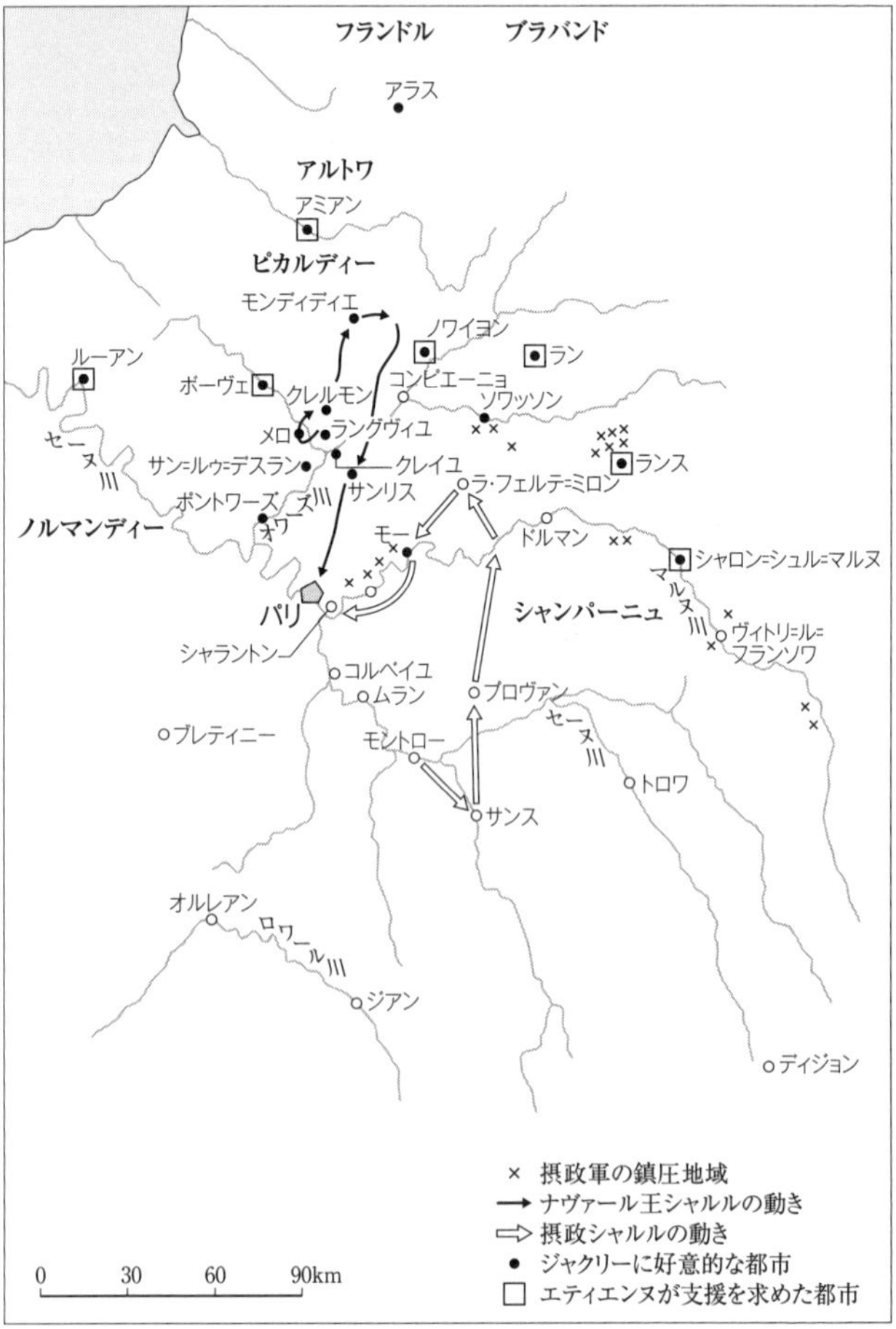

その後、同二二日、エティエンヌは二度目の実力行使に出た。約三〇〇〇名の同業組合加盟者を動員して、王太子邸を襲撃し数名の顧問官を殺害した。後世、「革命」と呼ばれるテロの勃発《ぼっぱつ》であ

る。この直後、エティエンヌは市庁舎前のグレーヴ広場において、反逆者たちの殺害について報告し、支援を求めた。当時、五〇歳手前と思しきエティエンヌの威嚇《いかく》に対して、恐怖に震える二〇歳の王太子はエティエンヌ一派の印である青赤帽の着用を余儀《よぎ》なくされた。二日後、王太子はエティエンヌの要求に対して、常時三〜四名のパリ市民を顧問会に加えることを承認した。その後、エティエンヌはルーアン、アミアン、シャロン＝シュル＝マルヌ、ボーヴェー、ノワイヨン、ソワッソン、ラン、ランス等の北仏諸都市に書簡を送った。彼は、これらの都市において貴族と市民が対立していたことに注目して支援を求め、共に青赤帽を着用するよう要請した。しかし、一部を除いて反応は悪かった。

一方で、エティエンヌは王太子とナヴァール王の和解協議にラン司教とともに介入した。二〇日ほど経った三月十二日までに、王太子はパリ近郊及びピレネー山麓の領地をナヴァール王に授与し、ナヴァール王はノルマンディーとシャンパーニュに対する要求を放棄する形で和平が成立した。ノルマンディーの放棄という点には、北仏商業圏を守ろうとするエティエンヌの助言が影響していたと考えられる。

エティエンヌ・マルセルにおける「侠」

一三五八年三月十七日以降、王太子シャルルはパリを離れた。シャンパーニュとパリ北方において支持を取り戻し、課税への同意を得た。同月末、王太子は父王ジャンの使節との面会を受けて方針転換した。エティエンヌも関与したナヴァール王との和平を破棄し、四月中旬には食料輸送隊を妨害してパリの孤立を試みる。これに対して、エティエンヌは四月十八日付で王太子に書簡を送り付けた。パリ市民の声を代弁するとして、王太子軍の行状を批判したのである。

貴殿《きでん》の命令によって、王国を防衛するためにドフィネ、ブルゴーニュその他の地から来て、すでに引き返した傭兵《ようへい》は、貴殿と貴殿の人民に名誉も利益ももたらさなかった。むしろ、すべての地を食い物にし、人民を略奪し、盗みを働いた。……このように王国の貨幣を取り上げ、盗み、王国住民を略奪している者たちよりも、王国の敵と戦っている者たちに報酬が支払われるべきでしょう。貴殿と貴殿の軍団にいる兵士は、貴殿がおり、国から国へと、戦争がない……場所よりも、敵がいるパリとシャルトルのあいだで貴殿の名誉となるべきでした。

エティエンヌは、王太子の兵士が「敵」である英軍兵士ではなく、むしろ王国住民を苦しめ、そこで税金が無《む》駄遣《だづか》いされていると訴えた。その後、エティエンヌのテロにも刺激を受けて、五月二八日、ジャックリーの農民反乱が老若男女を問わず貴族とその館を攻撃した。密《ひそ》かに反乱と共謀《きょうぼう》していたエティエンヌの陣営も、貴族への攻撃の手を強めた。

ジャックリー平定後、エティエンヌはナヴァール王シャルルをパリに受け入れ、六月十四日シャルルを「パリの司令官」に推戴《すいたい》した。これ以後、エティエンヌはナヴァール王から影響を受けたのか、パリの市民軍に英出身の傭兵を雇い始めた。こうして、王太子軍に対するナヴァール王とエティエンヌの同盟軍の攻撃が始まった。七月初旬以降、教皇インノケンティウス六世と元フランス王妃ジャンヌ・デヴルーの仲介の下、和解交渉が再開するも交渉はまとまらない。その間、市民層のあいだには英出身の兵士を雇うことへの批判が出始めた。

七月二一日、英兵による略奪の噂が広まると、パリの群衆はナヴァール王が雇った英兵三〇名あまりを殺害し、さらに四七名の傭兵をはじめ約四〇〇名のイングランド人を捕縛した。群衆はエティエンヌに対して、彼らをルーヴル砦に幽閉《ゆうへい》するよう求めた。翌二二日の日曜日、ナヴァール王はエティエンヌとともに市庁舎で演説を行い、群衆による傭兵殺害を非難した。これに対して、聴衆は英傭兵の排除を要求し、英守備隊のいるパリ西方のサン＝クルーに向けて行進を始めた。ナヴァール王とエティエンヌもこれに同行することを余儀《よぎ》なくされる。しかし、途中でナヴァール王はサン＝ドニへ、エティエンヌはパリへ引き返した。この事件以後、ナヴァール＝エティエンヌ同盟からの離反者が出始め、その動きは同月二七日、エティエンヌが英傭兵をパリから脱出させるに及んで決定的となった。

エティエンヌはナヴァール王と打開策を協議すべく、四日後の七月三一日、サン＝ドニに向かおうとした。しかし、パリの北門であるサン＝ドニ門を出ようとしたところで門番たちと言い合いになった。その報せは、エティエンヌからこの門の守備を任されていたジャン・マイヤールに届いた。しかし、彼はすでに王太子陣営に鞍替《くらが》えしていた。それは、王家御用達の商人たる地位と財産を守るためであった。彼は「国王万歳、ノルマンディー公万歳」と叫んで駆けつけたといわれている。エティエンヌは東門であるサン＝タントワーヌ門から脱出しようとしたが、ここでも口論となり、ジャンを中心とするかつての支持者らによって殺害された。亡骸《なきがら》は服をはぎ取られ、同門付近の修道院中庭に放置、数日後セーヌ川に投げ捨てられた。

エティエンヌ・マルセルの死から二年後、一三六〇年五月八日、北仏のブレティニーにおいて英仏間で仮の平和条約が締結《ていけつ》された。国王ジャン二世は王国の南西部一帯やカレー周辺をエドワード三世に割譲することとなった。セーヌ川航行の要となるノルマンディーは死守されたものの、広域の商業圏を維持しようとしたエティエンヌの望みは潰えたかに見える。しかし、かつて彼と戦った王太子がその四年後、国王シャルル五世として即位すると、エティエンヌが主張し続けた課税を軌道に乗せ、一三七〇年代前半には彼が愛したパリを要塞化し、失地回復を成し遂げた。

君主に忠義を尽くすという意味で「俠」を考えると、エティエンヌ・マルセルの主君は約二年半で国王ジャン二世、王太子シャルル、ナヴァール王シャルルと変わった。一方で「俠」を自らの信じる正義や理想のために人生を賭《か》けると理解するならば、彼は集権的かつ穏健な王政という理想を追い続けた。では、「俠」を民衆や国民のために権力者と戦うと捉《とら》えるならば、どのような解釈が可能だろうか。彼が人々のために戦ったのは間違いない。しかし、その戦いは貴族の地方特権を犠牲にして、広い商業圏を守るというパリの商人たちの利益実現のためであった。全王国住民のための戦いではなかった。だが、彼は王太子、ナヴァール王、ラン司教、ジャン・マイヤール等とは対照的に、敗戦下のパリの混沌《こんとん》を背景に、理想実現のための手段こそ過激化したものの、理想そのものを変えることはなかった。王の捕囚という前代未聞の事件のなかで、王と市民が協力するフランス王国実現のために戦い続けたのである。

⊙参考文献

近江吉明『黒死病の時代のジャックリー』（未来社、二〇〇一年）

佐藤猛『百年戦争——中世ヨーロッパの最後の戦い』（中央公論新社、二〇二〇年）

ジャック・ダヴー（橋口倫介ほか編訳）『エチエンヌ・マルセルのパリ革命』（白水社、一九八八年）

B. Bove, *La guerre de Cent Ans*, Paris, Éditions Belin, 2015.

R. Cazelles, *Étienne Marcel : la révolte de Paris*, Paris, Taillandier, 2006.

G. Minois, *La guerre de cent ans : Naissance de deux nations*, Paris, Perrin, 2008.

P. d'Orgemont, *Chronique des règnes de Jean II et de Charles V*, par R. Delachenal, Paris, 3 vols 1910-1916. (*Chronique de Jean II ; Chronique de Charles V*, traduite de l'ancien français par N. Desgrugillers, Paris, Paléo, 2003.)

D. –F. Secousse et als [éd], *Ordonnances des roys de France de la troisième race*, Paris, 22 vols, 1723-1849, t. 3.

フランス国王軍
大元帥になった
傭兵隊長

ベルトラン・デュ・ゲクラン

…Bertrand du Guesclin…

林 亮

ベルトラン・デュ・ゲクラン(一三二〇頃―八〇)は、西洋中世史上でも有名な百年戦争(一三三九～一四五三年)の前期に活躍した、ブルターニュ出身の騎士《きし》である。そこで、あらかじめ百年戦争前期の状況について、主な構図を確認しておく。

この戦争の直接の発端《ほったん》は、一三二八年にフランス王家カペー朝の直系が断絶し、ヴァロワ朝が成立したことに起因《きいん》する。アンジュー朝イングランド国王エドワード三世(在位一三二七―七七)がこれに異を唱えて一三三七年に自らの仏王位継承権を主張し、その後戦闘状態に突入した。もちろん、他にも複雑に入り組んだ両王家の利害関係が背景にあって起きた対立ではあるが、紙幅の関係上、ここではこの宣戦布告の大義名分となった、両王家の血縁関係の由来にのみ触れておく。

アンジュー朝(プランタジネット朝)英王家は、古くからフランス王国諸侯として大陸にも所領を保有しており、そこからさらなる大陸での勢力拡大を目指すアンジュー家と、それに抵抗する仏王家との間で、常に対立が続いていた。ただその一方で、平和的関係の構築のため、両王家の間では度々婚姻関係が結ばれてきた。実際、ヴァロワ朝初代となったフィリップ六世(在位一三二八―五〇)と英王エドワード三世は、それぞれ別の仏国王の「孫」であり、血縁の近さだけでいえば大差なかったのである。

こうして勃発《ぼっぱつ》した戦争の初期において仏王陣営は、一三四〇年のスロイスの海戦、一三四六年のクレシーの戦いなどで立て続けに敗北し、一三五六年のポワティエの戦いで更に大敗を喫《きっ》して、大きく劣勢に陥る。この時までにフランス王は、フィリップ六世からジャン二世（在位一三五〇―六四）に継承されるも、このジャン王はポワティエの戦いで捕虜《ほりょ》となっていた。従って、王太子シャルル（後のシャルル五世賢王（在位一三六四―八〇））が、国王代理として王国を辛《かろ》うじて維持していた。このような危機的状況において、一三五七年に騎士ベルトランと王太子シャルルは出会い、ベルトランが国王軍に参加することで、後に怒濤《どとう》の大逆転を巻き起こすのである。

「黒犬」の誕生と彼の故郷

百年戦争という舞台そのものに直接登場するまでの間、ベルトラ

百年戦争前半頃のフランス

❖英仏王家の関係系図 （神崎忠昭『ヨーロッパの中世』より）

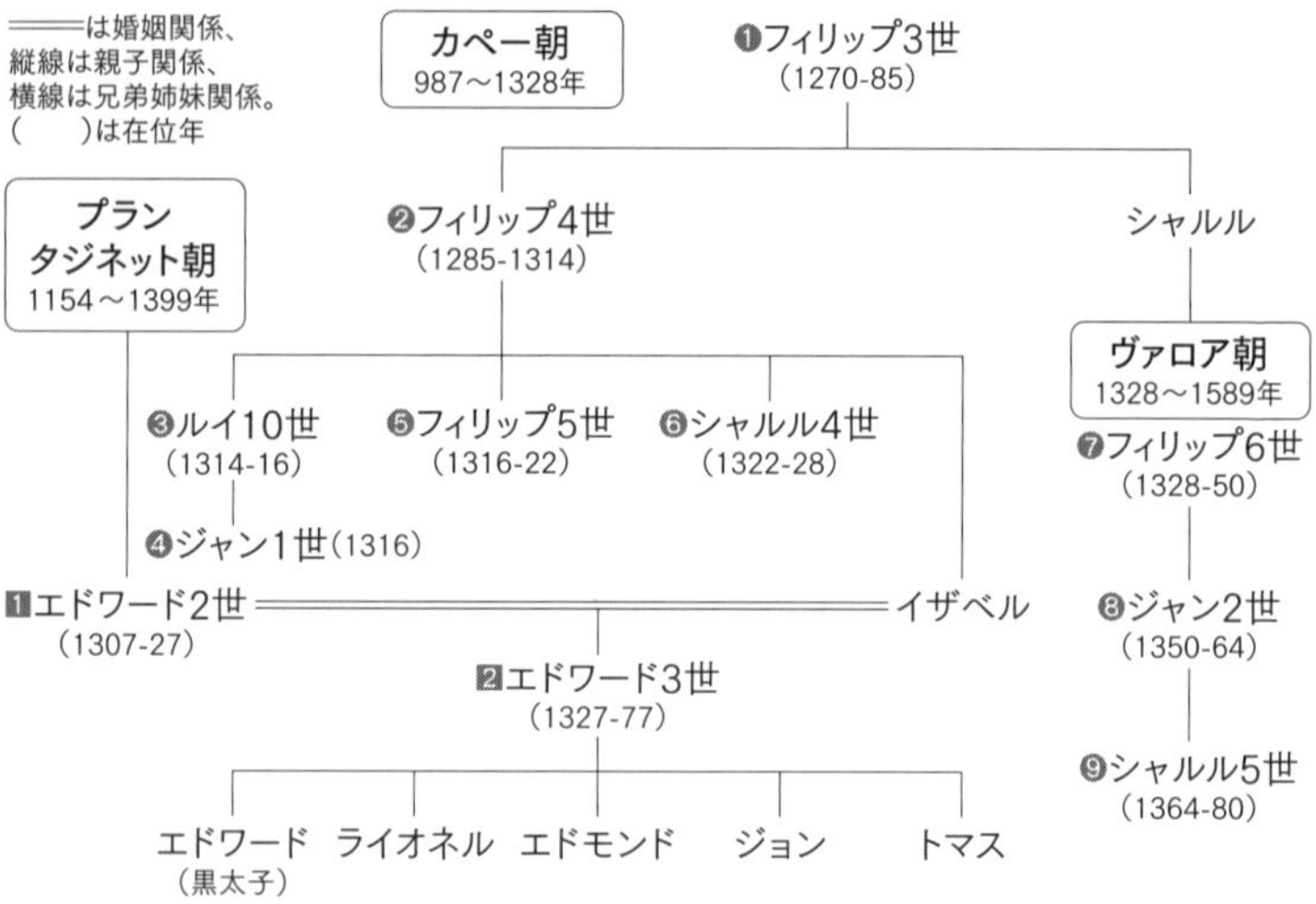

ン・デュ・ゲクランがどこで何をしていたのかは、あまり詳細には伝わっていない。それでも当時人気を博《はく》した、彼を主人公にした叙事詩《じょじし》などから、ある程度の事は確認することができる。

ベルトランは一三二〇年頃の生まれと考えられる。彼の生家、デュ・ゲクラン家はブルターニュ半島の北の付け根、ディナン周辺の小領主の一族であった。ベルトランは子沢山《こだくさん》の大所帯の長男であり、家は決して裕福とは言えなかった。また母親の美しさは近隣でも有名であったというが、彼は親に似ず「母は優しく、見目麗《みめうるわ》しい淑女《しゅくじょ》、けれど息子は……レンヌとディナンの間で、誰よりも醜《みにく》かった」と言われるほどであったという。後につく彼の「黒犬」という渾名《あだな》は、その卓越《たくえつ》した武勇の一方で、マスティフのように潰《つぶ》れた醜い容姿をも揶揄《やゆ》してのことだという。この評価には本人も劣等感を抱き続けていて、母親も自分に似ない息子との関係が良好とは言えなかったようである。こうした家庭内の鬱屈《うっくつ》もあってか、喧嘩《けんか》早くよく暴れ回っていた。母親とは上手くいかなかったが、代わりにレンヌに住む叔母《おば》を慕っていたようで、あるとき平民の若者達と喧嘩騒ぎを起こし、騎士として守るべき相手を傷つけたことを厳しく叱られた。以降、言いつけを守り民衆に狼藉《ろうぜき》を働くことはなくなる。彼の心に宿る騎士道精神は、こうした環境で育まれていったのである。

さて、このように少年ベルトランが育ったブルターニュ半島だが、地理上の位置付けとしてはフランス王国の北西部の先端に突き出た地域で、北で海峡を経てイングランド王国と、南でアキテーヌ地方と接している。アキテーヌ地方は、英王家が百年戦争時点に至るまで確保していた地域である。つまりブルターニュ半島というのは、大ブリテン島の英王家が、アキテーヌの大陸所領と海路で連絡を取る際の中間地点に位置しており、地政学上重要な位置を占めている。また、ブルターニュ地方には、名目上は仏王権に臣従《しんじゅう》する公領《こうりょう》が置かれていたが、半ば独立状態にあった。さらに、従来よりブルターニュ公家は英王家との結びつきが強く、英仏の対立関係においてはむしろ、英陣営側につくことも多かった。

このブルターニュ公家で、百年戦争の開始と前後して後継者問題が生じた。一三四一年にブルターニュ公が継嗣《あとつぎ》を残さず亡くなり、公の異母弟ジャン・ド・モンフォール(一二九四頃—一三四五)と、姪《めい》にあたるジャンヌ・ド・パンティエーヴルおよびその夫シャルル・ド・ブロワ(一三一九—六四)との間で公領の継承権争いとなったのである。シャルル・ド・ブロワは仏王フィリップ六世の甥《おい》にあたり、当然仏王は甥夫婦を支持した。これに対して、この地域が敵陣営の手に渡ることを危惧《きぐ》したエドワード三世は、対立するジャン・ド・モンフォールを支持し、こうして背後に英仏王家の対立を抱えて、ブルターニュ継承戦争が勃発した。戦局はジャン・ド・モンフォール側が概《おおむ》ね優位に進め、支援する英王軍は公領内に部隊を配置し、大陸における拠点としていった。

ブルターニュ継承戦争の盗賊騎士

ブルターニュでの戦争が始まってから暫《しばら》くして、ベルトラン・デュ・ゲクランの戦争への参加も史料に見られるようになってくる。ただし、彼はこの時点では正式な騎士になっておらず、シャルル・ド・ブロワに仕えていたのでもない。この夫婦が公位を継ぐのが正しいと信じ、自発的に一党を率いてモンフォール＝イングランド同盟陣営と戦っていたようである。手下《てした》たちの多くは故郷の農民の出身であった。その戦い方は正々堂々正面から立ち向かうような騎士のものではなく、敵部隊を待ち伏せして不意《ふい》打《う》ちし、物資を奪って自分たちの活動資金にするといった、まるで盗賊《とうぞく》一味のようなものであった。

一三五〇年頃には、敵方の城を一時的に奪取《だっしゅ》するという快挙《かいきょ》を達成している。その時の手口は、部隊の一部を農民に変装させて城に忍び込み、内側から乗っ取るという策略である。このように徐々にベルトランは名を高めていき、彼の部隊に加わりたいと志願する者も現れるようになっていった。

そして遂に、一三五四年に決定的な功績を挙げる。ベルトランは、仏王軍の指揮官《しきかん》を含む幹部一行を敵方が襲撃《しゅうげき》するという情報を得て、待ち伏せしようとする敵軍をさらに奇襲《きしゅう》によって倒して、大量の捕虜を獲得したのである。一行の危機を救った功績として、そのうちのひとり、コー城主エラトル・デ・マレによって騎士叙任《じょにん》を受けた。この時代、正式な騎士叙任式を執《と》り行うには莫大《ばくだい》な費用がかかり、貧乏な家の者は、騎士の修業を経て大人になっても騎士になれないことが多かった。ベルトランもそうした側のひとりであり、この時すでに三四歳になっていた。しかし彼は、戦場での略式の騎士叙任式により、幸運にも騎士になることができた。こうして、彼の一党は盗賊まがいの不正規なゲリラ兵ではなく、騎士ベルトランとその従者たちによる部隊として認められたのである。

騎士になったことで、ベルトランはようやくシャルル・ド・ブロワの正式な配下に加わることができた。その後の戦いのなかで重要なのは、一三五六年に行われたレンヌ防衛戦での活躍である。仏陣営が押さえていたブルターニュ公領の中心都市レンヌを、英王軍が包囲したのである。援軍としてレンヌに駆けつけたベルトランは、包囲をくぐり抜けてレンヌの街の守備隊に合流するため、一計を案じた。仏陣営の大規模な援軍が接近中との噂《うわさ》を流し、それに釣られた英王軍が迎え討つためにレンヌを離れた隙《すき》に、まんまとレンヌに入城したのである。

この攻城戦の最中《さいちゅう》、彼は何度か敵軍から馬上槍試合の一騎打ち勝負をもちかけられ、その度に英王軍の名だたる騎士たちに勝利している。また、買収による寝返りにも全く靡《なび》かなかった。最終的に英王軍が引き、仏陣営はこの攻防戦に勝利した。ベルトランは、シャルル・ド・ブロワからこの戦いにおける活躍の褒賞《ほうしょう》として、城を授かった。立派な城持ちの貴族の仲間入りである。だが、彼はこの地位に満足して安穏《あんのん》とすることなく、次なる戦場へと移っていったのである。

国王軍の傭兵隊長

一三五六年にブルターニュ半島でレンヌ防衛戦が繰り広げられていた頃、ポワティエの戦いで仏国王ジャン二世は虜囚《りょしゅう》となり、王太子シャルルが国王代理(五八年以降は摂政《せっしょう》)になっていたことは、前段までに触れたとおりである。この時、シャルルが英王軍以外に対応しなければならない相手が、もう一人いた。それが、悪王の異名をもつナバラ国王カルロス二世(在位一三四九―八七)である。彼は、母親からピレネー山脈の小国ナバラを相続していたが、父系としてはノルマンディー地方の高級貴族の家門であり、またパリの王宮で育てられた人物なので、概ねフランス貴族として活動していたものと理解してよい。やっかいなことに、彼もまたフランス国王の「孫」として王位請求権をもち得ていて、より高い地位、あわよくば仏王位を狙《ねら》い、英仏の対立のなかで策謀《さくぼう》を巡らせ、盤面を混乱させていた。

カルロス二世は、ポワティエの戦いの時点では英王家と同盟を結び、また英王派のノルマンディー貴族のリーダー的存在として、王太子シャルルに敵対していた。ノルマンディー地方は、仏王都パリを流れるセーヌ川の下流域として仏王家の本領に接しており、この地方が敵対している状況は、仏王家にとって非常に望ましくない状況であった。シャルルとしては、ノルマンディー地方を支配しつつあるナバラ王およびノルマンディー貴族＝英王家同盟軍を排除し、この地を仏陣営の側に確保するために、優秀な戦闘指揮官が何としても欲しかったのである。

そこで、王太子シャルルの目に留まったのが、ブルターニュの戦争で頭角を現していた、ベルトラン・デュ・ゲクランである。シャルルは、ノルマンディー地方とブルターニュ地方の境にあるポントルソンの守備隊長として、ベルトランを雇《やと》い入れた。「雇い入れた」というのが、当世風の騎士との関係性と言える。この時代は、あらゆる意味で中世から次の時代へと社会が移り変わっていく移行期であるが、主君と家臣の関係性、つまり封建的主従関係にも変化が見られるのである。従来であれば、騎士たちは家臣の義務である軍役奉仕《ぐんえき》として戦い、その見返りとして領地を得た。従って、騎士は義務の範囲内、例えば一般的には年間四〇日しか戦争に参加せず、また領地経営で賄《まかな》える範囲でしか戦力を提供しなかった。戦争がそれほど大規模でなかった時代なら問題にならなかったが、百年戦争という、従来より遥かに戦闘の頻度《ひんど》、規模、期間の全てが増加した時代にあっては、この封建軍は非常に効率が悪かった。そのため、戦争の司令官、つまり英仏王家は、封建軍に代わって、騎士たちを現金払いの傭兵《ようへい》として、必要な人数と期間、つまり契約で自由に定められた期間きちんと働かせられるようにしていった。前述のベルトランの件についても、こうした状況を反映している。

そしてまた、この時代の傭兵契約とは、全ての兵士を個別に雇用するのではなく、部隊の隊長となる騎士を代表して契約し、部隊丸ごと一括《いっかつ》して雇うものである。従って、傭兵隊長は報酬《ほうしゅう》を元手に自らの部隊を経営していく手腕が求められるのであり、言わば請負契約《うけおいけいやく》の一種であった。ベルトランの場合もまた、「ポントルソン守備隊長」という肩書《かたがき》で、騎兵と射手《いて》合わせて六〇名の部隊としての契約の提示であった。彼はブルターニュの故郷で戦っていた頃から率いる一党がいたので、彼らをまとめて召し上げるよう交渉し、仏王家に認めさせた。こうして、傭兵隊長ベルトラン率いるブルターニュ人部隊は、ノルマンディー西部を舞台として暴れ回り、それはこの地方の人々に大変恐れられるほどであった。

一三六三年頃までには、ベルトランたちの活躍もあり、仏陣営はノルマンディー西部から、ナバラ王および英勢力を概ね排除することに成功していた。ベルトランはこの時期に、バナレット（旗騎士）という、高位の騎士の地位を授与されており、より大規模な部隊を率いる権限を得ていた。一方で、常に最前線で戦う彼は、これまでに二度も捕虜になっており、その度に折角《せっかく》勝利で獲得した褒賞を手放す羽目《はめ》になっている。

さらに一三六三年には、旧恩ある主君のひとり、シャルル・ド・ブロワの口利きで結婚することが叶った。ベルトランはこのときすでに四〇歳を超えており、相手のティファヌ・ラゲネルは随分年下で、美しい娘であったということである。なお、ベルトランは晩年、ティファヌに先立たれ、再婚もしているが、どちらの結婚においても子を残していない。

一三六四年、遂にロンドンに虜囚となったまま仏王ジャン二世が死去し、王太子が正式にシャルル五世として即位した。対してナバラ王カルロス二世は、この新しい仏王の戴冠式《たいかんしき》を妨害しようと、同盟する英王軍とともにノルマンディーに軍を集める動きを見せた。仏王はカルロス二世を倒すため、ベルトランを王家のシャンブラン(侍従)の役職とともに「カーンおよびコタンタン半島の国王代官管区における軍総司令官」に任命し、ノルマンディーにおける仏王軍の指揮権を与えた。両軍はセーヌ河畔のコシュレル橋のたもとで対決し、ベルトラン率いる仏王軍が勝利して、カルロス二世を降伏させたのである。シャルル五世はカルロス二世と講和を結び、一時的にせよカルロス二世の反抗を抑えることに成功する。そして、ベルトランはこの勝利の功績として、ノルマンディー地方のロングヴィル伯位《はくい》を授けられた。ブルターニュの片田舎《かたいなか》で盗賊騎士をやっていた男が、ついに諸侯の高みにまで辿《たど》り着いた。身分の流動性がかなり硬直しつつあったこの時代にあって、この成り上がりは快挙と言えよう。

カスティリャ遠征と「グラナダ王」

ロングヴィル伯ベルトラン・デュ・ゲクラン、しかし彼は諸侯としての栄達の最中に、手痛い傷を負うことになる。一三六四年のコシュレルの戦いの後、同年中に故郷ブルターニュで彼も参加したオーレの戦いにおいて、最初の主君シャルル・ド・ブロワが戦死し、彼自身も捕虜となってしまった。彼は敬愛する主君のひとりを守れなかったのである。ブルターニュ継承戦争は既に二〇年来継続していたが、当事者のひとりがいなくなったことで、仏陣営の敗北という結果に終わった。そして、英王家の支援するモンフォール家のジャン四世(在位一三六四―九九)は、ブルターニュ公として、形式的に仏王へ臣従することになった。

失意の底にあったであろうベルトランだが、彼には次の戦場が待っていた。彼が捕虜から解放されるために必要だった高額の身代金を用意するために、もうひとりの主君である仏王シャルル五世は、つい先日彼に与えたロングヴィル伯位を抵当《ていとう》に入れることを認めた。そこまでしてベルトランが必要だったのには、事情があった。当時、カスティリャ王国で王位を巡る内紛が生じ、カスティリャ王ペドロ一世（在位一三五〇―六六、六七―六九）に反抗する異母兄エンリケ・デ・トラスタマラが、仏王に支援を要請した。イベリア半島に同盟相手ができることを期待したシャルル五世が、要請に答えて援軍を派遣《はけん》するにあたり、その指揮官として、ベルトランを指名したのである。

またこの遠征軍の派遣には、フランス内部の問題もあった。一三六〇年にブレティニー・カレー条約で和平が結ばれたことで、六〇年代の殆《ほとん》どの時期、英仏王家の直接戦闘は沈静化していた。そのため、仏国内には、戦闘がなくなって解雇された傭兵たちが大量に溢《あふ》れかえっていた。彼らは、仏王軍からの給金の代わりに方々で略奪を行う、野盗の群れと化した。仏王は、彼らを雇ってこのカスティリャ遠征のための部隊とし、国内からまとめて取り除くことにしたのである。叩き上げのベルトランの名声は、この荒くれ者の集団を束《たば》ねるのに、打って付けであった。

ベルトラン率いる遠征軍は、エンリケの求めに応じ、一三六六年にピレネー山脈を越えて、ペドロ一世との戦いを開始した。遠征軍は瞬《また》く間に勝利し、ペドロを玉座から追いやり、エンリケを王位に付けることができた。エンリケ二世王（在位一三六六―六七、六九―七九）は、ベルトランにボルハならびにマガジョン伯位を与えて報いた。

ところが、逃亡したペドロが逃げ込んだ先は、英王家領アキテーヌ公領の主、エドワード黒太子（一三三〇―七六）であった。黒太子はペドロと同盟を結び、カスティリャに攻め込んだ。さしものベルトランも、当世最強の将として名高い黒太子には敵《かな》わず、一三六七年のナヘラの戦いで敗れ、エンリケを逃がすことはできたものの、代わりに敵軍に捕まってしまった。ベルトラン四度目の虜囚の機会であるが、この時点での彼の身代金の額は甚大なものに膨れ上がっていた。しかし、知らせを聞いた主君の仏王シャルル五世と、かつての主君シャルル・ド・ブロワの妻であったジャンヌが尽力し、ベルトランの領地を手放すことで必要額を工面することができた。一方で黒太子は、同盟の見返りとして約束した対価をペドロが払い渋り、さらに自身が疫病《えきびょう》に罹《かか》ったこともあり、アキテーヌに帰還せざるを得なかった。

解放されたベルトランは、再び傭兵を募ってカスティリャに渡り、エンリケとともに戦った。最終的には、一三六九年のモンティエルの戦いでペドロを敗死に追いやり、エンリケ二世の王位を確実なものとした。ところが、この時得られたベルトランの褒賞は、モリナ公位という領地をともなわない名誉称号と、さらにはイスラーム教徒の支配下にある地域のグラナダ王位という全く中身のない地位であった。つまり、新王朝を創始して国内改革を進めようとするエンリケ二世にとって、外国人のベルトランは既に用済みだったのである。

国王軍大元帥になった傭兵隊長

ベルトラン・デュ・ゲクランがカスティリャで戦っていた頃、既に一三六九年の時点で英仏王家の間の和平は破棄され、戦争が再開していた。当初は、仏陣営が攻勢をかけて各地で英陣営の支配地を奪取していっていたが、翌年には英陣営の反撃が本格化し、対応を迫られていた。そうなると当然頼られたのが、ベルトランであった。カスティリャでの困難な任務を終えて帰還した彼を、シャルル五世はコネタブルの役職、つまりフランス国王軍全体の指揮官たる大元帥《げんすい》として遇《ぐう》したのである。一三七〇年十月のことであった。この時代のコネタブル職は、仏王に忠誠を誓う騎士たちを束ねる最上級の地位といってよく、この指揮権の下には、王族を含めた王国最高位の諸侯たちすら、従うことになるのである。したたかなベルトランは、一度自分には荷が重いと謙遜《けんそん》して見せ、王や諸侯に強く請われて引き受けるという形を取っている。自分よりも身分の高い者たちを指揮するための、彼なりの根拠づくりの手管《てくだ》であろうか。

こうして、一介《いっかい》の傭兵隊長が大元帥にまで登り詰めたのだが、彼はシャルル五世の期待に見事応え、アキテーヌ地方を始めとして英陣営の拠点の多くを奪取していった。そのなかには、一三七三年に再び英王家と同盟を結び敵対したブルターニュ公領も含まれ、ブルターニュ地方の大部分はベルトランによって瞬く間に制圧されたのである。また、一三七八年には、再び英王家と結んで陰謀を巡らすナバラ王カルロス二世を破り、彼のノルマンディー地方の領地を没収した。

こうして、シャルル五世の王太子時代と比べると、英仏の勢力圏は完全に逆転するまでに至った。

ところがここに来て、シャルル五世が勇み足でブルターニュ公領を王領（直轄領）に併合しようとし、ブルターニュ地方の人々の激しい抵抗にあって頓挫《とんざ》してしまう。この時ばかりはベルトランも、故郷の誇りを踏みにじるこの所業《しょぎょう》に強く反対した。王は結局誰の忠告も聞くことはなかったが、大元帥の職を辞してフランスを去ろうとするベルトランに対しては、何とか引き留めて南仏の騒乱鎮圧《そうらんちんあつ》に向かわせた。ベルトランは、この作戦の途中に、病に倒れそのまま息を引き取った。一三八〇年のことで、ベルトランが死んで二か月の後、シャルル五世もこの世を去るのであった。

最後に、生涯を通じ戦いの中に身を置いたベルトランを、どのように理解すべきか、彼の騎士としての姿勢を軸に検討する。彼はブルターニュ継承戦争でゲリラ部隊として戦っていた頃から、奇襲、待ち伏せ、夜討《やう》ち、騙《だま》し討ち、と何でもありの計略を駆使《くし》して勝利を目指した。この戦い方は、大元帥となってからも変わることはなかった。それは、クレシーやポワティエの会戦で勇ましく正面から騎馬突撃した者たちのような、フランスの誇り高い騎士の戦い方では全くない。また、彼は由緒正しい貴族として領地経営に勤《いそ》しみ、自分の領地を増やすことを目指すような生き方は全くしなかった。彼にとって領地はせいぜい金になる資産の一部であり、自分の部隊の経費や捕虜の身代金などで必要とあらば、簡単に手放した。では、彼は貴族たる身分の騎士と理解すべきではないのだろうか。

確かに、ベルトランの戦いに対する姿勢そのものは騎士というより、傭兵隊長として理解するのが正確であろう。彼がとにかく気にしたのは、部下に支払う給金を報酬として滞りなく受け取れるかどうかであり、たとえシャルル五世に対してであれ、その点についてはしつこく催促《さいそく》している。では、ベルトランは金のために戦う守銭奴《しゅせんど》のごとき傭兵隊長に過ぎないのかといえば、もちろんそうではなく、全ては彼にとっての騎士道、中心にあるのは主君に対する忠義であった。彼が戦いで勝利のみを目的としたのは、百年戦争という国難にあって、主君を守る騎士の役割を果たすには、戦争そのものに勝利することが必要だったからである。とにかく報酬に煩《うるさ》かったのは、戦いに勝つためには部隊を維持することが欠かせないのは当然として、給金の絶えた傭兵は容易に野盗に変じ、王国に害を与えることになってしまうからである。この点は、彼のコネタブル職任命の際に、王に対して強く求めたことからも容易にうかがえよう。

陛下が私を大元帥にお望みなら、部下たちが満足するだけのものを払っていただかなければなりません……部下たちは、給金を欲しているのです。支払いが十分でなければ、働きが悪くなります。そして給金のかわりに、略奪《りゃくだつ》を働くようになります。

（キュヴェリエ『ベルトラン・デュ・ゲクランの年代記』より）

加えて、彼は個人としては、騎士道の徳目《とくもく》を重視していた。彼は少年時代に叔母に諭《さと》されたように、弱者を守る姿勢を堅持した。金持ちからは容赦《ようしゃ》なく搾《しぼ》り取るが、貧しい民衆からは決して略奪しようとはしなかった。カスティリャ遠征では、外国人にもかかわらず街の人々から「誰よりも欲がなく、礼儀正しく、うぬぼれてもいない、すべての騎士のうちで最も評判がよい」とまで評価されている。こうした彼の志向は、臨終の際に部下に残した最後の命令からもうかがえる。それは「お前たちの戦う相手は、武器を持った者だけでなければならない。聖職者、貧者、婦人、子どもを、相手にすべきではない」というものであった。ただ、略奪の禁止については、ベルトランも完全に制御《せいぎょ》できたわけではなく、ノルマンディー戦線などでは時に酷《ひど》い略奪が行われてしまい、ベルトランの汚点となっている。それ程までに、傭兵の扱いは困難を極めたのである。

このように見れば、彼の心には確固たる騎士道の精神が宿っているのであり、「侠」を解さない卑《いや》しい傭兵とは一線を画していることはよく分かる。そして、忠実なる騎士としての姿勢は、決して揺らぐことはなかったのである。

⊙参考文献

Minois, G., *Du Guesclin*, Paris, Fayard, 1993.
朝治啓三他編『中世英仏関係史　一〇六六―一五〇〇』（創元社、二〇一二年）
城戸毅『百年戦争――中世末期の英仏関係』（刀水書房、二〇一〇年）
佐藤猛『百年戦争――中世ヨーロッパ最後の戦い』（「中公新書」、二〇二〇年）

ジョン・ウィクリフ

…John Wycliffe…

「悪魔の手先たち」との激論に挑んだ学者

馬渕 彰

ジョン・ウィクリフ（一三二八頃―八四）は、十四世紀後半にイギリスのオックスフォード大学で活躍した学者である。彼は学究生活のなかで、当時のキリスト教社会（ヨーロッパ）での世界的権威者である教皇《きょうこう》とその傘下《さんか》の高位聖職者《せいしょくしゃ》や修道士《しゅうどうし》たちが本来のキリスト教の教えから逸《そ》れているとの確信に至った。その確信に基づきウィクリフは彼らの過ちを糾弾《きゅうだん》するが、宗教的権威者たちの反撃は非常に激しいものだった。キリスト教社会に一人の学者が投じたその一石は、その後の西洋の歴史を根底から大きく変える巨大なうねりへと発展することとなった。

イエス・キリストによって全世界に向けて神の愛が宣明《せんめい》された。神の愛は、この世の弱い者、世に捨てられた者、貧しい者、義に飢《う》え乾く者、へりくだった者、己《おのれ》の罪に悩む者のうえにある。宗教上・政治上・経済上・学問上のいずれであろうとも、愛のない見せかけだけの権威者は神の忌《い》み嫌う者であり悪魔《あくま》の手先《てさき》である。貧しき人々・弱き人々へのイエスのその聖なる福音《ふくいん》は、弟子たちの手により新約聖書の中に巧《たく》みに納められ、その中で永遠の生命の息吹《いぶき》を力強く保ち、人々の魂に働くチャンスを常にうかがっている。イエスの弟子と自称する人々は、いつしか神の子イエスの教えではなく人間のつくった教えに逸《そ》れていき、悪魔の手先と化した。この悪魔の手先を倒すとの決意を表明し、十四世紀のイギリスで活躍したスコラ学者ジョン・ウィクリフは、神の言葉という剣《つるぎ》である『聖書』を手に取った。ウィクリフの人生は、あたかも『聖書』の物語の世界への孤独な巡礼の旅のようになっていく。彼は頑固一徹《がんこいってつ》で、かつ不器用《ぶきよう》に生きた学者にすぎない。しかし、なぜか我々はそこに魅かれる。

スコラ哲学の闘士ウィクリフの誕生

ウィクリフは、ヨークシャ州ノース・ライディングで一三二八年ころに生まれた。彼に物心がつくころイングランドはフランスとの百年戦争を始め、また青年期の一三四八年ころには黒死病《こくしびょう》(ペスト)が流行《はや》り、人々は悲しみや不安に包まれ、それまでの社会の基盤が根底から崩れる恐れのなかにいた。一三五〇年ごろにオックスフォードにやってきて以来、ウィクリフの学力や人柄はこの地で形成された。当時の大学では、戒律《かいりつ》と教皇の直接の権威《けんい》のもとに生きるフランシスコ会やドミニコ会などの托鉢修道会《たくはつしゅうどうかい》に属す学者や学生が力をもっていた。しかし、ウィクリフは司教の管轄《かんかつ》下《か》にある「世俗《せぞく》」の学生として入学し、「世俗」の立場を生涯貫いた。托鉢修道会の充実した施設や学習環境に比べ「世俗」のそれらは劣っており、大学で見せつけられるこの落差は、托鉢修道士へのウィクリフの対抗心を培《つちか》う糧《かて》となった。

ウィクリフは、「明けの明星《みょうじょう》」と呼ばれる。それは、十六世紀に『聖書』の権威を掲げて教会改革を訴えたプロテスタントの先駆者《せんくしゃ》とみなされるからだ。しかし、「宵《よい》の明星」とも呼ばれる。それは、彼がスコラ哲学の最後に輝きをもたらした人物とみなされるからだ。オックスフォード大学は、ロジャー・ベーコンやウィリアム・オブ・オッカムなどのスコラ哲学者の活躍により、十四世紀まではキリスト教社会（ヨーロッパ）で名の知られる大学となった。スコラ哲学とは、キリスト教の教義を古代ギリシアのプラトンやアリストテレスの哲学などで理解しようとする試みであり、当時の大学での流行りの学問だった。ウィクリフも、スコラ哲学を楽しみ、大学の討論の場で敵を打ち負かす技《わざ》の研鑽《けんさん》に明け暮れた。

ウィクリフの肖像
（大英博物館蔵、Alamy提供）

　彼の最初の著作は、『論理学』だ。また同じころ、『存在に関する全書』も執筆している。スコラ哲学では、「存在」をめぐる古代ギリシア以来の哲学的論争に由来《ゆらい》する二つの立場があった。人がある花を「バラ」とみなすのは、「バラ」という普遍的《ふへんてき》なものが存在するからか、それとも普遍的なものなどはなく人がただそう呼ぶにすぎないのか。実在論《じつざいろん》の立場は普遍が存在すると考え、唯名論《ゆいめいろん》は普遍とは人間がつくった単なる「声」や「名」にすぎないと考える。当時は「唯名論」の立場が主流だったが、ウィクリフは「実在論」の立場をとった。実在論のウィクリフは、世界の初めに神が造った「種」や「類」

という普遍が個物に先立ってあると考える。ウィクリフにとって唯名論は「人」という普遍にもとづく隣人愛《りんじんあい》を破壊する諸悪の根源であり、彼は唯名論者を「記号博士」と呼び嫌った。また、彼は普遍的善を信じて公共・公有の善に思いをはせ、共産主義的世界観さえ語るようになる。そして、彼の晩年では実在論の立場は聖餐論《せいさんろん》での「全実体変化（化体説《かたいせつ》）」批判ともつながり、さらに、福音をすべての人に届けるための聖書翻訳《ほんやく》への熱意へともつながっていく。

学究生活の維持《いじ》には社会的・経済的基盤が不可欠であり、それらの獲得競争でウィクリフも奮闘《ふんとう》する。一三五六年までにすでにマートン・カレッジのフェローとなり、一三五八年にはベイリオル・カレッジの学寮長（マスター）の職につき、一三六一年にはリンカンシャ州フィリンガムの教区司祭の聖職禄《せいしょくろく》を得た。翌年、大学は彼のためにヨーク司教座聖堂参事会員に加えるよう教皇ウルバヌス五世（在位一三六二―七〇）に願い出るが、功を奏せずブリストル近郊ウェストベリー教会の聖職禄の獲得に終わった。ポスト獲得での失意は、彼の自尊心《じそんしん》を傷つけた。彼は神学博士論文作成のために大学に戻り、一三六五年にカンタベリー・カレッジ（ホール）の学寮長に抜擢《ばってき》された。このカレッジは、修道会所属と「世俗」の学生たちの対立を緩和《かんわ》しようとカンタベリー大司教が試みた学寮だった。しかし、二年後、ウィクリフはベネディクト修道会士である次のカンタベリー大司教によって学寮長職を罷免《ひめん》されてしまう。このことは、修道士への彼の反感を嫌悪《けんお》へと高めるような屈辱《くつじょく》となった。その後、国王から一三六八年にバッキンガムシャ州ラジャシャルの聖職禄を手にし、一三七一年には教皇グレゴリウス十一世（在位一三七〇―七八）の命でリンカン司教座聖堂参事会員となり、翌年には神学博士となる。大学や教会の人間関係の荒波にもまれて彼の気性の激しさや学問上の攻撃性は増したが、彼の人生は前途洋々たるものとなった。

政界の闘士ウィクリフ

ウィクリフを広い世界へと解き放つ転機《てんき》は、一三七四年にイギリス使節の一員として教皇庁代表とのブルージュでの交渉を国王エドワード三世(在位一三二七―七七)から命じられたことで訪れた。

イングランドは、アングロ・サクソン時代の八世紀ごろからピーターズ・ペンスをはじめ、教皇に金銭を納めていた。十三世紀初頭にジョン王が叙任権《じょにんけん》問題で教皇インノケンティウス三世(在位一一九八―一二一六)に屈服《くっぷく》して教皇の封臣《ほうしん》になってからは、毎年一〇〇〇マルクの貢納《こうのう》も加わった。この他、教皇は高位聖職者の叙任の際に初年の全収入をおさめさせる「初年度収入税」なども課した。一三〇九年に教皇庁が南フランスのアヴィニョンに移り、その後イギリスがフランスとの戦争(「百年戦争」)に突入すると、イギリスから教皇への貢納金が敵国フランスの手に渡るとの危惧《きぐ》が生じ、エドワード三世は一三五一年の「後継聖職者叙任法」や一三五三年の「教皇尊信罪法」などを定め、支払いを渋った。だが、一三六五年には、教皇ウルバヌス五世が一三三三年以降滞納《たいのう》されていた封臣としての一〇〇〇マルクの支払いを要求し、さらに一三七〇年以降にはイタリアでの支配権奪回《だっかい》の戦争資金を必要とした教皇グレゴリウス十一世がエドワード三世に教会課税金を要求してきた。エドワード三世も対フランス戦争で財政は厳しく、一三七一年にイギリスの聖職者に五万ポンドもの税を払うよう命じている。ブルージュでの交渉では、このような財政難の両者の間で課税問題や聖職者叙任問題、訴訟問題が話し合われた。ウィクリフはこの交渉でさほど活躍しなかったが、この体験が彼を政界の闘士として覚醒《かくせい》させた。

ウィクリフは、一三七五年から一三七六年にかけて、『神の支配権ついて』や『世俗的支配権について』を執筆し、大学講義で自説を表明しだした。教会は強制された課税としてではなく、善意からの自発的な献金として人々から金銭を受け取るべきだと、彼は主張する。彼は教皇や高位聖職者の腐敗《ふはい》を指摘し、教会が自ら腐敗を正せない現状にあっては世俗の君主が教会を正すべきだと訴える。また、本来貧しい人々へ施すべき教会財産を戦争に費やすなど教会はその使用目的で誤っているので、国家が教会財産を没収するべきだとも論じた。大学討論の闘士ウィクリフは、こうして教皇とその傘下の高位聖職者を敵にまわした。

十三世紀のインノケンティウス三世や十四世紀初頭のボニファティウス八世(在位一二九四―一三〇三)への批判が生じる以前から、教皇や教会への批判は常にあった。ウィクリフの主張には、修道士による新時代を予見したフィオーレのヨアキムや世俗国家の優位を説いたパドヴァのマルシリウス(一二七五頃―一三四二頃)などの教会・教皇批判の影響が見られる。また、教皇に警告《けいこく》を発したシエナのテレサやスウェーデンのビルギッタは、ウィクリフの同時代人だ。ブルージュへの使節団にいたウィクリフ以外の聖職者たちが任務終了後じきに司教に任じられたこともあり、彼の教皇・教会批判の動機には昇格にからむ個人的恨みがあったかもしれない。しかし、人々の目には社会に蓄積された教皇と教会への彼らの反感を代弁する新たな挑戦者《ちょうせんしゃ》として映ったであろう。

教皇と高位聖職者の腐敗や彼らによる課税に反感を抱くイギリスの人々の間で、ウィクリフの人気は急速に高まった。エドワード三世の弟でありイギリスの実権を握っていたランカスター公ジョン・オブ・ゴーント(一三四〇―九九)も、ウィクリフがロンドンの諸教会で教皇・教会批判を語ることを後押しした。だが、彼の主張に危険を察知《さっち》した教皇や高位聖職者は、一三七七年と一三七八年、裁判や審問《しんもん》で何度も彼を潰《つぶ》しにかかる。

まず、ロンドン司教コートニーが自分の教区でウィクリフが許可もなく過激な演説をしていることに憤慨《ふんがい》した。コートニーの要請を受けてカンタベリー大司教サドベリー(在任一三七五―八一)は、一三七七年二月九日、聖パウロ大聖堂にウィクリフを召喚《しょうかん》する。大聖堂には、富裕な高位聖職者に批判的なオックスフォードの四人の托鉢修道士の他、ゴーントとヘンリー・パーシー卿《きょう》がウィクリフの味方として現れた。ロンドン市民も姿を見せたが、当時彼らはゴーントやパーシー卿の政策に反感を抱いており、ウィクリフとは別の問題での緊張を会場にもち込んだ。喚問《かんもん》が始まるやロンドン司教とゴーントとの罵《のの》りあいとなり、さらにロンドン市民が会場になだれ込んだ。会場は大混乱となり喚問は中断され、ウィクリフは弁明の機会を逃した。

一三七七年五月には、教皇グレゴリウス十一世がウィクリフの主張の十九項目を異端的《いたんてき》とし逮捕の勅令《ちょくれい》を発した。イギリス政府は十月に会合を開いてウィクリフを出頭させたが、ウィクリフは自説を撤回《てっかい》せず、また政府も彼を支持した。彼にとって幸いしたのは、六月のエドワード三世の死だ。幼い国王リチャード二世(在位一三七七―九九)は叔父《おじ》ゴーントの影響下にあり、また勅書も新国王宛に書きかえられる必要があった。彼の難解《なんかい》な哲学的・神学的議論は、それを分かりやすく説明できる他の人々によって各地にすでに伝わり人心をつかんでおり、この会合を機にウィクリフは反教皇・反高位聖職者の国民的アイコンと化した。

一三七七年十二月、今度はウィクリフの逮捕を命じる教皇勅書をオックスフォード大学が受けとった。その指示に逆らえば大学は特権を失う恐れがあった。しかし、大学にはウィクリフ支持者たちがおり、また、教皇の命令による王の臣民《しんみん》の逮捕はイングランドの法に抵触《ていしょく》する問題もあり、大学は苦慮《くりょ》の末、逮捕ではなく宿舎ブラック・ホールでの軟禁《なんきん》にとどめた。学長はウィクリフの主張について「耳ざわりではあるが、しかしそれにもかかわらず真実である」と公言したという。

一三七八年三月には、教皇の委託《いたく》によりカンタベリー大司教とロンドン司教コートニーが、ウィクリフをランベス宮に召喚し異端容疑で裁判した。ロンドンの民衆がウィクリフ支持を表明して乱入して裁判の進行を妨害する一幕もあり騒然としたが、ウィクリフに厳しい判決を下すなとの皇太后《こうたい》の伝言をルイス・クリフォード卿が携《たずさ》えてきたこともあり、結局、裁判は異端的項目を講義や説教で語らないよう彼に命じただけに終わった。

このランベス宮の裁判と同じ月、教皇の死去という思いがけないできごとが起こった。ウィクリフへの攻撃は、これで一旦幕を下す。翌月、ローマで新教皇ウルバヌス六世(在位一三七八―八九)が選出されたが、ウルバヌス六世に逆らうフランス人枢機卿《すうききょう》たちがアヴィニョンでクレメンス七世(在位一三七八―九四)を新教皇として選出し、こうしてローマとアヴィニョンとにそれぞれ教皇が並存して互いに罵倒《ばとう》しあう「教会大分裂」時代が始まった。こうして教皇・高位聖職者批判を貫くウィクリフに攻撃材料や口実を与えるまたとないチャンスが訪れた。

孤高の闘士ウィクリフ

スコラ哲学は、『聖書』の記述の解釈をめぐる哲学的・論理的議論を活発にした。十二世以降、ペトルス・ロンバルドゥス著『命題論集』が大学の教科書となり、ウィクリフもこの『命題論集』の解説書を著わしている。一三七八年には、ウィクリフは古代ローマのヌミディアのアウグスティヌスから十三世紀のグロステストやトマス・アクィナスまで数々の学者たちの聖書注解や副教材に学び、『聖書の真理について』の執筆を終えた。この論文で彼は『聖書』の権威が疑えないことを論証し、『聖書』の記述をもとに教会の過ちを正す姿勢を鮮明にした。

ウィクリフが論争で主に用いた新約聖書には、イエスや使徒《しと》たちの教えや宣教《せんきょう》活動が記されている。イエスは、この地上の権力や財力、武力に頼らなかった。また、当時の宗教的権威を誇るユダヤの大司祭や律法学者やパリサイ派の偽善《ぎぜん》や罪を厳しく叱責《しっせき》した。神の子イエスは、世に見放された貧しく弱い人々のなかに身を低くして己をおき、神の愛と隣人愛を説き、哀れな罪びとの罪の裁きの身代わりに自分の命さえも十字架上で捧《ささ》げた。イエスの第一弟子ペテロをはじめ、他の弟子たちや使徒たちもそのイエスの生き様に倣《なら》い、神と隣人への愛の教えの布教と実践に命をかけた。

まさに俠の世界だ。ウィクリフは、このキリストや聖徒たちの姿からあまりにもかけ離れた十四世紀の教会指導者たちの生き方や教えを、一切手加減《てかげん》せずに攻撃し始めた。

実在論の立場からウィクリフは公共の善を重視しており、新約聖書の福音《ふくいん》をイギリスの誰もが自分で読めるようにと願い、聖書英語翻訳事業にもかかわっていく。残念ながら、今日「ウィクリフ聖書」と呼ばれる『聖書』のどの箇所を彼が担当したかは分からない。正しい知識や訓練のない者が『聖書』を読めば記述内容を曲解《きょっかい》したり、『聖書』の物語を奇想天外なコメディだと笑い飛ばしたりする危険はある。しかし、ウィクリフは英訳聖書普及の必要を最後まで疑わなかった。

スコラ哲学での彼の論理的な帰結《きけつ》と『聖書』の権威を重視する立場から、ウィクリフは聖餐式での全実体変化の教義が間違っていると説き始める。聖餐とは、最後の晩餐《ばんさん》でイエスがパンを割《さ》いて「これは私の肉である」と言い、またぶどう酒の杯をとり「これはわたしの血である」と言って、弟子たちに食させたことに由来《ゆらい》し、教会はパンとぶどう酒を食す聖餐式をずっと執り行ってきた。ローマ・カトリック教会は、十三世紀初頭、聖餐式での司祭の言葉によりパンとぶどう酒の実体がキリストの本当の体と血に完全に変化するとの解釈（全実体変化）を教義として定め、これと異なる教えを異端とした。スコラ哲学の実在論的観点から、ウィクリフはパンとぶどう酒の実体の消滅は決してありえず、聖別された後にもパンとぶどう酒の本質は残存すると考えた。また、『聖書』にも全実体変化が説かれていないと確信する。そこで、この教義は人間が作り上げた教えにすぎないと、彼はバッサリと切り捨てた。また、彼は実体変化の教義を擁護《ようご》する托鉢修道士たちをも批判し、『聖書』をまともに理解できない托鉢修道士たちは人々を『聖書』の教えとは異なる説話で迷わせ富を築いていると攻撃した。

ローマ・カトリック教会の中心的教義を否定するウィクリフの聖餐論は、大学の評判を落とす危険があり、大学当局は彼を擁護できなくなった。一三八〇年春、大学総長はウィクリフの聖餐論の審議のために委員会を設置し、有罪の判決を下した。ランカスター公ジョン・オブ・ゴーントも彼に自説の撤回を促したが彼は耳を貸さず、ウィクリフは一三八一年五月十日には大学の公開討論で自説を弁明し、その内容を『告白』として公刊した。その後、聖職禄のあるラタワースの教区教会へと移り住んだが、そこでも自説のための執筆活動を精力的に続けた。大学にはヘレフォードのニコラスやフィリップ・レプトンなどの支持者が残っていたものの、この聖餐論問題を機にウィクリフはイギリス政府や大学や托鉢修道士の後ろ盾《だて》を一気に失い、托鉢修道士とは交戦状態に入った。

一三八一年、指導者ワット・タイラーによる農民反乱がイングランドで勃発《ぼっぱつ》した。反乱鎮圧《ちんあつ》後、「アダムが耕し、イヴが紡《つむ》いでいた時、いったい誰がジェントルマンであったのか」との言葉で知られる反乱指導者ジョン・ボール司祭は、自分はウィクリフの弟子だと死刑執行の際に告白した。実際には弟子ではなく、人を介して彼の教えに触れただけと思われるが、農民たちに同情したウィクリフは彼らを弁護しようとも考えた。農民反乱ではカンタベリー大司教サドベリーが殺害されたが、ウィクリフは世俗化した彼への神の罰だと言い放った。しかし、サドベリーの死はウィクリフの論敵のロンドン司教コートニーをカンタベリー大司教に昇格させ、ウィクリフに最後の一撃を加えることとなった。

教皇から異端告発許可を得たコートニーは、一三八二年五月に司教や神学者をロンドンのブラックフライヤーズに招集し、ウィクリフの主張の二四の提題を審議した。会議中に激しい地震が発生し人々に恐怖が生じる場面もあったが、聖餐や教会財産などの十の提題が異端的とされた。ウィクリフは名指しで批判されず異端者とされなかったが、大学では懲戒《ちょうかい》などの圧力がかかり始め、この年の終わりまでにはオックスフォード大学での彼の教説や「ロラード派」と呼ばれる彼の支持者たちの影響力は消滅した。ラタワースでの最後の二年間は、彼は体調を崩して愚痴っぽくなり、知人たちが遠ざったため孤独なものとなった。一三八四年十二月二八日のミサで聖体を奉挙した時、彼は激しい発作《ほっさ》に襲われて倒れ、その三日後にこの世を去った。

ウィクリフに続く闘士たち

ウィクリフの教えがいかに危険視されていたかを、我々は彼の稿本が一四一〇年に焼却処分に処せられたことからうかがい知ることができる。また、一四〇一年には異端説を説く者に対して、生きたまま焼き殺す「異端火刑法」が制定された。ウィクリフとの関係をもち、彼の説に共鳴していたオールドカッスルが一四一七年にその刑に処せられている。ウィクリフの死後も、ウィクリフの教えはイギリスの人々の心を魅了する力を放ち続け、ローマ・カトリック教会の権威者たちの脅威《きょうい》であった。ウィクリフの教えを引き継いだ人々とされた「ロラード派」の人々も、当然取り締まりの対象となり、十五世紀後半には歴史の表舞台から姿を消すこととなった。こうして、イギリスからウィクリフの大半の著書と追従者が消えた。

だが、ウィクリフの書と教えは、思いがけない場所で生き延びることとなる。リチャード二世に嫁したアンはボヘミア王の娘であり、イングランドとボヘミアの学者の活発な交流を促すこととなり、ウィクリフの稿本や学説はボヘミアへと移された。十五世紀のプラハ大学学長ヤン・フス(一三七〇頃―一四一五)やフス派によるローマ・カトリック批判はウィクリフの教えに多くを負い、さらに、このボヘミアでの改革運動は十六世紀のルター(一四八三―一五四六)による宗教改革へとつながっていく。

彼の評価は、生前も死後も大きく二分される。彼の死の三〇年後、ローマ・カトリック教会はコンスタンツ公会議を開催し、ウィクリフの教えを異端と断定した。カトリック教会では、ウィクリフは忌《い》み嫌われる存在となった。他方、高く評価する代表は、前述のように、プロテスタントだ。彼らは、ウィクリフの数々の功績を語り継いだ。たとえば、ウィクリフが『聖書』を英語に翻訳《ほんやく》したことや、弟子たちを訓練してイングランド各地に派遣《はけん》して布教活動させたこと、英語版説教を数多く書き残したこと、ルターと同様に聖書信仰を説いたこと、聖餐式の教義「化体説」を否定したことなどである。しかし、これらのウィクリフ像の多くは創られたイメージで歪《ゆが》められたものだとされ、近年では修正され始めている。十九世紀後半にドレスデンのルドルフ・ブッデンジークがボヘミアやモラヴィアなど各地に散在していたウィクリフのラテン語稿本の蒐集《しゅうしゅう》に着手し、一八八二年設立のウィクリフ協会によって彼の稿本が刊行され始め、我々はやっとウィクリフの実態に迫る学術的土台を得ることとなった。

かつてのウィクリフ像は新たなものへと変貌《へんぼう》しつつある。ウィクリフは学問上の討論の凄腕《すごうで》のもち主だが、政治や経済や軍事など実社会のバランス感覚に欠き、純粋な討論だけで世の過ちを正せると考える象牙《ぞうげ》の塔の学者にすぎなかったのかもしれない。彼の闘志の源は、公憤《こうふん》なのか私憤なのか、義憤なのか怨恨《えんこん》・怨嗟《えんさ》なのか。彼は人々を惹きつけ歴史を動かしたが、彼自身は哀れな孤独な存在に終わったのか。それらのどの問の答えも推測の域を出ない。だが、彼が当時のヨーロッパの宗教上の権威者たちに対して果敢《かかん》に異議を申し立て、かつ、権威のない人々

❖ウィクリフ関連年表

年代	できごと
1328年頃	ジョン・ウィクリフの誕生
1340年頃	イギリス・フランス間での百年戦争の勃発
1348年頃	イギリスでの黒死病流行の始まり
1350年頃	オックスフォード大学での学びの開始
1358年	ベイリオル・カレッジ学寮長に就任
1361年	リンカンシャ州フィリンガム教区司祭の聖職録の獲得
1365年	カンタベリー・カレッジ(ホール)学寮長に就任
1368年	バッキンガムシャ州ラジャシャルの聖職録の獲得
1371年	リンカン司教座聖堂参事会員に就任
1372年	神学博士号の取得
1374年	イギリス使節団の一員としてブルージュでの教皇庁代表との交渉に参加
1375・76年	『神の支配権について』『世俗的支配権について』の執筆
1377年	聖パウロ大聖堂での審問(2月)、教皇による逮捕の勅令発布(5月)、国王エドワード三世の死(6月)、政府の会合での喚問(10月)、オックスフォード大学での協議(12月)
1378年	ランベス宮での裁判・教皇グレゴリウス十一世の死(3月)、「教会大分裂」の開始(9月)、『聖書の真実について』の執筆終了
1380年	大学の委員会によるウィクリフの聖餐論の審議
1381年	ワットタイラーの農民反乱の勃発
1382年	ブラックフライヤーズでの審議(ウィクリフの主張への異端判決)
1384年	ラタワースでのウィクリフの死
1401年	「異端火刑法」の制定
1414・15年	コンスタンツ公会議の開催(ウィクリフとフスへの異端宣告)

を勇気づけた事実は今でも変わらない。ウィクリフは、当時のローマ教皇や高位聖職者そして托鉢修道士たちが偽りの権威を振りかざし、本来人々に与えるべき幸せから人々を遠ざけているとみなした。彼の討論で見せる気性《きしょう》は激しく、論敵《ろんてき》の急所を鋭く突いて裁判をも恐れずに立ち向かう勇《ゆう》姿《し》に、当時の人々も後世の人々も俠気を見た。彼のイメージが後に膨らんだ原因は、この俠気に他ならない。

晩年のウィクリフは何を心の支えとしていたのか。ウィクリフの心は神の愛で満たされていたのか。どちらの答えも分からない。しかし、彼は孤独な晩年でも、『聖書』の福音に示された神の愛に生きる大切さを説き続けた。教皇や高位聖職者や托鉢修道士たちを次々と攻撃するウィクリフの姿は、いつしか大祭司や律法学者たちやパリサイ派の権威と衝突《しょうとつ》した新約聖書のイエスと弟子たちの姿を彷彿《ほうふつ》とさせるものへとなっていく。はじめのうちはウィクリフの俠気に魅《ひ》かれたとしても、人々は『聖書』に記された神の愛に目を向けさせる彼の主張をたどるなかで、『聖書』の俠の世界へと引き込まれていった。

⦿主な参考文献

G.R. Evans, *John Wyclif*, Lion Hudson plc, Oxford, 2005.

Stephen E. Lahey, *John Wyclif*, Oxford University Press, Oxford, 2009.

John Wyclif, *John Wyclif, On the Truth of Holy Scripture*, Translated with an Introduction and

Notes by Ian Christopher Levy, Michigan, 2001.
オッカム、ウィクリフ、フス（出村彰ほか訳）『宗教改革著作集（一）宗教改革の先駆者たち』（教文館、二〇〇一年）
アンソニー・ケニー（木ノ脇悦郎訳）『ウィクリフ』（教文館、一九九六年）
エドウィン・ロバートソン（土屋澄男訳）『ウィクリフ　宗教改革の暁の星』（新教出版社、二〇〇四年）

フス派軍を率いて何度も十字軍を撃退した隻眼《せきがん》の常勝将軍

ヤン・ジシュカ

…Jan Žižka…

藤井真生

ヤン・ジシュカ(?—一四二四)は、十四世紀後半にチェコの南ボヘミアで小貴族の家系に生まれた。さまざまな戦場で軍歴を積み、のちに国王ヴァーツラフ四世に仕えた。教会改革を訴えたヤン・フスの主張を支持するフス派戦争が勃発すると、新たに築かれた要塞都市ターボルに集結したフス派信徒を率いて各地を転戦する。農民主体の軍という弱点を補うために、火器と荷馬車を組み合わせた戦術で騎士に対抗した。チェコ国外から侵入してきた十字軍と戦って負け知らずであったが、病に倒れる。

彼の死後もフス派は戦い続けるが、最終的にカトリック教会と和解し、二宗派体制の維持を選択した。しかし、三十年戦争の敗北をきっかけに、十七世紀以降ハプスブルク家によって再カトリック化がすすめられると、フス派にまつわる記憶は抹消されていく。彼らの記憶がよみがえったのは、民族主義が高まりチェコの歴史の見直しがすすんだ十九世紀のことである。フス派運動は「民族の栄光の時代」として位置付けられ、ジシュカも栄光の時代の一翼を担った人物として英雄視されるようになった。

没落領主家系に生まれて

ヤン・ジシュカは南ボヘミアの領主家系に生まれた。近年の研究成果により、父親は南ボヘミア最大の貴族家門ロジュンベルク家に奉仕していたことがわかっている。しかし、生年や幼少期のことは何一つ明らかになっていない。その程度の家系の出身であった。

ジシュカが初めて史料に登場するのは一三七八年のことである。このとき証書の証人欄の末尾に署名していることから、ちょうど成人したばかり、おそらく一三六〇年頃、遅くとも一三六四年以前の生まれと推定されている。この証書に父親の名前はなく、ジシュカはすでに一家を背負っていたものと思われる。ところがその二年後には父から相続した所領トゥロツノフを失い、彼はプラハに出て国王ヴァーツラフ四世の宮廷へ出仕したものと研究者は想定している。しかし、それも長くは続かなかったらしい。そして一三八四年からしばらくの間、彼の情報は途絶えてしまう。

ジシュカの名を史料で再び捉えることができるようになるのは、十五世紀に入ってからのことである。なんとボヘミア＝モラヴィア国境で活動する盗賊騎士団の一員として姿を現わしている。裁判記録によれば、彼はロジュンベルク家の従者から燻製《くんせい》ニシンを奪い、商人の荷馬車を強奪し、そして殺害した。若き頃のジシュカの活動についてはかつて、横暴な大貴族（ロジュンベルク家）の不当な圧迫に虐げられた者の正義の抵抗と、かなり美化されて語られてきた。しかし、史実はそのような英雄的な行為を示してはいない。ただし、こうした略奪行為は彼だけのものではなく、この時期、同じように没落した中小領主の少なからぬ者が盗賊騎士として活動していたらしい。このときの仲間はその後、国王宮廷で、あるいはグルンヴァルトの戦いにおいて、さらにはフス派戦争において朋輩として轡《くつわ》を並べることになる。

グルンヴァルト（タンネンベルク）の戦いとは、一四一〇年に、ポーランド・リトアニアおよびルーシ連合軍とドイツ騎士団が激突した決戦である。ポーランド・リトアニア側には多くの傭兵が参加していたが、これはナショナリズムの時代にスラヴの同胞を救うための義勇軍として解釈された。この戦いに参加していたことも、ジシュカの名を「民族の英雄」たらしめたひとつの要因といえよう。戦後はプラハに戻り、国王宮廷に再び奉仕したらしい。一四一四年の都市台帳には、彼がプラハ市内で邸宅を購入した記録が残っている。また、その二年後にこの家を別の邸宅と交換しているが、このとき初めて「隻眼《せきがん》のヤン」と記載されている。この名が本格的に歴史に刻まれることになるフス派運動とは、いったいどのようなものであったのか。続いてはこの運動の展開を追ってみよう（年表）。

ヤン・フスの教えと処刑、そしてフス派運動へ

ジシュカが生まれた十四世紀後半のチェコでは、国王カレル四世（在位一三四六―七八）――神聖ローマ皇帝としてはカール一世（在位一三四六―七八）――の教会優遇政策により、高位聖職者が懐に聖職禄をかき集める一方で、若い学者や聖職者の生計は苦しく、教会改革を求める声があがり始めていた。カレルの息子ヴァーツラフ四世（在位一三七八―一四一九）――神聖ローマ皇帝としてはヴェンツェル（在位一三七六―一四〇〇）――の時代になると、イングランドからウィクリフの著作がもたらされ

❖ヤン・ジシュカの生涯とフス派運動の展開

年代	ヤン・ジシュカ関係のできごと	フス派運動関連のできごと
1360年頃	小貴族家系に生まれる	
1370年頃		ヤン・フスが生まれる
1378年	史料に初めて登場する	
1380年	父から相続した所領を失う	
1384年	史料からしばらく姿を消す	この頃からチェコでウィクリフ説が広まり始める
1396年		フスがプラハ大学自由学芸部の教師となる
1400年		フスが叙階を受けて聖職者となる
1402年	この頃に盗賊行為を働く	フスがベトレーム礼拝堂の説教師となる
1409年		フスがプラハ大学の学長に選出される
1410年	グルンヴァルトの戦いに参加する	フスとその同志がプラハ大司教より破門される
1412年		フスが贖宥状の販売を批判する
1414年	プラハ市内に邸宅を購入する	フスがコンスタンツ公会議へ召喚される
1415年		フスがコンスタンツで処刑され、チェコ貴族が抗議する
1416年	プラハ市内で邸宅を交換する(これ以前に片目を失う)	
1419年	ターボルで司令官の1人に選ばれる	国王ヴァーツラフ4世が死去する
1420年	ヴィートコフの戦いで勝利する	皇帝ジギスムントが十字軍を率いてチェコに攻め込む(第1回十字軍)
1421年	臨時政府の執政官の1人に選出される アダム派を殲滅する 第2回十字軍を撃退する(これ以前に残りの眼も失明する)	チャースラフで集会が開かれ、チェコに臨時政府が樹立される 第2回十字軍が派遣される
1422年		第3回十字軍が派遣される
1423年	フラデツに拠点を移し、軍規を定める	
1424年	モラヴィア遠征中に病死する	
1428年		第4回十字軍が派遣される
1431年		第5回十字軍がドマジュリツェの戦いで敗れ、和解が模索され始める
1433年		バーゼル公会議が開かれる
1436年		フス派の二種聖餐が認められて戦争が終結し、ジギスムントの国王即位が承認される

る。彼の思想では、まず実在論的哲学が熱心に学ばれたが、やがて社会・教会批判を含む神学問題が受容されていく。例えば、教会がため込んだ財産を世俗権力が介入して没収するべきか否か、といった問題が議論の中心となった。ウィクリフの説はすでに異端として断罪されており、彼の主張を受け入れることには大きな危険がともなったが、プラハ大学の教師・学生を中心に、新たな思想を積極的に摂取したのである。こうした潮流の中から台頭したのがヤン・フス（一三六九？―一四一五）であった。

フスはプラハ大学自由学芸部で学び、一三九六年にその教師になった。しかし、その四年後には聖職叙任を受けて、説教師としての活動を開始する。中世後期のヨーロッパでは、教会の堕落や社会問題を説いてまわる説教師の活動が目立つようになっていた。フスもまた、一四〇二年にプラハ旧市街のベトレーム礼拝堂に説教師のポストを得ている。彼は教会の堕落について市民にわかりやすくチェコ語で――当時の教会で公式に用いられたラテン語は一般民衆には理解できなかった――教え説き、多くの支持を集めるようになっていく（図①）。貴族の一部も魅了したフスの説教は、教会当局から異端予備軍として目を付けられる。フスは一四〇九年に学長に選出されるが、その翌年にはプラハ大司教がフスとその同志に対して破門を宣告し、その処置は教皇庁にまで通達されることになった。一四一二年にプラハで贖宥状《しょくゆうじょう》が販売されたことを批判したフスは、さらに教会当局の怒りを買い、プラハでの説教活動を続けることが困難になる。南ボヘミアに隠れ住みながら執筆活動を続けていたフスに教会会議への召喚状が届いたのは、翌々年のことであった。継嗣のいない兄ヴァーツラフの跡を継いでチェコ王になることが予定されていた皇帝ジギスムント（在位一四一〇—三七）——チェコ王としてはジクムント（在位一四三六—三七）——は、教会大分裂を解消すべく企画されたコンスタンツ公会議において、チェコの異端問題も一気に解決しようと試みたのである。

コンスタンツ公会議でフスは火刑に処された（一四一五年）。チェコ貴族はフスの処刑を、王国と「われわれすべて」に対する侮辱であると非難して、四五〇人の印章をつけた書簡を送って公会議に抗議した。また、プラハ市の参事会は「チェコの言葉」に対する侮辱であると述べている。こうした点から、この後のフス派運動は民族的な宗教改革運動として理解されるようになった。

ところで、フスの処刑はジシュカが先述のふたつの不動産取引をおこなった間におこっている。ジシュカはプラハで生活していたものと思われるが、この書状に付された印章の中に彼の名は見当たらない。研究者によっては、彼がこのときチェコにおらず、イングランドの長弓隊がフランスの重装騎士団を破ったアザクールの戦いに参加していたのではないかと推測している。その他、ハンガリーの対オスマン戦線にいたとする見解もある。い

図①　ヤン・フスの説教（『イェーナ写本』。*Jenský kodex*〔faksimil〕, Praha, 2009, folio 37vより）

ずれも、彼がのちに発揮する軍事的指揮能力をどのようにして身につけたのか、という観点に基づくものである。しかし、同時代ヨーロッパの名だたる戦場に関係づける様々な説は、どれも確証を欠いている。ジシュカに光があてられた史料が残されるようになるには、やはりフスの改革運動だけではなく、戦争の勃発を待たなければならなかった。ちなみに、この時期のジシュカとフスの間に直接交流があったという証拠は確認されていない。

さて、フスの死後、彼の支持者は両形式の聖餐《せいさん》――神の前の平等という観点から、パンだけではなく、司祭のみに認められていたワインによる聖体拝領も平信徒に認める方法――を普及させた。これ以降、聖杯が彼らのシンボルとなる。フスの教えに一定の共感を示していた穏健なヴァーツラフ四世が亡くなると、フスの支持者たち＝フス派は急進化した。なぜなら、彼らがフスの公会議召喚の責任者とみなすジギスムントの王位継承が現実的なものになったからである。一方、皇帝の側も対決姿勢を強めていった。一四二〇年三月、教皇マルティヌス五世(在位一四一七―三一)が発したフス派討伐の勅書により、皇帝がチェコに派遣した軍隊は十字軍とみなされるようになる。こうしてジシュカが活躍するフス派戦争が始まった。

フス派の将軍として

一四二〇年七月、皇帝ジギスムントの率いる十字軍がいよいよプラハに姿を見せ、街を見下ろせるヴルタヴァ(モルダウ)川の北岸に陣を敷いた。『ヴァヴシネツ年代記』によれば、皇帝はヨーロッパ中から集められた五万人の兵士を引き連れていたという。年代記特有の誇張を差し引いても、かなりの大軍であったことは疑いない。対するプラハ軍は、連携するボヘミア北西部の諸都市からの援軍もあったが、劣勢にあることは覆しようもなかった。ターボルからの援軍を指揮するジシュカは、市壁の東側にあるヴィートコフの丘に要塞を築いて立て籠もる。これを見た皇帝はマイセン辺境伯が指揮する八〇〇〇の騎兵にこの砦の攻略を命じた。このとき砦には女性を含む三〇人足らずしかおらず、ジシュカ自身も危機に陥ったという。しかし、マイセン軍が幾重にも張り巡らされた堀を乗り越えている最中に、市内から出撃した救援部隊が側面を突くと、敵はパニックを起こして大損害を受けたらしい。

実のところ、この衝突は局地戦にすぎず、十字軍全体でみれば戦闘の続行が不可能なほどのダメージを受けたわけではない。しかし、心理的な動揺が大きく、十字軍は撤退せざるを得なかった。フス派は防衛に成功したのである。神の加護を確信した人々は熱狂し、勝利を記念してこの丘を、ジシュカの名にちなんでジシュコフと呼ぶようになった。

この後、フス派軍は十字軍に対して一歩も引かず戦闘を継続する。一部の貴族が参加しているとはいえ、おもに民衆から構成されるフス派の軍は、装備の点でも武器を扱う技量の点でも明らかに劣っていた。実際、ヴィートコフの戦いでも緒戦は皇帝軍がプラハの市民軍を簡単に蹴散らしている。そのような軍が歴戦の重装騎士兵に勝利することができたのは、ひとえにジシュカの編み出した戦術による。ジシュカの軍は、平原で重装騎士と正面から衝突することを避けるために、ヴィートコフの砦にあたる代替物を野戦の最中に創り出した。通常は輜重《しちょう》を運搬するために使う荷馬車を利用した車砦である。彼らは車両を鉄鎖で連環し、その隙間から突進してくる騎士に銃撃を加えたのである（図②）。イメージ的には長篠《ながしの》の戦いにおける織田軍を想起してもらえばよいだろう（長篠のイメージが史実かどうかはここでは問わない）。ジシュカの軍は火器も多数装備しており、剣や槍に頼る職業的戦士とは一線を画していた。とりわけ彼らが使用するピーシュチャーラpíšťalaと呼ばれる携帯銃は、ピストルpistolの語源になったともいわれている。射撃により馬から落ちた者は、農民の手近な武器――棍棒や脱穀竿、長柄鎌――によって殺された。それを見て自ら馬を降りた者は、今度はフス派の女性が地面に敷いたヴェールに拍車を引掛けて転倒したという。また、自らの信仰の正しさを確信しているフス派の兵士が「神の戦士」として死を恐れ

図②　フス派の戦術（ヨハネス・ハルトリープ『軍事技術論』。P. Cermanová, R. Novotný, P. Soukup〔eds〕, *Husitské století*, Praha, 2014より）

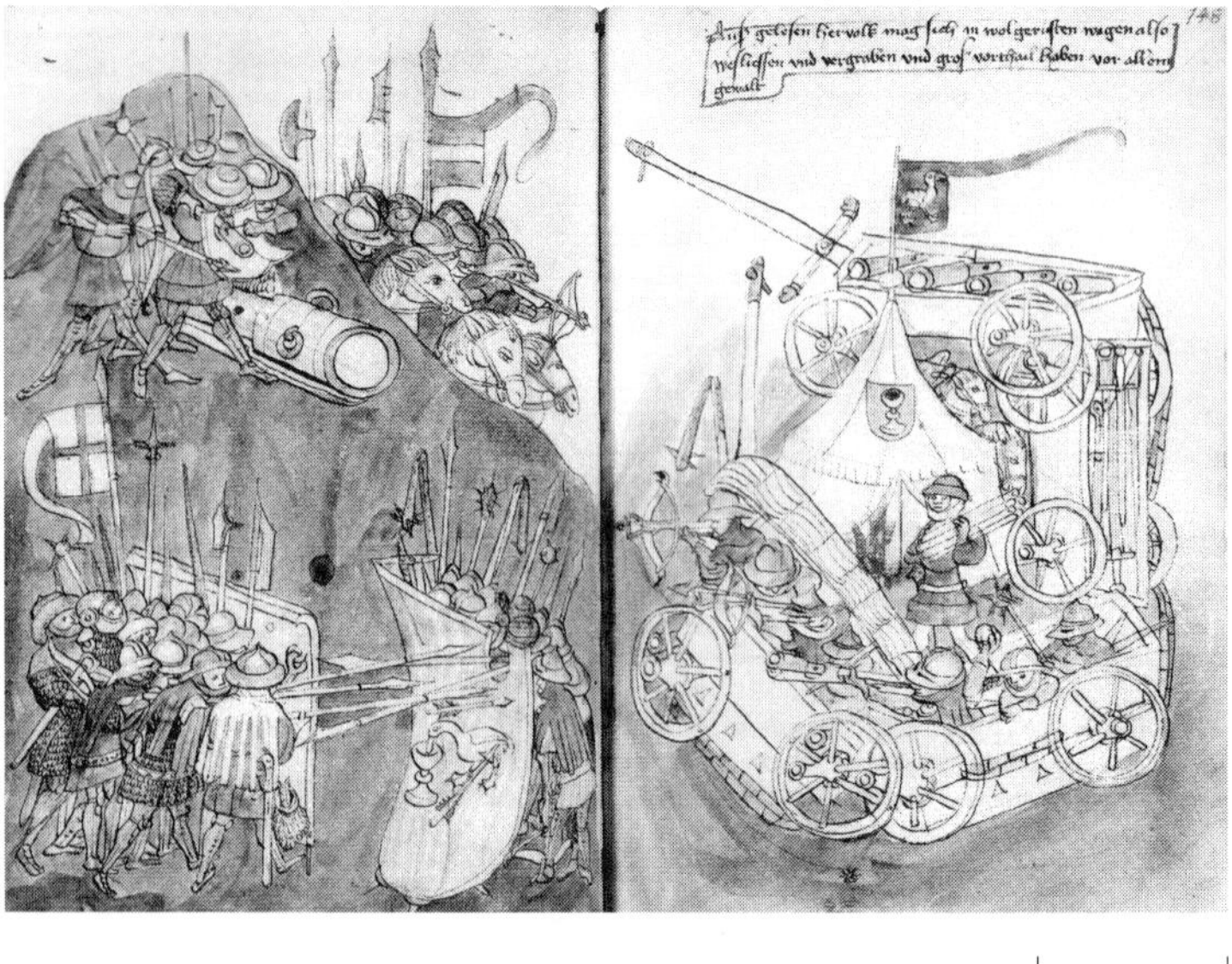

ぬ戦いぶりをみせたことも、軍の強さに影響したといえよう。

さて、ここまでフス派を一体的なものとして記述してきたが、実際には改革の目標や進め方については一致しておらず、多様なグループに分かれていた。まず、貴族とプラハ旧市街の富裕市民は急激な改革は望んでおらず、社会改革までも要求するプラハ新市街の職人や卸売商といった中下層市民の主張とは相いれないものがあった。前者は穏健派、後者は急進派と呼ばれる。その後、穏健派が主導権を握るプラハを脱した急進派は、南ボヘミアの河岸段丘上に城砦を築くと、旧約聖書にたびたび登場する丘にちなんでターボルと名付け、ここを拠点とした。ただし、プラハとターボルがフス派全体を統率していたのではなく、都市ごとにカトリック、穏健派、急進派の支持に分かれて、それぞれに同盟を結んでいた。

ジシュカが代表していたのは急進派のうちターボルを主力とする勢力で、しかも当初は四人の指揮官のうちの一人でしかなかった。しかし、ヴィートコフの丘での勝利はジシュカの名声とターボル派の求心力を高めることになり、彼らがプラハの穏健派との連携において主導権を握ることにもつながった。その結果、西ボヘミアのカトリック同盟はジシュカの膝下に屈し、東ボヘミアではプラハに次ぐ重要な王国都市、銀山を要するクトナー・ホラが制圧されている。その他にも、ターボルと敵対する諸都市をジシュカは次々と攻略していった。こうしてフス派優位の状況下で、一四二一年に東ボヘミアのチャースラフで議会が開催される。ここではジギスムントの王位継承が正式に拒否されるとともに、王国を治める二〇名の執政官が選出され、臨時政府が樹立された。このメンバーには下級貴族十一名が含まれており、ジシュカもターボル代表として名を連ねた。この臨時政府にはカトリック代表として大貴族二名が加わっているが、そのうちの一名はかつてジシュカが争ったロジュンベルク家の当主オルジフであった。ジシュカはオルジフの先代に、ジシュカの父親は先々代に奉仕していたが、この戦乱期において肩を並べることになったのである。

ジシュカは、先述のように、一四一六年までに片目を失明していたが、一四二一年になると残された目の光も失っていたらしい。十五世紀中の制作とみられる『イェーナ写本』では、ジシュカが両眼を包帯で巻いたまま軍の先頭に立つ姿が描かれている（**図③**）。しかし、この年の十月には終末論的な急進派であるアダム派を殲滅《せんめつ》し、十二月にはジギスムント率いるハンガリー軍（第二回十字軍）を急襲して皇帝を遁走させるなど、その軍事指揮能力にはまったく衰えをみせなかった。ジギスムントの派遣する対フス派十字軍は、その後も第三回（一四二二年）、第四回（一四二八年）、第五回（一四三一年）と続くが、いずれも敗れており、軍事的にフ

図③　フス派軍を率いるヤン・ジシュカ
騎上の盲目の人物がヤン・ジシュカ。
（『イェーナ写本』。*Jenský kodex*, folio 76rより）

ス派を打倒することはできなかった。ただし、ジシュカはそのすべてにおいてフス派軍を率いたわけではない。実は一四二三年の春の段階でターボルを離れ、拠点を東ボヘミアのフラデツ(・クラーロヴェー)に移している。ターボルの宗教指導者とは、正しき信仰実践のための暴力の行使はどこまで許されるのか、という問題をめぐって折り合いがつかなくなっていたらしい。ジシュカは移転先で十二カ条からなる軍規を定め、「父の如き」指導力を発揮する。その結果、フラデツはターボルと並ぶ急進派都市同盟の盟主にまで成長した。

しかし、一四二四年十月、ジシュカはカトリックに味方するモラヴィアへの遠征中に病死した。十字軍に恐怖を与え続けた将軍のあっけない死であった。フラデツ派はその後、「孤児」を名乗るようになる。それから三〇年ほどしてターボルを訪問した人文主義者エネア——のちの教皇ピウス二世(在位一四五八—六四)——は、孤児派がジシュカの遺言にしたがって彼の皮を剥いで太鼓に張ったこと、この音を聞くと敵軍は恐怖に駆られてすぐに逃亡したことなどを、自著『ボヘミア年代記』に書き記している。では、ジシュカという軍事的カリスマを失ったフス派の軍はその後どうなったのだろうか。もうしばらく戦争の推移を追ってみよう。

一四三一年のドマジュリツェの戦いで、ジシュカの後継者プロコプ・ホリー(?—一四三四)のターボル軍がカトリック軍を圧倒した。このの方カトリック陣営は、彼らの討滅をあきらめて和解を模索するようになった。これに対してフス派は、戦勝後はチェコ国外にも遠征するようになる。ただし、フス派は勝利を重ねていたものの、国外遠征のひとつの目的が物資略奪であったことからもわかるように、長引く戦争はチェコの国力を著しく低下させていた。和平を求める機運はフス派の内部にも醸成されつつあった。一四三三年に開かれたバーゼル会議では、フス派にチェコ国内での二種聖餐の実施を承認する妥協案が提示された。当初は反対していたフス派貴族や穏健派も翌年には態度を変え、カトリックとの和解に傾く。二種聖餐をチェコ国外へも導入することを求めるターボル派はなおも反対していたが、カトリックと穏健派の同盟軍に大敗したことで影響力を失い、和平への障害は取り除かれた。残りは皇帝ジギスムントの意向だけとなる。彼もチェコ王として承認されるために譲歩した結果、一四三六年、ついに新国王とカトリック教会、フス派の和解がなった。ここにフス派戦争は終結した。

ジシュカの評価――民族の英雄として

その後のチェコではカトリックとフス派の「宗派共存」体制が続くが、チェコ王位はハプスブルク家へと移った。そうした中で、一六一八年に蜂起したチェコ貴族が国王軍に完敗すると、ハプスブルク家によって再カトリック化が推進され、フスやジシュカに関する記憶はしだいに消されていくことになる。彼らの歴史が再び脚光を浴びるのは、時代は下って十九世紀、ナショナリズムの時代になってからのことであった。一八四八年のパン・スラヴ会議を主導したことで知られるパラツキー(一七九八―一八七六)は歴史家でもあった。彼は『チェコ民族の歴史』を著し、フス派の歴史を、チェコ民族における精神史、文化史上のひとつの頂点として描いた。これ以降、「民族の偉大な過去」を明らかにするためにフス派研究は進展していく。

フス派の運動を教会や封建君主の圧政に対する自由のための闘いとみたのは、チェコの民族主義者だけではなかった。ヨーロッパ諸国のロマン主義詩人・作家たちもフスやジシュカに大いなる関心を示している。例えば、フランスの作家ユゴー（一八〇二―一八八五）は「ヤン・フス」という詩をつくっているし、女流作家サンド（一八〇四―一八七六）にもインスピレーションを与えている。こうした時流の中、ジシュカに所縁のある各地で顕彰のための像が建てられるようになる。ターボルには一八七七年に（**図④**）、その四年後にはチャースラフに、そして二〇世紀に入ってもスドムニェシュ（一九二五年）、ヴィートコフ（一九五〇年）、トゥルツノフ（一九六九年）と続く。周知のように、チェコは第二次世界大戦後に共産主義国となったが、時代は移り変わってもジシュカの人気に陰りはみえなかった。一九七一年にはチェコスロヴァキア共和国のお札の肖像に選ばれている。

ジシュカは、フス派の将軍として転戦し、皇帝やカトリックの派遣する十字軍に連戦連勝した人物として語り継がれてきた。しかし、ジシュカがフスの教えにどこまで共鳴してい

図④　ターボルの広場に立つヤン・ジシュカ像
（筆者撮影）

たのか、どのような信条をもっていたのかは、史料的に明らかではない。また、フス派はチェコ人だけで構成されていたわけではなく、チェコ人であってもカトリックにとどまる者、逆にドイツ系であってもフス派に参加した人々も多くいた。したがって、フス派運動を民族的な運動として定義することは歴史の解釈を単純化しすぎている。ジシュカが何のために戦い続けたのか、信仰や民族のためだったのかどうかは断定できないのである。しかし、彼の十年にもみたない期間の戦果は近代の民族復興運動のなかで脚光を浴びた。ナショナリズムの興隆とともに再び光輝を放った「民族の英雄」ジシュカは、実際の人生よりも長くチェコとチェコ人のために戦い続けることになったのである。

⦿参考文献

浅野啓子「一五世紀フス派革命におけるプラハ四カ条」(『社会科学討究』三五号三巻〔一九九〇年〕、六一三―六三六頁)

薩摩秀登『プラハの異端者たち――中世チェコのフス派にみる宗教改革』(現代書館、一九九八年)

薩摩秀登『物語チェコの歴史』(「中公新書」、二〇〇六年)

鈴本達哉『ルクセンブルク家の皇帝たち』(近代文芸社、一九九七年)

ミロスラフ・ポリーフカ「フス革命(一四一九~三四年)における人民軍の変貌」(西澤龍生編著『近世軍事史の震央』彩流社、一九九二年、五三―九一頁)

P. Čermanová, R. Novotný, P. Soukup(eds.), *Husitské století*, Praha, 2014.

P. Čornej, *Jan Žižka*, Praha, 2019.

Z. Vybíral (ed.), *Husité na cestě za poznáním husitského středověku*, Tábor, 2011.

Z. Vybíral, *Jan Žižka o táborském hejtmanu a husitském vojevůdci*, Tábor, 2014.

独仏間に第三の
王国樹立を夢見た
ブルゴーニュ公

シャルル突進公

…Charles le Téméraire…

堀越宏一

フランス語ではシャルル・ル・テメレール（一四三三―七七、ブルゴーニュ公在位一四六七―七七）、一般的な日本語訳ではシャルル突進公と呼ばれる十五世紀のブルゴーニュ公のことは、中世フランス史に関心がある方々には、よく知られている。一四七七年のナンシーの戦いでシャルルが敗死した結果、ブルゴーニュ公家が劇的な終焉《しゅうえん》を迎えたことがしばしば取り上げられる一方、シャルルの遺児《いじ》マリ（一四五七―八二）がハプスブルク家の王子マクシミリアン（一四五九―一五一九）と結婚したため、ブルゴーニュ家の血筋と伝統がハプスブルク家に伝えられていったことは、ブルゴーニュ家の栄光の余韻《よいん》となった。ここでは、シャルルの事績をその前後の歴史的文脈に位置づけることで、彼の悲運の背景を考えてみよう。

カペー朝フランス王国とブルゴーニュ公

少し時代を遡《さかのぼ》りすぎるかもしれないが、九八七年、西フランク国王ルイ五世の死に乗じて、ユーグ・カペーが国王となった時、当時の人々の多くはそれを好ましいこととは思わず、いずれまた王位はカロリング家に戻されると考えていた。しかも、発足当初のカペー家が置かれていた状況は、低迷という一言で表現できるものであり、しかもそれはほぼ二世紀にわたって続いた。

律令制のもとで、古代から専制君主が支配した東アジア世界とは異なり、ヨーロッパの歴史においては、皇帝や国王といった最高権力者を自明の存在と考えてはならない。自由人である限り、とくに男性戦士であれば、皆対等の権利をもつと考えられていたし、国王であっても根本的な違いはなかった。十六世紀以降の絶対王政期の王権の形は、それ以前の長い歴史の産物に他ならない。

誕生期のカペー王権の場合、先行する西フランク国王の政治的権威は既に低調で、しかも、王国を統治する行政や政治の組織は無に等しい状態だった。国王の支配は、直接に軍事的に掌握《しょうあく》していた国王直轄領《ちょっかつりょう》に限られていて、それは、ほぼパリとオルレアンの周辺地域でしかなかった。フランス王国を構成するそれ以外の地方は、諸侯《しょこう》から在地の中小豪族に至る諸勢力が割拠《かっきょ》するに任されていた。フランス東部のブルゴーニュ地方も、一〇三二年、カペー朝三代目国王アンリ一世の弟ロベールがブルゴーニュ公に任じられて以降、ほぼ独立の有力諸侯領のひとつとなっていた。

そのような状況からの転機となったのは、七代目国王フィリップ二世(在位一一八〇—一二二三)の治世である。敵対するプランタジネット勢力を、アキテーヌ地方を除いて駆逐《くちく》し、国王直轄領を四倍ほどに増

シャルル突進公の肖像
(ロヒール・ファン・デル・ウェイデン画、1462年頃。ベルリン絵画館蔵)

やした。国王直轄領には国王代官を置き、年貢《ねんぐ》を徴収《ちょうしゅう》したほか、巡回して代官を監督する地方総督も任命し、国王直轄領の支配の確立を目指した。それ以外の地域を治める諸侯層については、封建的主従関係を取り結んで掌握《しょうあく》する政策を展開する。

以後のフランス国王の政策は一貫している。直轄領を増やす一方で、王族以外の家臣にそれを封土《ほうど》として委ねることを止めるのである。王族に与えられた所領は、親王領と呼ばれ、男系子孫が途絶えた場合には、原則として、再び国王直轄領に戻される決まりだった。こうして百年戦争開始(一三三九年)の頃には、王族以外が統治する諸侯領は、ブルターニュ、ブルボネ、フォアなど、ごくわずかしか残されていなかった。

ブルゴーニュ公領では、一三六一年、一〇三二年以来続いたカペー系ブルゴーニュ公の血筋がフィリップ・ド・ルーヴルの死によって途絶え、妃マルグリット・ド・フランドル(一三五〇—一四〇五)のみを残す状態となっていた。このため、ブルゴーニュ公領は、相続人のいない封土として、その封建主君であるヴァロワ朝フランス王ジャン二世にいったん戻されたうえで、一三六三年、その四男フィリップ・ル・アルディに授封《じゅほう》されたのである。ここから四代にわたるヴァロア系ブルゴーニュ公家が始まることとなった。

一三六九年、フィリップは、十一歳で寡婦《かふ》となったまま残されていた前ブルゴーニュ公妃マルグリット・ド・フランドルと結婚したが、これは、マルグリットが父方から相続することとなっていたフランドル伯領《はくりょう》、ヌヴェール伯領、アルトワ伯領、ブルゴーニュ伯領(現在のフランシュ・コンテ地方)

などの所領をすべて獲得するための政略結婚である。その後、フィリップの子孫が、ブルゴーニュ公として、フランス王国と神聖ローマ帝国の中間領域にあたる、現在のベネルクス三国からフランス東北部にあたる地域に支配領域を拡大していく際、軍事的征服よりも、女系から得られる相続財産を取り込むという、政略結婚の政策が重ねて用いられた。

　こうしてフランドル地方を中心とする北部地域とブルゴーニュ地方を中心とする南部地域から成るブルゴーニュ公の支配領域が形成されていった。その全体は、現在の歴史家からは、「ブルゴーニュ国家」とか「ブルゴーニュ公国」と呼ばれているが、それを構成する諸侯領の地域独立主義は根強く、ブルゴーニュ公は

「ブルゴーニュ国家」の地図
(ヨーロッパ中世史研究会編『西洋中世史料集』〔東京大学出版会、2000年〕より作成)

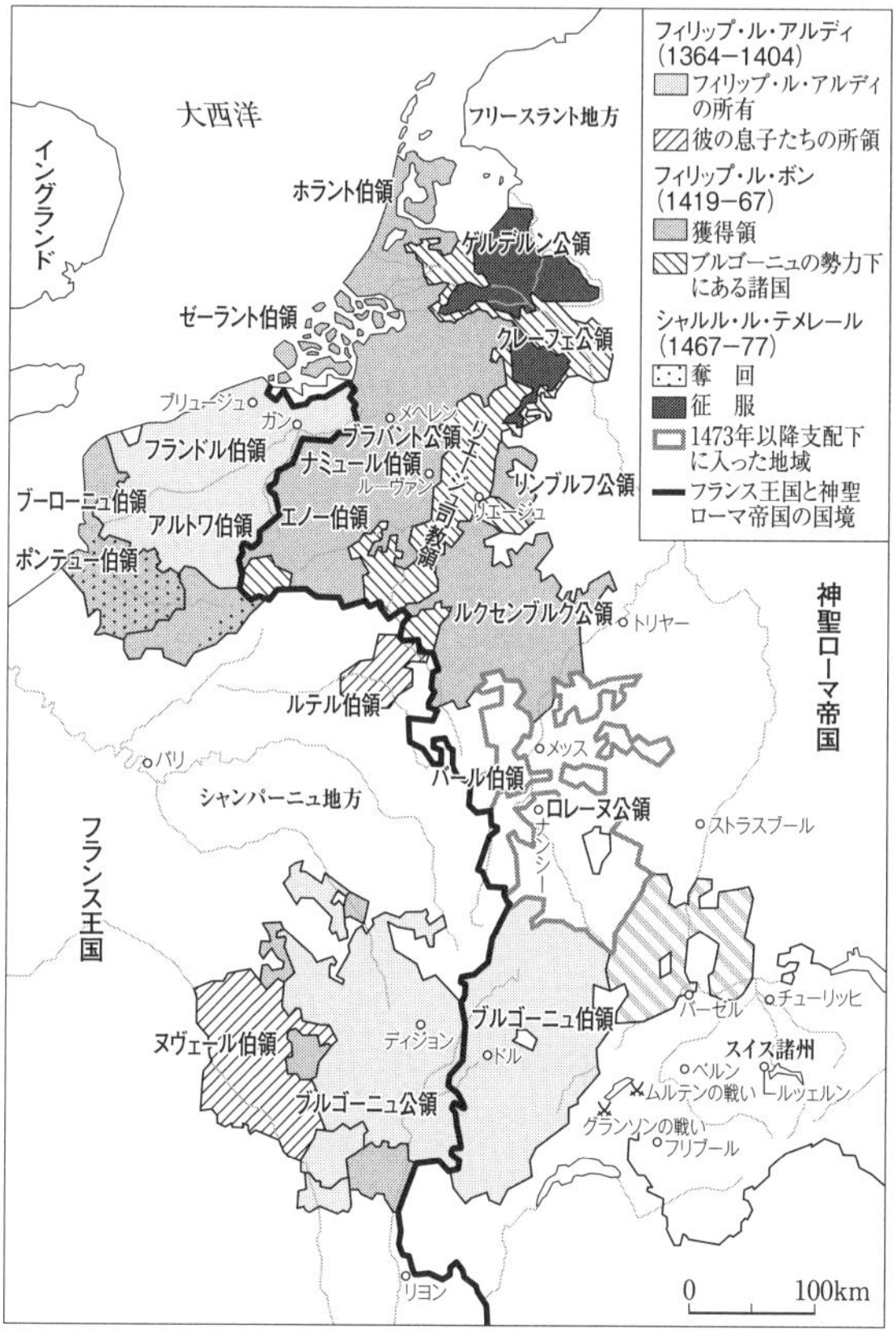

その統一に腐心《ふしん》することになる。そのあたりの事情は、現在の連合王国におけるスコットランドの動静を思い浮かべると分かりやすいかもしれない。

このような歴代ブルゴーニュ公の支配領域拡大は、もはや親王領としてのブルゴーニュ公領の支配拡大を超えた意味を有さざるを得ない。他の親王領と同様、三代目ブルゴーニュ公フィリップ・ル・ボン（在位一四一九―六七）までは、紆余曲折《うよきょくせつ》はあるものの、結局はフランス国王の支配を受け入れていたのに対して、四代目シャルル・ル・テメレールは、新たな王国を樹立することを目指したのである。これこそが、彼の宿願に他ならない。シャルルは、自らをブルゴーニュ公ではなく、「ロタリンギア公」と称していたが、ロタリンギアとは、八四三年のヴェルダン条約によって、当時のフランク王国が三分割された時に、東西フランク王国に挟まれた形で、長男ロタールに与えられた中央部分を指す呼称である。こうして、ブルゴーニュ公シャルルは、フランス王家の親王領という位置づけを離れて、独仏間に第三の王国を創設することを夢見たのである。

フランス国王とブルゴーニュ公の中央集権化

権力強化を図るフランス王権が、国王直轄領の拡大とともに目指したのは、中央集権的な統治機構の形成である。十二世紀までの王国統治業務が、司法、財政、軍事などのすべてに関して、国王とその側近《そっきん》たちが集まる国王会議《クリア・レギス》で行われていたのに対して、十三世紀後半からその機能が分化していく。その皮切りとなったのは、司法制度であり、慣習法の成文化（「ボーマノワール慣習法」など）や国王の勅令《ちょくれい》の編纂《へんさん》（「聖ルイの法令集」）に続いて、国王代官ないし領主による第一審、地方総督ないし諸侯による第二審、高等法院《バルルマン》と呼ばれる王国最高裁判所による第三審という裁判制度の整備が進められた。十三世紀末からは、財政を管理する会計院《シャンブル・デ・コント》が整備されて、フランス王国の財務省的な行政機関となったことに加えて、十四世紀半ばからは、王国臣民に対する租税の恒常的な課税が段階的に実施されていった。

これらの統治組織を担う専門的な役人集団の本格的な登場は、一三〇〇年前後のレジストと呼ばれる法律家官僚の登場を待たねばならない。彼らの養成機関となったのが、大学の法学部である。その職業的子孫が「法服貴族」として、その後の絶対王政の官僚制を担っていくこととなる。

これに対して、国王直属の常備軍の整備は十五世紀まで遅れた。封建制度の下《もと》では、軍役《ぐんえき》奉仕を課された封建家臣が国王軍の中核だったが、軍役奉仕義務は年四〇日程度しかなく、足りない部分は傭兵《ようへい》で補うしかなかった。フランスでは、一四三九年のシャルル七世（在位一四二二―六一）による軍事改革王令を受けて、一四四五年に発足した勅令部隊と呼ばれる騎兵《きへい》部隊が、俸給制《ほうきゅうせい》の職業軍人による最初の常備軍（約一万人規模）となった。

フランス王国の王族諸侯もまた、このような国王による中央集権化政策をモデルとして、それぞれの諸侯領の統治機構を整備していった。しかし、ブルゴーニュ公が集積した諸侯領群については、各諸侯領固有の制度や組織のほか、それに組み込まれて生きる人々が存在した。このため、支配下の諸侯領の地域独立主義とブルゴーニュ公による中央集権化のバランスが課題となる。一四三〇年、公フィリップ・ル・ボンがポルトガル王の娘イザベルと結婚した際に創設された金の羊毛《トワゾン・ドール》騎士団は、支配下の諸侯領の貴族やエリートたちに名望家的栄誉を与えて、ブルゴーニュ公の周囲に彼らをまとめ上げるための組織だった。

「ブルゴーニュ国家」の統治組織も、フィリップ・ル・ボンとその息子シャルル・ル・テメレールの時代に整備されていった。ただし、その領域がフランドル地方とブルゴーニュ地方という南北に分断されていたことが、その統一の大きな障害となったことは否めず、北部地域と南部地域の各地に書記局、高等法院、会計院が設置された。そのなかで、シャルルは、特に管轄《かんかつ》が錯綜《さくそう》していた北部地域について、その中心を都市メヘレンに置こうという明確な意志をもっていた。こうして、一四七三年に北部地域全体を管轄するメヘレン高等法院が設置されたほか、会計院もメヘレン会計院に統一された。

「ブルゴーニュ国家」の財政という点では、シャルルは、直轄領からの収入とフランス国王からの年金に依存する状況からの脱却を目指し、臣民全体に課す租税を急速に増大していった。フィリップ・ル・ボン時代には三〇万リーヴル台だった収入は、シャルル治世に七六―七七万リーヴルへと急

金の羊毛騎士団章
シャルル突進公の肖像画(p.91)にも描かれている。
(ウィーン、ホフブルク宮殿帝国宝物館
Kaiserliche Schatzkammer蔵)

増するが、さらにその不足分はイタリアの金融業者からの借入金で補填《ほてん》された。ちなみに、同時代のフランス王権は、百八〇万リーヴル(一四六一年)から四七〇万リーヴル(一四八三年)の税収を得ていたので、その額は、ブルゴーニュ公のような最上位の諸侯層の財政規模をはるかに上回っていた。この点は、シャルルの悲運を導く間接的な背景である。

他方、官僚養成のための大学については、フィリップ・ル・ボンによって、南部地域のフランシュ・コンテ地方にドル大学(一四二二年)、北部地域のブラバント公領にルーヴァン大学(一四二五年)が創設されて、パリ大学に依存しない法律家官僚養成の組織が準備されていった。

軍隊では、シャルル・ル・テメレールの時代に、シャルル七世の勅令部隊を模倣《もほう》した常備軍が創設された。その規模は、シャルル七世の勅令部隊よりも大きく、一万五〇〇〇人規模、砲三〇〇門を有する部隊だったらしい。このうち、シャルルが特に力を入れたのが砲兵隊《ほうへい》で、ブルゴーニュ公の砲兵隊は当時ヨーロッパ最強と評されていた。

神聖ローマ帝国とフランス王国の間

地理的に見ると、ブルゴーニュ公が形成した「ブルゴーニュ国家」は、北は低地地方から南はブルゴーニュ地方まで、フランス王国と神聖ローマ帝国にまたがる領域に広がっていた。中世では、エスコー川、ムーズ川、ソーヌ川、ローヌ川という四つの河川が、独仏の境界線と考えられていたが、それらのうち、ローヌ川流域を除く部分がブルゴーニュ公の支配領域と重なる。この領域は、西ヨーロッパの南北を貫く交通路でもあり、北はフランドル諸都市から、リヨンを経て、マルセイユに至る商業都市が点在し、繁栄《はんえい》していた。

王国としても、ゲルマン民族大移動期のブルグント王国とカロリング期のロタリンギアに加えて、十世紀からは北はブルゴーニュ伯領から南はプロヴァンス伯領に至る領域がアルル王国という緩やかな政治的まとまりを構成していた。フランス王権は、一二四六年、ルイ九世の弟であるアンジュー伯シャルルを通じてプロヴァンス伯領を獲得し、さらに一三四九年にはドーフィネ地方を買収して、この地域へ進出していくが、十五世紀に入ると、ブルゴーニュ公に加えて、同じヴァロワ家の王族であるアンジュー家のルネ一世が南のプロヴァンス伯領と北のバール公領とロレーヌ公領を支配して、これらのフランス系の諸勢力が拮抗《きっこう》する舞台となった。

このような状況下で、「ブルゴーニュ国家」は、シャンパーニュ地方とロレーヌ地方によって南北に分断されていて、アルザス地方とスイスも含めた中間地域は、独仏間の勢力争いの場となった。三代目ブルゴーニュ公フィリップは、「ル・ボン＝善良」という渾名《あだな》が示すように、基本的にはフランス王権に従順だったが、その晩年には、家臣の中で、独仏中間領域に存在したかつての諸王国を受け継ぐ形での王国形成の主張が現れてくる。

一四六七年六月の即位から九年半しかない短い治世の間、四代目シャルル・ル・テメレールは、そのような新たな意図に導かれて、北部のゲルデルン公領を獲得し、リエージュ、ガン、ロレーヌ公領、アルザス地方のハプスブルク家領と諸都市を次々に支配下に収めていった。その先には、プロヴァンス伯領を獲得し、北海から地中海にまで至る帯状の領域支配を実現することを構想していたようだ。一四七三年には、トリヤーで皇帝フリードリヒ三世と交渉を重ね、シャルルの娘マリを皇帝のひとり息子マクシミリアンの婚約者とすることと引き換えに、公から国王に昇格することを目指した。そして、メッス司教による国王聖別式の準備まで整えていたにもかかわらず、フリードリヒが交渉の場から突然消えてしまい、その実現には至らなかった。

一四七五年、ロレーヌ公領首府ナンシーを陥落させ、同公領を事実上征服した際には、ナンシーを「ブルゴーニュ国家」の中心として、かつてのロタリンギアを再現することが宣言されたのである。かつてのロタリンギアを支配したロタール一世が皇帝だったのと同じく、シャルルの視野には皇帝位も見えていたかもしれない。

シャルルの渾名である「ル・テメレール」は、「突進公」と日本語訳されることが多い。より正確には、「無謀《むぼう》な人」「向こう見ずな人」という意味であり、シャルルの治世を通じて見られる、軍事面や外交面での性急さに由来するのであろう。第三の王国を創り出すことに邁進《まいしん》し、四三歳で燃え尽きることとなるシャルルの生きざまをよく示している。

ナンシーの戦いとブルゴーニュ公の敗死

しかし、フランス王国と神聖ローマ帝国の間に、新しい王国を作り出そうとしたブルゴーニュ公シャルルの宿願は、仏王と皇帝以外にも多数の社会勢力の反発を引き起こすものだった。

シャルルが、分断されたその「ブルゴーニュ国家」を連結させるために征服しなければならなかったロレーヌ公領の当主ルネ二世は、伝統的に家臣の独立性が強いというロレーヌ公領特有の事情や彼自身の相続が母方由来のものだったという理由もあって、あまり有力な勢力ではなかった。これに対して、アルプスの深い谷間に形成されていたスイスの諸邦と都市は、一三五三年までに八邦《はっぽう》同盟を形成し、実質的な独立を獲得していて、彼らの歩兵部隊は、すでに一四七六年のグランソン(三月)とムルテン(六月)における二つの戦いでシャルルを打ち破っていた。さらに、ストラスブールをはじめとするアルザス地方の諸都市もまた、シャルルによる支配を忌避《きひ》して、財政的な面で反ブルゴーニュ公グループの支援に回っていた。このように見ると、ナンシーの戦いの結末は、ロレーヌ公の勝利という以上に、シャルルの中央集権的支配政策に反発する多くの地域共同体がもたらしたものだということができる。

そのような四面楚歌《しめんそか》の状況下で、一四七七年一月五日、再度のナンシー攻略を目指すブルゴーニュ軍を、ロレーヌ公が率いる同盟軍が攻撃するナンシーの戦いは起こったのだった。六〇〇〇ほどのブルゴーニュ軍に対して、ロレーヌ公同盟軍は二万弱、そのうちロレーヌ公自身の軍勢は八〇〇〇ほどだったとされる。『ロレーヌ年代記』が描く同盟軍の多数の軍旗は、その構成をよく表している。そこには、聖母受胎告知《せいぼじゅたいこくち》を描いたロレーヌ公の旗のほかに、オーストリア大公、ストラスブール司教、バーゼル司教、フリブールなどの諸都市とチューリヒ、ベルン、ルツェルンなどのスイス諸邦の旗が含まれていた。

スイス軍は、「ウリの雄牛《おうし》」と「ウンターヴァルデンの雌牛《めうし》」という名の二つの大きなホルンを所持していた。敵軍に接近すると、自分たちの存在を誇示するために、三回長く吹き鳴らされたが、グランソンとムルテンの戦いでこれを聞かされていたシャルルは、大いに恐れたと言われている。

シャルルの戦死の状況はよく分からない。一説によれば、討ち取ったのは、クロード・ド・ボーズモンというロレーヌの地方貴族で、兵に護衛されたシャルルに執拗《しつよう》に挑《いど》みかかり、最後に、シャルルが「ブルゴーニュ

シャルル・ル・テメレールの最期
中央の都市がナンシー、
右下で討ち取られているのがブルゴーニュ公シャルル。
（ハンス・エルハルト・トゥッシュ『ブルゴーニュ史』
〔ストラスブール、1477年〕の版画より）

「ナンシーの戦い」　シャルル・ル・テメレールは左下隅に描かれている。
（ウージェーヌ・ドラクロワ画、1831年。ナンシー市立美術館蔵）

（公）を助けろ」と叫んだが、クロードは耳が不自由だったため、その叫び声が聞こえず、シャルルは、サン・ジャン池の溝に乗馬の脚を取られ、討ち取られたと言われる。その後、クロードは、名だたるブルゴーニュ公を殺したことを悲しんで亡くなったとも言われているが、それよりも、シャルルを捕虜《ほりょ》にしなかったために、高額の身代金を手にできなかったことを嘆いていたのかもしれない。

中世ヨーロッパでは、身体に障碍《しょうがい》がある者が、戦場で大手柄《おおてがら》を挙げたり、思わぬ幸運に恵まれたりする逸話《いつわ》が多いのだが、これは、その背後に神の摂理《せつり》が働いていたという考え方を示している。クロードの逸話も、難敵を退けたロレーヌの人々の気分をよく表している。

シャルル突進公の遺産

シャルルの敗死後、その遺児マリの結婚が国際政治の焦点となったが、結局、一四七七年四月、ハプスブルク家の相続人マクシミリアンと結婚することとなった。その結果、フランス王国内に位置していたブルゴーニュ公領などは、フランス王国に留まったものの、元来神聖ローマ帝国の領域だった低地地方やフランシュ・コンテ地方はハプスブルク家領となった。さらに、マリとマクシミリアンの長男フィリップは、スペイン王国の女性相続人となるファナと結婚し、カール五世（スペイン王としては、カルロス一世）を遺すことによって、神聖ローマ帝国とスペイン王国を支配する巨大帝国を生み出すこととなる。同時に進行していた大航海時代の動向とも相まって、この一家は「太陽の沈まぬ国」を実現していくのである。

他方、ロレーヌ公領は、その後ながらく独仏のあいだで事実上の独立を維持したが、その間、フランス王権の東方進出は着々と進行した。一七三七年、ロレーヌ公フランソワ三世エチエンヌは、ハプスブルク家のマリア・テレジアと結婚することと引き換えにして、ロレーヌ公領をフランスに譲渡《じょうと》することを余儀なくされる。こうして、ブルゴーニュ家のみならずロレーヌ家もまた、ハプスブルク家に吸収されていったのだった。

⊙参考文献

シャルル・ル・テメレールに至る四代のブルゴーニュ公家について、日本語で読める通史としては、ジョゼフ・カルメット(田辺保訳)『ブルゴーニュ公国の大公たち』(国書刊行会、二〇〇〇年)が代表であり、堀越孝一『ブルゴーニュ家』(「講談社現代新書」、一九九六年)も手ごろな読み物である。また、歴代ブルゴーニュ公とその宮廷については、ヨハン・ホイジンガ『中世の秋』(兼岩正夫・里美元一郎訳、創文社、一九五八年と堀越孝一訳、中央公論社、一九七一年)のなかで多く描かれている。

「ブルゴーニュ国家」についての専門的著作としては、以下のものがある。

金尾健美『十五世紀ブルゴーニュの財政―財政基盤・通貨政策・管理機構』(知泉書館、二〇一七年)

藤井美男『ブルゴーニュ国家とブリュッセル――財政をめぐる形成期近代国家と中世都市』(ミネルヴァ書房、二〇〇七年)

マルク・ボーネ(河原温編)『中世ヨーロッパの都市と国家―ブルゴーニュ公国時代のネーデルラント』(山川出版社、二〇一六年)

フィレンツェから世界の改革を目指した説教師

ジローラモ・サヴォナローラ

…Girolamo Savonarola…

三森のぞみ

サヴォナローラ(一四五二―九八)の名を聞いて、どのような人物を思い浮かべるだろうか。ルネサンスの花の都フィレンツェで罪の悔《く》い改めと厳格な禁欲を説き、預言者《よげんしゃ》として世紀末の不安におののく人びとから熱狂的な支持を受ける一方で、フィレンツェを実質的に支配していたメディチ家と対立、フランス王シャルル八世(在位一四八三―九八)のイタリア遠征を予知し、神権政治を行うなか、「虚栄《きょえい》の焼却」によって多くの奢侈品《しゃしひん》や美術品を灰にしたが、教皇による破門と過度の風紀引き締めのために人びとの心が離れ、最後は「火の試《し》練《れん》」の失敗によって処刑された説教師。狂信的な怪僧《かいそう》。光と色に溢《あふ》れたルネサンス世界を暗い中世の闇に引き戻そうとした時代錯誤《さくご》の人。あるいは、強い信仰心をもっていたものの、俗世間をよく知らず、慣れない政治に首を突っ込み、あだ花として散った修道士……。「俠」よりも「狂」の人というイメージがあるかもしれない。しかしながら、こうしたサヴォナローラ像には誤解も多い。彼は実際にどのような活動をし、何を目指していたのだろうか。

ドミニコ会士となってフィレンツェへ

ジローラモ・サヴォナローラは一四五二年に北イタリアの都市フェッラーラで生まれた。父ニッコロは地味な商人、金融業者であったが、祖父ミケーレは名の知られた医師で、当時フェッラーラを支配していたエステ家のニッコロ三世の宮廷に侍医《じい》として招かれ、大学で医学を講じた。十五世紀のフェッラーラは人文主義教育とルネサンス美術に彩られた文化都市であった。ミケーレは医学のみならず政治や道徳などに関する著作も残している。サヴォナローラはまずこの祖父から勉学の手解きを受けたらしい。しかし、彼は聖職の道に進む決断をする。一四七二年にローマ教会の堕落《だらく》を告発する詩作品『この世の退廃《たいはい》について』を書いたのは、おそらく前年のスキャンダラスな教皇シクストゥス四世(在位一四七一―八四)登位に触発《しょくはつ》されたものと考えられる。七五年、サヴォナローラはフェッラーラを出奔《しゅっぽん》し、ボローニャにあるサン・ドメニコ修道院に向かった。

サン・ドメニコ修道院はドミニコ会に属していた。ドミニコ会は、フランシスコ会と並んで十三世紀初頭に生まれた代表的な托鉢《たくはつ》修道会である。人里離れた修道院の中で祈りと労働の生活を送る伝統的な修道士と異なり、托鉢修道士はキリストの使徒たちに倣《なら》い、清貧を守りつつ各地を巡って人びとに神の言葉を説くことを務めとした。彼らは成長著しい都市を活動拠点とし、増え続ける都市民に語りかけた。ドミニコ会という名称は創立者の名に由来《ゆらい》する通称で、正式名称は「説教者修道会」、いわば説教師のプロ集団である。

サヴォナローラは修練期間を経て正式のドミニコ会士となり、神学の知識や説教の行い方を身につけたのち、一四八二年、三〇歳の時にフィレンツェのサン・マルコ修道院へ読師として派遣された。当時のフィレンツェはイタリア有数の大都市であるとともに、現在のトスカーナ地方の二分の一強をその支配領域としていた。このフィレンツェ共和国が、ミラノ公国、ヴェネツィア共和国、教皇国家、ナポリ王国とともに当時のイタリアにおける五大勢力を形成した。そして、フィレンツェで当時最も大きな政治権力を握っていたのが、ロレンツォ・デ・メディチ（一四四九—九二）であった。ロレンツォの祖父コジモ・デ・メディチ（一三八九—一四六四）が、金融業で得た莫大《ばくだい》な富と巧みな政治力によって、一四三四年に政治主導権を握って以来、その息子ピエロ、孫ロレンツォとメディチ家三代がフィレンツェ政治に大きな力を及ぼし、サヴォナローラがサン・マルコ修道院に赴任《ふにん》してきた頃には、ロレンツォへの権力集中が最大限に達していた。しかしながら、著しく形骸《けいがい》化したとはいえ、共和制の仕組みが維持され、人びとの共和制に対する想いも根強く、ロレンツォの専横に対する反感は決して少なくなかった。

サヴォナローラはフィレンツェで説教活動を始めたが、フェッラーラ訛《なま》りと未熟な技法のために聴衆が減り続け、苦闘したといわれる。当時の托鉢修道士の説教はただの教義解説でも「お説教」でもない。托鉢修道士は巧みな話術でキリストの教えをわかりやすく説明しつつ、都市内の平和から商売の心得、家族のあり方や性道徳まで、社会のさまざまな問題について語りかけた。彼らが説教で設立を訴えた貧民救済用の公益質屋は多くの都市で導入された。今日でいう社会福祉事業の担い手でもあった托鉢修道士は、世俗のことをよく知り、社会と深い関わりをもっていたのである。一方、人びとは説教に魂の救いや生活の指針を求めるとともに、その話芸を楽しんだ。人気説教師は各地の都市政府や君主から招致《しょうち》が舞い込むスターであったが、耳の肥えた聴衆は不出来な説教に厳しかった。托鉢修道士たちはより良い説教を行うために、過去の優れた説教草案を参考にして自らの草案を入念に準備し、説教後には出来不出来や留意すべき点を細かく記録した。サヴォナローラもこうした草案を作成している。

後年の回顧《かいこ》によれば、サヴォナローラは一四八四年、教会がすぐに罰せられ、改革されるという神の啓示《けいじ》を受け、その後しばらくして当時の一般的な説教から独自の預言的説教を行うようになったという。八七年にサヴォナローラはボローニャに戻され、北イタリアの各地で説教活動を続けた。サヴォナローラがフィレンツェのサン・マルコ修道院に再赴任したのは一四九〇年のことであった。ロレンツォ・デ・メディチの依頼によるものだが、これにはサヴォナローラの知己で、ロレンツォと親しい間柄にあった人文主義者ジョヴァンニ・ピーコ・デッラ・ミランドラ(一四六三—九四)の助言があったとされる。ピーコはサヴォナローラの教えに深く傾倒し、ピーコの友人やその他多くの知識人がサヴォナローラの熱心な信奉者《しんぽうしゃ》となった。罪人に対する神の厳しい罰について語るサヴォナローラの説教は大きな成功を収め、聴衆が急

15世紀後半のイタリア
(北原敦編『イタリア史』〔山川出版社、2008年〕より)

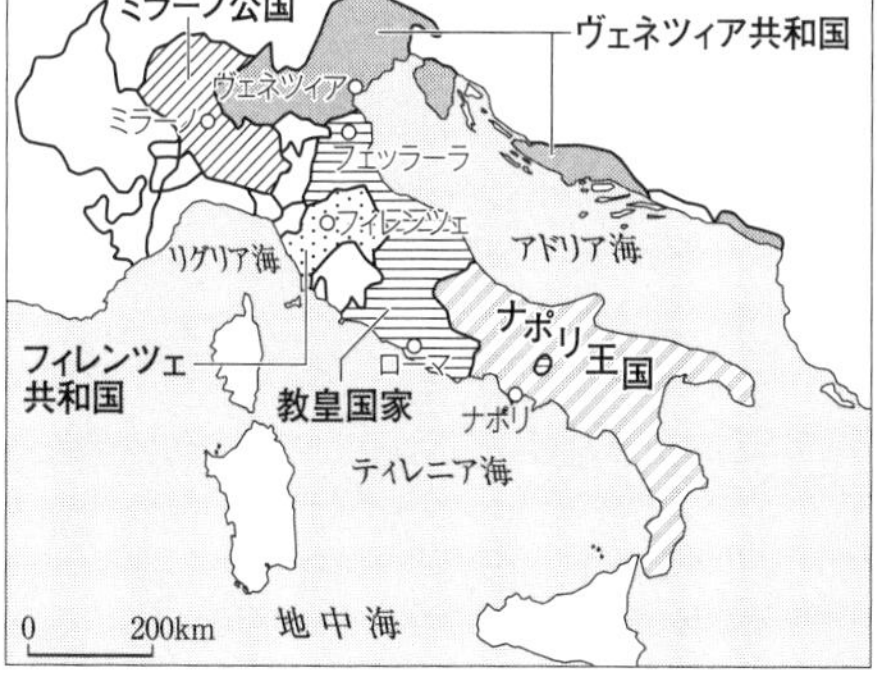

速に増していったという。

翌九一年、サヴォナローラはサン・マルコ修道院長に選出された。さらに、フィレンツェで最も重要なサンタ・マリア・デル・フィオーレ大聖堂でも説教を行うようになった。四旬節《しじゅんせつ》に同聖堂で行われた有名な説教では、富者の傲慢《ごうまん》、彼らによる貧者の搾取《さくしゅ》などを糾弾《きゅうだん》し、こうした罪を清める「鞭《むち》」がすぐに現れると告げたという。しかし、この頃の説教でサヴォナローラがメディチ家を名指しで攻撃した証左《しょうさ》はない。過去には人びとを煽《あお》り立てた説教師がフィレンツェから追放されたこともあったが、サヴォナローラの説教にそのような危険性は認められなかったようである。とはいえ、非難の対象に富者のリーダーであるロレンツォ・デ・メディチが含まれないはずはなく、有力市民がサヴォナローラに警告を与えたという話もある。

サン・マルコ修道院は、コジモ・デ・メディチがドミニコ会士たちのために多額の費用を担って修道院を大改築させて以来、メディチ家と密接な関係にあった。ロレンツォはサヴォナローラに好意を抱けなくなっていたかもしれないが、両者が直接対決した証拠はない。また、かつてサン・マルコ修道院長からフィレンツェ大司教となったアントニーノ・ピエロッツィ(聖アントニーノ)は、修道院に対するコジモの厚意と援助を受け入れる一方で、メディチ派の政策に公的な抗議を行ったこともあった。ロレンツォとサヴォナローラのあいだにも一方的な対立あるいは従属の関係はなかったように思われる。一四九二年、ロレンツォは病のために没した。サヴォナローラがロレンツォの臨《りん》終《じゅう》の床を訪れたことは、その時傍らにいた人文主義者ポリツィアーノが記している。しかし、その場でサヴォナローラがロレンツォの奪ったフィレンツェの自由を返すよう迫ったのに対し、ロレンツォがそれを拒否したというのは後代の作り話である。

サン・マルコ修道院ではこの時期、院長サヴォナローラの指導下に改革が推し進められ、修道士たちは本来の清貧生活を厳しく実践し、その評判の高まりから修道士数も大幅に増加しつつあった。また、新たにメディチ家の当主となったロレンツォの長男ピエロ（一四七二―一五〇三）の支援を受け、一四九三年に修道院はそれまで属していたドミニコ会ロンバルディーア管区からの独立を果たしている。さらに九五年にはサヴォナローラを総代理とするサン・マルコ管区が創設されて、大幅な自治が可能になった。

画期としての一四九四年と大評議会

一四九四年一月にナポリ王フェッランテが死去すると、フランス王シャルル八世はかねてから要求していたナポリ王位の継承を実現するべく、九月に大軍を率いてアルプスを越え、イタリアに入った。十月にシャルルがフィレンツェ領に侵攻すると、ピエロ・デ・メディチは独断で王の下に赴《おもむ》き、従属都市ピサなどの譲渡《じょうと》や多額の軍資金の支払いを約して和睦《わぼく》を結んだ。しかし、フィレンツェ都市政府はこれを認めず、反メディチ気運が高まるなか、十一月九日にピエロらを反逆者と布告、メディチ家はフィレンツェから逃亡し、同家の支配体制が瓦解《がかい》した。

サヴォナローラが歴史の表舞台に立ったのは、この時から四年足らずの短い期間である。彼は以前から罪人に対する神の鞭が迫っていると説いていたが、有名な言葉「見よ、主の剣がすぐ、速やかにこの世に（降される）」もおそらくすでに説教で繰り返されていたであろう。さらに、遅くとも同年二、三月の四旬節連続説教では、キュロスに似た者が間もなくアルプスを越えて到来し、神に導かれて諸都市を獲得していくと告げていた。キュロスとは、新バビロニア王国を滅ぼし、いわゆる「バビロン捕囚《ほしゅう》」の状態にあったユダヤ人を解放、彼らの故郷への帰還を認めた紀元前六世紀のペルシア王で、旧約聖書「イザヤ書」では、「主によって油を注がれた人（メシヤ）」と記されている。シャルル八世は「新たなキュロス」として、正しき民を救い、罪人を罰する王と解された。この王の到来の予知が預言者サヴォナローラの名声を高めた。

都市政府はシャルル八世に改めて使節を派遣したが、すでに人びとから聖人視され、大きな声望を得ていたサヴォナローラもその一員として王と会見した。十一月十七日にフィレンツェに入ったシャルル軍の駐留《ちゅうりゅう》が長引くことが懸念《けねん》されると、サヴォナローラが再度使者に立って交渉を行い、王への軍資金の提供、王が占領したフィレンツェ領内各地の返還などについて協定が結ばれたのち、二八日にフランス軍はフィレンツェを出立して南へ向かった。以後、フィレンツェはフランスと結ぶことになる。そして、この時の一連の働きによって、サヴォナローラの政治的な威信《いしん》が増大した。

フィレンツェに残された大問題は、メディチ後の政治体制をどのようにするかであった。当初はメディチ体制を支えていた有力市民たちが自ら権力を握って寡頭《かとう》政治を行おうとしたが、参政権があるにもかかわらずそれまで政治から疎外《そがい》されていた中下層市民が反発の声を上げた。そこで、フェッラーラ出身の聖職者としてフィレンツェ社会の利害関係の外に立ち、広い信望と権威を得ていたサヴォナローラが、待降節《たいこうせつ》の一連の説教を通じて、フィレンツェ人に進むべき道を示した。フィレンツェは「善く生きる」ために新たな政治体制を創設しなければならず、一握りの市民のみが公職に就任しメディチ家の専制を許した「狭い」政体ではなく、多くの人に開かれた「広い」共和政体を目指すべきだとした。具体的には、安定した政体を誇るヴェネツィア共和国の大評議会に倣った機関の設立が強く促された。サヴォナローラはヴェネツィア・モデルの発案者ではなかったが、その採用を決定づけた。議論が百出し、極度の政治混乱に陥っていたフィレンツェ社会を新しい方向へと導いたことが、その後のサヴォナローラの大きな影響力につながったのである。

こうして十二月二三日に大評議会の創設が決定された。本人あるいはその父、祖父、曾祖父《そうそふ》のいずれかが都市の主要な三政治機関に就任したことのある二九歳以上の男子に成員資格が認められ、議員総数は三〇〇〇名余に及んだ。最終的な議決と全公職の選出権は大評議会のみに帰した。フィレンツェ共和制社会における唯一の明確な身分的指標であった公職は、人びとの大きな関心と利害の的《まと》で、その選出方法は資格審査と名札抽選《なふだちゅうせん》を組み合わせた非常に複雑なものであった。各職の任期は二〜六ヶ月と短く、特定の個人や家への権力の集中を防ぐよう工夫されていたが、資格審査委員会の審査は恣意的《しいてき》であり、やがて有力者の影響下に名札管理役が抽選用の名札を操作できるようになった。メディチ家はこうした公職選出の操作を徹底させることで、政治権力を握り続けたのである。しかしながら、大評議会の仕組みによって政治参加資格は誰の目にも明らかになり、また、その該当範囲を世代的に大幅に拡げたことで、少なくとも理論上は、メディチ派も反メディチ派も含む、広く開かれた宥和的《ゆうわてき》な体制が制度化されたのである。

サヴォナローラは大評議会の政治的な重要性を明確に意識していた。大評議会こそがフィレンツェ共和制の基盤を成すこと、公共善を守るために大評議会を堅持《けんじ》しなければならないことを、後年の説教でも繰り返し訴え、そのための具体的な提言もしている。大評議会は寡頭制や専制を防ぎ、市民の自由と平等を保障する、市民全体（参政権を認められていなかった下層民は除く）の公的な代表であり、フィレンツェの主人だと説いた。大評議会での公正な投票による公職選出の必要を弁じ、伝統的な抽選制の復活を望む市民たちに対して、あなたたちは自身の落選を恐れるから抽選を欲しているが、歴史上、抽選は野心のある人びとによって見いだされた、『フィレンツェ人の歴史』にそう記されているから読むようにとまで言っている。同書は人文主義者レオナルド・ブルーニが執筆したフィレンツェの正史だが、他所者の聖職者が目を通すとはあまり思われない世俗の書である。サヴォナローラがフィレンツェの歴史を踏まえた政治制度改革を考え、学んでいたことがわかる。

とはいえ、サヴォナローラ支持者の中には、こうした制度がメディチ家復帰を望むメディチ派を利するのではないかと恐れる者もいた。一方、メディチ家復帰も、大評議会に立脚した「民主的」政体も望まない寡頭派市民たちは、サヴォナローラがメディチ家と陰で結んでいると主張して対立した。サヴォナローラ派内にロレンツォ期に権力の中枢《ちゅうすう》にいた有力市民が含まれていたことも事態を複雑にした。以後、「修道士派《フラテスキ》」、あるいは説教にすぐ感涙《かんるい》するとして「泣き虫派《ピアニョーニ》」と呼ばれたサヴォナローラ派と、「憤怒派《アッラッビアーティ》」と呼ばれた反サヴォナローラ派による抗争が激化していくことになる。

預言者サヴォナローラと改革

サヴォナローラは何よりも説教師であった。その説教には一万三、四〇〇〇人もの聴衆が集まったという。彼は旧約聖書の預言書を説教にとりあげ、自らを旧約の預言者たちと重ね合わせ、彼らに倣って信仰と社会の改革を訴えた。一四九八年の「出エジプト記」を主題とする最後の連続説教で強調されたのも、預言者としてのモーセであった。「預言者」は「予言者」ではなく、神の教えと言葉を預かり伝える者である。サヴォナローラは、旧約時代の預言者たちのように、自身と同じ時代を生きる人びとに神の教えと言葉を伝える役目が与えられたと自認した。

しかし、この彼独自の預言的説教は、しばしばいわれるような終末論的な性格を有していない。当時の終末思想は南伊カラブリア地方出身の修道士フィオーレのヨアキム(一一四五?—一二〇二)の影響を受けた中世的な至福千年説に由来するが、サヴォナローラにその要素はみられない。すでに行った預言的説教や幻視、そして未来の預言について記し、自身の預言者としての召命《しょうめい》を明らかにした著書『天啓大要』(一四九五年)においても、ヨアキムの著作はほとんど読んでいないと述べている。彼の預言的説教は、旧約の預言者の時

サヴォナローラの肖像
(フラ・バルトロメーオ画、1498年頃。フィレンツェ・サン・マルコ美術館蔵)

代に接続して生きるという独特の歴史意識に支えられたもので、世の終わり、すなわち歴史の終わりを告げようとしたのではなかった。

また、サヴォナローラは神権政治を行ったとよく言われるが、彼がフィレンツェの政治権力を直接掌握することはなかった。世俗権力による聖職者の処罰を認め、彼自身も都市政府の要請には従った。確かに大評議会創設後も、説教壇からさまざまな提言を行い、新たな税制や、大評議会の基盤強化、都市政府が下した重罪判決への上訴権の法制化などに力を尽くした。とはいえ、大評議会の投票決議が常にサヴォナローラの思惑通《おもわくどお》りの結果をもたらしたわけではない。あまりの多人数によって機能不全を起こした大評議会では、サヴォナローラ支持派と反対派の対立が激化し、公職選出の投票に際して人びとが候補者の適性ではなく敵味方の別によって投票していると、サヴォナローラを嘆《なげ》かせもした。それでも彼は、大評議会での自由な討論による決議を望んだ。フィレンツェを新しいイェルサレムと呼び、キリストをフィレンツェの王としたが、現実の政治では、市民の自由と民意を象徴する大評議会の護持《ごじ》を最も重視していた。

ただしサヴォナローラにとって、「善く生きる」うえで、世俗政治制度の改革と信仰生活の改革は不可分の関係にあり、それはさらにローマ教会とキリスト教世界のより大きな改革に拡げられるべきものであった。改革の起点としてイタリアの中心にあるフィレンツェが神によって選ばれ、フィレンツェの宗教と政治の刷新が先駆《せんく》となって、ローマ教会とイタリアの世俗諸権力の、ひいては世界全体の刷新に至ると唱えた。サヴォナローラは、キリスト教の儀礼や教えに形式的に従い、真の信仰の薄い人びとを「生温い人びと《ティエピディ》」と呼び、聖俗問わず特に激しく敵視した。また、堕落した聖職者はもちろん、同性愛者、官能的あるいは異教的な文学や美術の愛好者、貧者を蔑《ないがし》ろにする富者なども排撃した。

この当時教皇座にあったのは、政治手腕に長け、数々の醜聞《しゅうぶん》で知られるボルジア家出身のアレクサンデル六世（在位一四九二―一五〇三）であった。一四九五年二月にナポリを占領したフランス王シャルル八世に抗して、教皇は三月、ミラノやヴェネツィアなどのイタリア諸勢力、神聖ローマ皇帝、スペイン王らと神聖同盟を結成した。シャルルはこれを知ると帰還を決意して軍勢とともに北上し、秋にはフランスへ戻った。教皇はこの間、フランス王からの離反と神聖同盟への加入をフィレンツェに迫り続けた。教皇の障害となったのは、堕落した教皇とローマ教会を非難し、フランスとの同盟維持を主張したサヴォナローラであった。アレクサンデルは七月にサヴォナローラをローマに召喚《しょうかん》し、それに応じなかった相手に対して九月には説教の禁止を命じた。

サヴォナローラにとって、フランス王は自身の預言の真正性を担保する存在であり、また、王とのつながりには特別な重要性があった。教会の刷新を目指していた彼は、アレクサンデル六世廃位のために神から遣わされた王としてシャルル八世に期待を寄せた。その念頭にあったのは公会議の招集であったと考えられる。教会の至上権を教皇ではなく公会議に認める公会議主義は、教会大分裂を終わらせたコンスタンツ公会議、公会議主義者が教皇と対立したバーゼル公会議以降も、一定の影響力を保持していた。なかでも、王国内の教会の自由を謳《うた》ったフランス王権は、一四三八年の「ブールジュ国事詔書」で教皇権に対する公会議の優越を宣言し、一四四九年には対立教皇フェリクス五世の退位を仲介することで、教皇ニコラウス五世から公会議再開催の約束を取りつけていた。同王権は約束の履行《りこう》を迫り、公会議主義の再熱を恐れる教皇に脅威を与えてきた。実際、シャルル八世も教皇廃位のための公会議招集を目論んでいる。最初の遠征でこれが実現することはなかったものの、サヴォナローラはシャルルの新たな到来と王の主導による公会議開催を希求し、一方、シャルル側もイタリア再遠征を睨み、サヴォナローラと人や書簡を通じた関係を継続した。

説教を禁じられたサヴォナローラはしばらく説教壇を離れ、執筆に励んだ。すでに夏に刊行されていた前述の『天啓大要』は後にイタリア内外で広く読まれることになった。サヴォナローラは印刷の力を理解し、著作や説教を次々に出版していった。

フィレンツェ都市政府は教皇にサヴォナローラの説教再開を繰り返し懇請《こんせい》し、教皇側も翌一四九六年二月に事実上それを認めた。しかし、説教壇に戻ったサヴォナローラは教皇への攻撃の手を緩めず、教皇の懐柔策《かいじゅうさく》も功を奏さなかった。十一月、アレクサンデルはサン・マルコ管区の廃止と新設されるトスカーナ・ローマ管区へのサン・マルコ修道院の編入を命じ、従わない場合は破門に処すとして、サヴォナローラの自立性を減じようとした。しかし、サン・マルコ管区はこれを拒否し、都市政府内においてもサヴォナローラ派の優勢が続いた。このような状況下、一四九七年の謝肉祭《しゃにくさい》最終日にあたる二月七日には、有名な「虚栄の焼却」が行われた。市庁舎前のシニョリーア広場に高さ十三～十五メートルもある巨大な木製台座が築かれ、その上には官能的な美術作品や書物、楽器、女性の装身具、賽子《さいころ》やトランプなど、いずれも高価な品々が並べられた。これらの品々は、サヴォナローラの考えに従い組織化された少年たち(彼は将来の社会を担う少年たちの道徳教育に意を注いだ)によって市内の家々から集められてきたものであった。「虚栄」の塊に火が放たれ、すべて燃やされると、広場に詰めかけた人びとが悔い改め、多額の寄進を行ったという。托鉢修道士が主導したこのような「焼却」は過去にも例があるが、九七年の「虚栄の焼却」は入念に準備され、都市の公的行事に近かった。この大がかりな催しは翌年の謝肉祭でも実施されている。

サヴォナローラは、戯《たわむ》れの性行為や同性愛、世俗的な芸術、華美な衣服や装飾品、賭博《とばく》や娯楽などをすべて退け、霊的に浄化されることで、フィレンツェに神の栄光がもたらされるとした。現代の我々の目からすれば、彼の理想社会は非常に息苦しく、また、同性愛を罪とする考えを肯定することは決してできない。しかしながら、厳格な道徳改革については、反サヴォナローラ派によるあからさまな反発や蔑《さげす》みがあった一方で、これに賛同する人びとが潰《つい》えることもなかった。日々、情報を収集、判断し、文字で記録を残すのを常とした商人が数多く存在し、かつ、政治権力闘争の激しかったフィレンツェ都市社会では、中下層の人びとに至るまで内外の情勢によく通じ、政治に対して高い知見をもっていた。従って、サヴォナローラ信奉者であっても彼の政治的な意見に盲従しなかったが、サヴォナローラの真摯《しんし》で敬虔《けいけん》な宗教性と道徳改革は彼の死後も称賛とともに回顧された。過剰な厳格主義への反動がサヴォナローラの失脚をもたらしたわけではない。

破門から処刑へ

サヴォナローラの運命はフィレンツェ内外の複雑な政治情勢によって揺れ動き、教皇との衝突《しょうとつ》によって決せられた。

フィレンツェでサヴォナローラが最も強い影響力を及ぼしていた時期にあっても、彼の敵は少なくなかった。「憤怒派《アッラッビアーティ》」はサヴォナローラと激しく対立し、「悪童仲間《コンパニャッチ》」と呼ばれた若者集団が「憤怒派《アッラッビアーティ》」の実行部隊となってサヴォナローラとその支持者に危害を加えた。彼らはミラノ公などともつながりをもっていた。ローマにもまた多くの敵対者がいた。フランスとの同盟関係はフィレンツェを外交的に孤立させ、フィレンツェ商人の利益を損ねもした。また、シャルル八世の遠征に乗じて独立した従属都市ピサの再征服もままならずにいた。政治や経済の危機が続き、都市内でもサヴォナローラ非難の声が高まっていった。一四九七年三月に入ると、任期二ヶ月で九名から成る都市政府内において反サヴォナローラ派が多数を占め、四月にはピエロ・デ・メディチが手勢とともにフィレンツェ帰還を試みた。さらに五月、反対派の妨害によってサヴォナローラの説教が中止に追い込まれてしまう。

そして六月、教皇によるサヴォナローラへの破門状がフィレンツェで公表された。ローマ召喚やトスカーナ・ローマ管区編入問題で教皇の命に服さなかったことが主な理由に挙げられたが、実際にはサヴォナローラを排除し、フィレンツェとフランスの同盟関係を断ち切るための措置であった。破門はサヴォナローラ個人のみならず、その説教を聴いた者などにまで及ぶとされた。彼は説教を控えたが、これに対して七月、四〇〇名近くのフィレンツェ市民が破門解除の嘆願書《たんがんしょ》に署名した。しかし八月には、都市内の融和《ゆうわ》を呼びかけてきたサヴォナローラ自身の党派性を印象づけるような事件が生じた。前述のピエロ・デ・メディチのフィレンツェ帰還計画への関与を疑われた市民五名が、死刑判決を受けたのに抗して上訴を求めたにもかかわらず、サヴォナローラ派有力市民の圧力によって即座に処刑されたのである。以前に自身が上訴権の法制化に尽力したにもかかわらず、サヴォナローラがこの件について黙《もく》したことが、人びとに大きな疑念を抱かせた。

それでも、サヴォナローラ派が多数を占める都市政府が再び成立し、彼の復権を教皇に働きかけ続けた。これに対して翌九八年二月、フランス王のイタリア再遠征を懸念したアレクサンデル六世がフィレンツェの神聖同盟への加盟を破門撤回の条件に示したという知らせが、ローマから届いた。しかし、フランスとの同盟を自らの生命線としていたサヴォナローラがこれを受け入れることはできなかった。彼はついに公然と教皇に叛旗《はんき》を翻《ひるがえ》し、破門の身のまま四旬節の連続説教を開始すると、教皇の正統性の欠如《けつじょ》と破門の無効を主張した。

三月、教皇はサヴォナローラの説教禁止と身柄《みがら》の引き渡しを要求し、従わなければフィレンツェへの聖務執行停止令（秘跡《ひせき》の授受や典礼《てんれい》が行えなくなる）を下すとした。教皇はさらに、ローマ在住のフィレンツェ商人の財産を差し押えるなどの圧力を加えた。これに耐えきれず説教停止を命じた都市政府に服し、サヴォナローラは説教壇を去る。そして四月七日、サヴォナローラの忠実な腹心ドメニコ・ダ・ペッシャ修道士が、敵対していたフランシスコ会士による挑発的な申し出を受けて臨んだのが、「火の試練」であった。火中に入って身の正しさを証明する神明裁判である。結局、フランシスコ会側のさまざまな口実によって「火の試練」は中止されたが、奇跡的なものを期待していた人びとの落胆《らくたん》とそれにつけ込んだ「悪童仲間《コンパニャッチ》」の扇動《せんどう》が、サヴォナローラに敗北をもたらす最後の一撃となった。翌八日、武装した数百人の反サヴォナローラ派がサン・マルコ修道院を襲撃する。数時間に及ぶ激しい武力抗争の末、サヴォナローラは、ドメニコ・ダ・ペッシャとシルヴェストロ・マルッフィの二名のドミニコ会士とともに都市政府によって捕縛《ほばく》された。フィレンツェの司法と教皇派遣の審問官による拷問《ごうもん》と裁判ののち、三名は異端と教会分裂の罪によって聖職を剥奪《はくだつ》され、五月二三日にシニョリーア広場で絞首刑に処された。彼らの遺骸《いがい》は灰になるまで焼かれ、アルノ川に投棄された。しかし、サヴォナローラの改革思想はその後も長く命脈を保つことになる。

サヴォナローラが真の預言者であったかどうかはわからない。そもそも預言者が存在するのかも

サヴォナローラの処刑
（作者不詳、16世紀はじめ。フィレンツェ・サン・マルコ美術館蔵）

わからない。しかしながら、都市フィレンツェと出会い、信仰において「善く生きる」ことと政治において「善く生きる」ことが彼のなかで結びついて以来、サヴォナローラは「民主的」政体の護持を終生訴え続けた。そしてさらに言えば、実際の諸改革がフィレンツェから始められたとはいえ、その根が二〇歳の詩作品『この世の退廃について』ですでに示されているとすれば、サヴォナローラはまさに本書で意味するところの「俠」に値する人であった。

⦿参考文献

サヴォナローラについて近年の研究を踏まえた邦語単行書はないが、以下の書で彼のいくつかの説教と論考『フィレンツェ統治および統治体制論』を詳細な解説とともに読むことができる。

ジローラモ・サヴォナローラ（須藤裕孝編訳・解説）『ルネサンス・フィレンツェ統治論』（無限社、一九九八年）

欧語文献は膨大な数に上るため、英語圏の歴史研究者が比較的最近一般向けに書いたサヴォナローラ伝を二点挙げておく。

L. Martines, *Scourge and Fire. Savonarola and Renaissance Italy*. London: Jonathan Cape, 2006.

D. Weinstein, *Savonarola. The Rise and Fall of a Renaissance Prophet*, New Heaven & London: Yale University Press, 2011.

信義を貫いた「ランツクネヒトの父」

ゲオルク・フォン・フルンツベルク
…Georg von Frundsberg…

鈴木直志

ゲオルク・フォン・フルンツベルク（一四七三―一五二八）は「ランツクネヒトの父」と称されるドイツの傭兵《ようへい》隊長である。彼の活躍した十五世紀末から十六世紀初頭のヨーロッパは、史上稀《まれ》にみる激動期であった。政治的にはレコンキスタの完成と大航海、ハプスブルク対フランスという対立軸の形成、オスマン帝国の脅威《きょうい》といった、旧時代を覆《くつがえ》す大事件が相次いだ。またこの時期に始まった宗教改革は、ヨーロッパ社会の内部対立を激化させ、ドイツでは農民戦争にまで発展した。さらに軍事の領域では、歩兵《ほへい》優位の確立と火器の発達により、戦争の規模と方法が一変するのがこの時期であった。フルンツベルクの生きた半世紀あまりは、このようにヨーロッパに幾層にも及ぶ激震《げきしん》が走った時期であり、近世という新たな時代が立ち上がり始めた時期であった。この激動のなか、彼は傭兵隊長として、彼の雇《やと》い主である皇帝にも、また彼が雇うランツクネヒトに対しても、変わらぬ信義を貫いたのである。

傭兵隊長への道

フルンツベルクは、西南ドイツ・シュヴァーベン地方のミンデルハイムで一四七三年に生まれた。彼の父はシュヴァーベン同盟で中隊長を務める軍人であった。この父に連れだってフルンツベルクは十九歳で初陣《ういじん》を飾ったが、実戦を初めて経験したのはその七年後、一四九九年のスイス戦争（シュヴァーベン戦争とも呼ばれる）の時である。スイスとハプスブルク領の境界域をめぐって争われたこの戦争で、フルンツベルクはハプスブルクを支援するシュヴァーベン同盟軍の一員として戦った。この時の経験は、彼の軍人としてのキャリアにとって非常に重要なものであった。戦闘でしばしばハプスブルク軍を打ち負かす敵のスイス軍から、歩兵密集方陣《ほうじん》による戦い方がいかなるものかを学んだのである。歩兵の軍事的価値を見抜いていたシュヴァーベンの若き貴族は、別の戦争では自ら歩兵となり、以前に敵だったスイス兵とともに戦った。こうして戦闘技術の知識と経験を積み重ね、有能な軍人に成長した彼は、勇猛《ゆうもう》、律儀《りちぎ》で面倒見もよく、指揮官《しきかん》としての資質に恵まれていたため、やがて一軍を率いる傭兵隊長として頭角を現すのである。

軍人フルンツベルクの能力を認め、取り立てたのは、皇帝マクシミリアン一世（在位一四九三―一五一九）であった。彼は一五〇四年、ランツフート継承戦争で大きな軍功を立てたフルンツベルクを騎士《きし》に任じただけでなく、後にはチロルの最高司令官職、さらにルンケルシュタインの城代職《じょうだいしょく》をも与えたのである。これらの取り立てがフルンツベルクの忠誠心をどれほど高めたのかはよく分からない。けれども、この忠臣が皇帝の期待によく応えたのはたしかである。例えば一五一三年のヴィチェンツァの戦い(クレアッツォの戦いともいう)では、圧倒的に優勢なヴェネツィア軍に壊滅的《かいめつてき》打撃を与え、皇帝を喜ばせている(ちなみに、この時フルンツベルクが言ったとされる「敵が多いほど名誉《めいよ》も多い」という言葉は、ドイツでは引用句として現在もなお用いられる)。彼はその後生涯を通じてハプスブルク皇帝に仕え、忠臣としての信義を貫いたのであった。

ゲオルク・フォン・フルンツベルクの肖像
(個人蔵、Alamy提供)

ランツクネヒトの軍隊

ここで、フルンツベルクが率いたランツクネヒトについて説明しておこう。ランツクネヒトとは、十六世紀を中心に活躍したドイツ傭兵のことである。もっぱら南ドイツ出身者で構成されたランツクネヒトは、勇猛な戦闘集団として名高い一方、奇抜《きばつ》な衣装やアウトロー的な行動様式でも知られるかぶき者集団であった。その生みの親はマクシミリアン一世である。軍事に関して優れた見識をもっていた彼は、ブルグンドの継承をめぐる戦争中に、南ドイツの傭兵に対して、スイス兵を模範にした装備や戦法の改良を施した。それを通じて、長槍《ながやり》や矛槍《ほこやり》による集団戦法を身につけた傭兵たちが、ランツクネヒトへと発展していったのである。当初のランツクネヒトは装備や組織もバラバラ、指揮系統も不明確で(これらの点こそ、スイス戦争でフルンツベルクが痛感したランツクネヒトの大きな弱点だった)、師匠のスイス兵に比べると戦闘力はかなり劣っていた。しかし、経験を積み軍事的成功を重ねた彼らは、次第にスイス兵とならぶ市場価値をもつまでに成長し、スイス兵と激しく張り合うようになった。両者が直接対決した時には、憎悪に駆り立てられた恐ろしい殺し合いにまでしばしば発展したという。

この時代のドイツには常備軍がないので、君主たちは、兵力が必要な時だけそのつど傭兵を雇った。定められた数の兵士を募り、君主に提供したのが、戦争企業家である傭兵隊長であった。君主が彼らに交付する募兵特許状によって請負《うけおい》契約が成立する。これを通じて傭兵隊長と兵士には君主への忠誠義務が課せられ、その一方で君主には隊長および兵士への給料支払いが義務づけられた。募兵資金は傭兵隊長自らが出資せねばならない。例えばフルンツベルクの場合には、西南ドイツやチロルの商人や貴族、インスブルックの国庫金などから資金を調達した。資金繰りにとても苦しんだ一五二六年のローマ遠征の時は、アウクスブルクのフッガー家からも借り入れしており、領地のミンデルハイムや妻の宝石までもを担保《たんぽ》にして金銭を工面した。もとより、傭兵隊長が皆、この時のフルンツベルクのように懐《ふところ》が苦しかったわけではない。逆に彼らは、閲兵《えっぺい》の際の兵員数のごまかし、酒保《しゅほ》商人から受け取る賄賂《わいろ》、掠奪品《りゃくだつひん》や戦利品の分配などを通じていくらでも——兵士を犠《ぎ》牲《せい》にして——募兵の初期資金を回収できたし、私腹を肥やすこともできたのである。廉直《れんちょく》に兵士と向き合うフルンツベルクは、こうした企業家としては不適格であったといえるかもしれない。彼は配下の兵士たちに「息子たちよ、兄弟たちよ」と呼びかけ、面倒見よく振る舞った。兵士たちもまたこうしたフルンツベルクを父のように慕った。彼の連隊はドライな経営とは真逆の、疑似《ぎじ》家族的な雰囲気《ふんいき》に包まれていたのである。

ランツクネヒトでことに興味深いのは、彼らの悪趣味な衣装もさることながら、自治権と共同決定権を有する民主主義的な組織をなしたことである。その象徴ともいうべきものが、部隊の全兵士による兵卒集会《へいそつ》である。この集会は例えば、「兵士たちの仲間内の裁判」という意識の強かった彼らの裁判に、権威を付与する源の一つになった。また「長い槍の裁判」という名前の裁判では、兵卒集会が直接判決を下し、罪人を処罰した。裁判以外にも、兵卒集会では俸給《ほうきゅう》の未払いや戦利品の分配、兵士が選ぶ役職の拡大など、兵士たち自身の生活や権利をめぐる諸問題が議論され、その結果を連隊長(＝傭兵隊長)に突きつけた。兵卒集会はいわば、今日の労働組合のような役割を果たしたのであり、雇い主である連隊長は、兵士の合意も得ながら部隊を経営せねばならなかったのである。連隊長や君主から見れば、ランツクネヒトのこうした強力な自治権や共同決定権はまことに苦々しいものであった。同時代人のヘッセン方伯は次のように述べている。

君主と領主は本当なら支配し命令するはずの部下と兵隊にさんざん嘲《のの》られ、思い上がった態度に出られて、反対に彼らの下僕《げぼく》となり、彼らの欲することをしなければならなくなる。

(関楠生訳、以下同)

しかし、兵士の生活や権利が脅かされることは現実にしばしばあった。その最たる事例は俸給の未払いである。期日通りに支払われなかったり、支払いの見込みが期待できない事態が、実際に頻《ひん》発《ぱつ》したのである。そうなった時、傭兵たちは暴動を起こした。彼らは兵士になる際、忠誠を誓う軍《ぐん》旗《き》宣誓《せんせい》において、そうした暴力に訴えないと誓っているし、軍法では暴動に死刑が科せられているにもかかわらずである。ランツクネヒトによる暴動は、後述のように、彼らが父として敬慕《けいぼ》したフルンツベルクですら避けることができなかった。ここから、ランツクネヒトの軍隊ではタテの命令服従関係よりも、兵士たちのヨコの団結力、水平的紐帯《ちゅうたい》の方がはるかに強力だったことが分かるだろう。それがこの軍隊の大きな特徴なのである。現在のわが国では、軍隊は絶対服従の貫徹する組織であり、また個々の兵士は国のために命がけで戦うというイメージが支配的であろうが、それらは十九、二〇世紀の軍隊に由来するステレオタイプにすぎず、ランツクネヒトの軍隊にはいずれもまったく妥当しないのである。つまり、軍隊も他の社会組織と同様、時代によって性質が変わる歴史的形成物なのである。ランツクネヒトの軍隊はわれわれにこのことを教えてくれる。

名将フルンツベルク

一五一九年にマクシミリアン一世が没し、孫のカール五世（在位一五一九―五六）が新しい皇帝に選ばれると、ヨーロッパ情勢は俄然《がぜん》雲行きが怪しくなっていった。ハプスブルクとフランスの確執、イタリアをめぐる対立はいっそう深まり、その二年後にはついに諸勢力が再び戦火を交えることになったのである。狭義のイタリア戦争（一五二一～四四年）、あるいは第三次イタリア戦争（一五二一～

二六年)と呼ばれる戦乱である。

皇帝軍とフランス軍は当初ネーデルラントを戦場にして戦っており、フルンツベルクも自軍を率いてこれに加わった。この時、彼が「ランツクネヒトの父」としての本領を発揮する機会が訪れる。一五二一年十月、ヴァランシエンヌ近郊でフランソワ一世の率いる大軍と対峙《たいじ》した際、捕まえた捕虜《ほりょ》から、敵兵力が圧倒的に優勢であると聞かされたのである。軍議ではフランス王との決戦を主張する者もいたが、この時のフルンツベルクは、さすがに勝てないと判断したのだろう、先のヴィチェンツァの戦いとは異なり退却を選択した。そしてその夜、彼は敵に気づかれずに、全軍を無傷のまま撤退させることに成功したのである。後年、彼はしばしばこの退却戦のことを許して「わが生涯のうち最高の幸運にして、もっとも名誉ある作戦行動だった」と述べたという。指揮官フルンツベルクにとって、命を預かる息子たち、兄弟たちを無駄死《むだじ》にさせないことこそが何より大切であった。このエピソードは、こうした「ランツクネヒトの父」の慈愛《じあい》ぶりを伝えるものといえよう。

戦争の中心地域は北イタリアへ移っていった。ネーデルラントでの戦闘の後、部隊を解散していたフルンツベルクは再び兵を募り、イタリアへ赴いた。一五二二年四月のビコッカの戦いは、フルンツベルクの名声をさらに高めることになった。ランツクネヒトの模範であり師匠でもあったスイス傭兵を、完膚《かんぷ》なきまでに叩きのめしたからである。この戦いで敗北したフランスはイタリアから主力軍の退却を余儀なくされ、しばらくのあいだ著しい劣勢に追い込まれた。またランツクネヒトに敗れたスイス傭兵は、この敗北の後になると往時《おうじ》の勢いを失ってしまった。

一五二四年十月、フランソワ一世(在位一五一五—四七)は大軍を率いてアルプスを越え、ミラノに入城すると、その南方にあるパヴィア城塞《じょうさい》の攻略に取りかかった。籠城《ろうじょう》する皇帝軍の守備隊を救援するため、皇帝はフルンツベルクに再び遠征を命じた。彼のランツクネヒト部隊とスペイン軍を合わせた皇帝軍がパヴィアに到着したのは、一五二五年二月のことだった。この後、フルンツベルクの戦歴の中でもっとも輝かしい勝利が訪れることになる。三週間ほどの小競《こぜ》り合いの後、皇帝軍主力のランツクネヒト部隊が決戦を挑《いど》み(フルンツベルクはこの決戦に臨んで、軍装の上にフランシスコ派の僧服を着て出陣したという)、フランス軍を大潰走《だいかいそう》させたのである。この戦いでのフランスの被害は甚大で、司令官クラスの有力貴族が多数戦死しただけでなく、国王フランソワ一世も捕虜にされた。フランスは完敗したのであった。

パヴィアの戦いと時期が重なるようにして、ドイツでは農民戦争という大騒擾《だいそうじょう》が起こっていた。フルンツベルクが遠征から故郷のシュヴァーベンに戻った時は、まだその余波が残っていた。彼は一五二〇年頃からルターの教えに強く共感するようになっていた。それゆえ、蜂起《ほうき》する農民の心情をある程度理解していたと思われるのだが、しかし彼は領主として、あくまで農民を鎮圧する側に回った。ただしフルンツベルクは、他の地域で見られたような、反抗する農民を仮借《かしゃく》なく殺戮《さつりく》するような鎮圧《ちんあつ》はしなかった。チロルの暴動の時に示した彼の動きは、まさしくそうしたものであった。またシュヴァーベンでの紛争処理の場合には、農民指導者の中にかつての部下がいたので、彼らと話し合って農民の要求を譲歩《じょうほ》させることに成功している。フルンツベルクの人柄は、こうした誠意ある対応に現れているように思われる。

あつき信義の果てに

パヴィアの戦いの後もヨーロッパの政局は目まぐるしく変転した。マドリードに移送されたフランソワ一世は、一五二六年一月にカール五世とマドリード条約を締結してイタリアに対する請求を放棄したが、三月に解放されてフランスに戻るや、この条約の無効を宣言したのである。その背後には教皇《きょうこう》クレメンス七世(在位一五二三—三四)がいた。教皇の目に映る脅威《きょうい》、イタリアにおける脅威は今や、カール五世に他ならなかったのである。教皇は同年五月にフランス、イングランド、ヴェネツィアなどとコニャック同盟を結成して、皇帝の勢力拡大を阻《はば》む意志を露《あら》わにしたのであった。

この動きに対してカール五世はイタリア遠征で応えた。一五二六年の秋、こうしてフルンツベルクは一万二〇〇〇の兵を徴募《ちょうぼ》して再びイタリアへ赴くことになる。ただし今回の遠征はこれまでになく危険なものだった。というのも、兵士に支払う俸給が半月分しかなく、あとは自分への信用だけで彼らを従軍させていたからである。皇帝からの資金の支払いが望み薄だと分かっていて、フルンツベルクはなぜこの遠征を請け負ったのだろうか。皇帝への忠義心や義務意識はもちろんだが、今回については反教皇感情もあったであろう。上述のように、彼はこの数年前から宗教改革運動に深い理解を示しており(皇帝が彼を冷遇《れいぐう》したのは、もしかするとここに一因があったかもしれない)、またこの遠征での主敵はローマ教皇だったからである。

冬の凍えるような寒さのなか、フルンツベルクの部隊は間道《かんどう》を抜けて山を越えイタリアへ向かった。彼の息子たち、兄弟たちは追加の俸給もないまま、この険しい道のりに耐えたのであった。北イタリアでは、ブルボン公シャルル三世の率いるスペイン軍と合流した。一五二七年三月、このスペイン軍が引き金となって事件が起こる。皇帝と教皇が休戦するという噂《うわさ》が流れ、その際に教皇が支払うとされた金額があまりにも少ない――兵士の一ヶ月の俸給にもならない――ことに怒ったスペイン兵が、暴動を起こしたのである。彼らの怒りはフルンツベルクの部隊にも飛び火した。数ヶ月間彼の約束を信じて我慢してきたランツクネヒトもついに耐えきれず、支払いを迫ったのである。フルンツベルクは兵卒集会を開いた。息子たち、兄弟たちに直接語りかけ、俸給は必ず支払われること、ローマで彼らは俸給と名誉と財産を手に入れられることを熱心に訴えたのであった。

しかし、この時ばかりは息子たち、兄弟たちは応じようとしなかった。彼らは「金だ、金だ」と叫んだあげく、父フルンツベルクに槍を向けたのである。激しい衝撃を受けたフルンツベルクは、卒中《ちゅう》を起こしてその場に倒れてしまった。彼はこれ以上従軍できなくなり、フェラーラに送られ療養することになった。彼の部隊はスペイン軍司令官ブルボン公の指揮下に入り、ローマに向かった。

一五二七年五月、ローマに到着したランツクネヒトとスペイン傭兵、それにイタリア傭兵を加えた総勢二万の軍勢が、攻撃を開始した。寡勢《かぜい》の教皇軍はあっさり敗北したが、この時ブルボン公が狙撃《そげき》され、命を落としたので、総司令官を失った皇帝軍はまったくの無統制状態になった。かくして傭兵たちは至るところで破壊と掠奪、殺人と強姦《ごうかん》に荒れ狂い、ローマは阿鼻叫喚《あびきょうかん》の巷《ちまた》と化した。ローマ劫掠《ごうりゃく》と呼ばれる事件である。その犠牲者は六〇〇〇人から一万二〇〇〇人と見積もられ、ローマにおけるルネサンスは終焉《しゅうえん》を迎えたといわれる。

フェラーラでこの惨劇《さんげき》の報を受けたフルンツベルクは、絶句し、怒り狂った。忠義を尽くした主からは一銭の資金も与えられず、苦楽をともにした息子たちからは槍を突きつけられたのだから、彼の心境は察するにあまりある。さぞかし無念だったにちがいない。彼の病状はいっそう悪化し、この後一年以上フェラーラを離れられなくなってしまう。一五二八年八月、フルンツベルクは重病のまま故郷のミンデルハイムへ運ばれ、その八日後に息を引き取ったのであった。享年五五であった。

フルンツベルクの不幸とは

彼の秘書だった者の著作によれば、フルンツベルクはしばしば次のように語っていたという。

戦争には人に嫌われる点が三つある。哀れな無辜《むこ》の人々を破滅《はめつ》させ抑圧することがその一つ、二つ目は兵士たちのだらしない、罰せられるべき生活、それともう一つは諸侯の忘恩《ぼうおん》である。不実な人間が取り立てられて金持ちになるのに、功績のある者は報いられずに終わるのだ。

この言葉からは、当時の戦争や軍隊のことだけでなく、彼の無念さもよく伝わってくる。兵士たちの父として、また数々の軍功を重ねた忠臣として、フルンツベルクは生涯ランツクネヒトと皇帝の双方に信義を貫いたにもかかわらず、最終的にはいずれも報われなかったのである。

彼のこの不幸はどうして生じたのだろうか。もちろん、かなりの程度までは、愚直なまでに信義を重んじた彼の人物に由来しよう。だが原因はそれだけではない。フルンツベルクの生きた近世初頭の軍制と国制の状態にも、彼の悲劇の一因があったと考えられるのである。つまりそれは、数万という規模の傭兵の動員が日常化し始めたにもかかわらず、それを支える国家（をさしあたり体現する君主）の行財政機能がまったく追いついていなかったということである（フルンツベルクに一銭も支払わなかったカール五世はとかく悪者扱いされるが、彼もまた慢性的《まんせいてき》な資金難に喘ぎながらフランスと戦わざるをえなかったことを想起されたい）。こうした構造的欠陥がドイツである程度克服されるのは、絶対主義の時代を待たねばならない。この時代になると君主は、相変わらず財政難であるとはいえ、少なくとも常備軍を建設し維持するだけの行財政機能を備えるようになり、戦争企業家は歴史の表舞台から姿を消すのである。ただしそこへ至るまでには、フルンツベルクの時代からなおも一五〇年の月日を必要としたのであった。

⊙参考文献

ラインハルト・バウマン（菊池良生訳）『ドイツ傭兵の文化史――中世末期のサブカルチャー／非国家組織の生態誌』（新評論、二〇〇二年）
ハインリヒ・プレティヒャ（関楠生訳）『中世への旅 農民戦争と傭兵』（白水社、一九八二年）

「逆臣」という汚名を着せられた諸侯

ブルボン大元帥

…connétable de Bourbon…

上田耕造

ブルボン大元帥は反逆者か、それとも…

一四五三年に百年戦争も終わりを迎え、イタリアへと野心を燃やすフランス王が続くなかで、ルイ十二世(在位一四九八―一五一五)、フランソワ一世(在位一五一五―四七)と二代の国王に仕え、イタリア遠征で活躍し、陸軍の総司令官である大元帥《だいげんすい》についた者がいた。ブルボン公《こう》シャルル三世(一四九〇―一五二七)、通称「ブルボン大元帥」と呼ばれる人物である。ブルボン大元帥の人生は波乱に満ちている。彼はあるできごとをきっかけにフランソワ一世と袂《たもと》を分かち、神聖ローマ皇帝カール五世(在位一五一九―五六)に仕えるようになる。当時、カール五世とフランソワ一世とはライバル関係にあった。大元帥はあろうことか、その皇帝に忠誠を誓ったのである。神聖ローマ帝国へと渡った後、ブルボン大元帥は皇帝軍に加わりフランソワ一世の軍と戦った。

一五二五年パヴィアの戦いで大元帥率いる軍勢はフランス軍を破り、そしてフランソワ一世は捕虜《ほりょ》となった。

一五二七年には、ブルボン大元帥はローマにいた。皇帝カール五世の勢力拡大に脅威を抱く教皇は、解放されたばかりのフランソワ一世、そしてイタリア半島の諸勢力に同盟を呼びかけた。教皇に対して皇帝は攻撃を仕掛ける。ブルボン大元帥は、再び皇帝軍を指揮しローマに進攻した。この時、教皇を守っていたのは、奇しくも同盟国のフランス軍であった。攻撃の最中、ブルボン大元帥に一発の銃弾が命中する。これが致命傷となり、彼はこの世を去った。

フランス王のもとを離れ、皇帝に仕えたブルボン大元帥は、「俠」の精神に反する人物のように見えるであろう。だが、果たしてそうなのだろうか。なぜ、ブルボン大元帥はフランスを離れたのだろうか。

ブルボン大元帥とブルボン家

ブルボン大元帥は、ブルボン家の傍系《ぼうけい》であるモンパンシェ家の出身であった。ちなみに、ブルボン朝の始祖《しそ》となるアンリ四世(在位一五八九―一六一〇)は、ブルボン家のもうひとつの傍系ヴァンドーム家に出自《しゅつじ》をもつ。ブルボン本家自体は、十三世紀に当主ベアトリスがルイ九世(在位一二二六―七〇)の六男ロベールと結婚したことで王族の家系となる。その本家は、一五〇三年にブルボン公ピエール二世(公位一四八八―一五〇三)が死去した時点で、男子の継承者が絶えてしまった。ただし、ピエール二世には娘のシュザンヌがいた。このシュザンヌが父公の後を継ぐ。しかし、シュザンヌも一五二一年に他界した。亡くなる四年前、後継者となるはずの男子を生んだのだが、夭折《ようせつ》し、翌年、双子を出産するも死産であった。その後、子宝に恵まれなかったシュザンヌは、後継者を残すことなくこの世を去った。ブルボン本家は、ここで断絶することになる。

ブルボン本家最後の人となるシュザンヌだが、その夫がブルボン大元帥であった。父はモンパンシェ伯《はく》ジルベールで、フランス王シャルル八世(在位一四八三―九八)が行なったイタリア遠征で活躍した人物である。母はクレール・ド・ゴンザグで、イタリアのマントヴァ侯《こう》フェデリコの娘であった。一四八九年に二人の次男として生まれたのがシャルルであった。兄にルイがいたが、一五〇一年に十八歳で死去している。父ジルベールは一四九六年に亡くなり、モンパンシェ伯位《はくい》は長男のルイが継承したが、伯位を引き継いでからわずか五年で、彼はこの世を去った。こうして十二歳のシャルルのもとに、モンパンシェ伯位が回ってきた。

さらなる転機は、一五〇五年におとずれた。モンパンシェ伯シャルルは、この年にブルボン本家のシュザンヌと結婚した。二人の結婚は、シュザンヌの母アンヌ・ド・フランスが整えた。アンヌは、ブルボン家の所領がシュザンヌの結婚相手を通じて他の家系に流れていくことを危惧《きぐ》していた。そこで、傍系モンパンシェ家のシャルルと娘シュザンヌとを結婚させることで、確実にブルボン家内の人物によって、ブルボン家の財産が継承されていくようにした。シュザンヌとの結婚にともない、モンパンシェ伯シャルルはブルボン公シャルル三世と名乗るようになり、ブルボン家の当主となる。ブルボン本家の財産は、夫婦の共同管理のもとにおかれた。

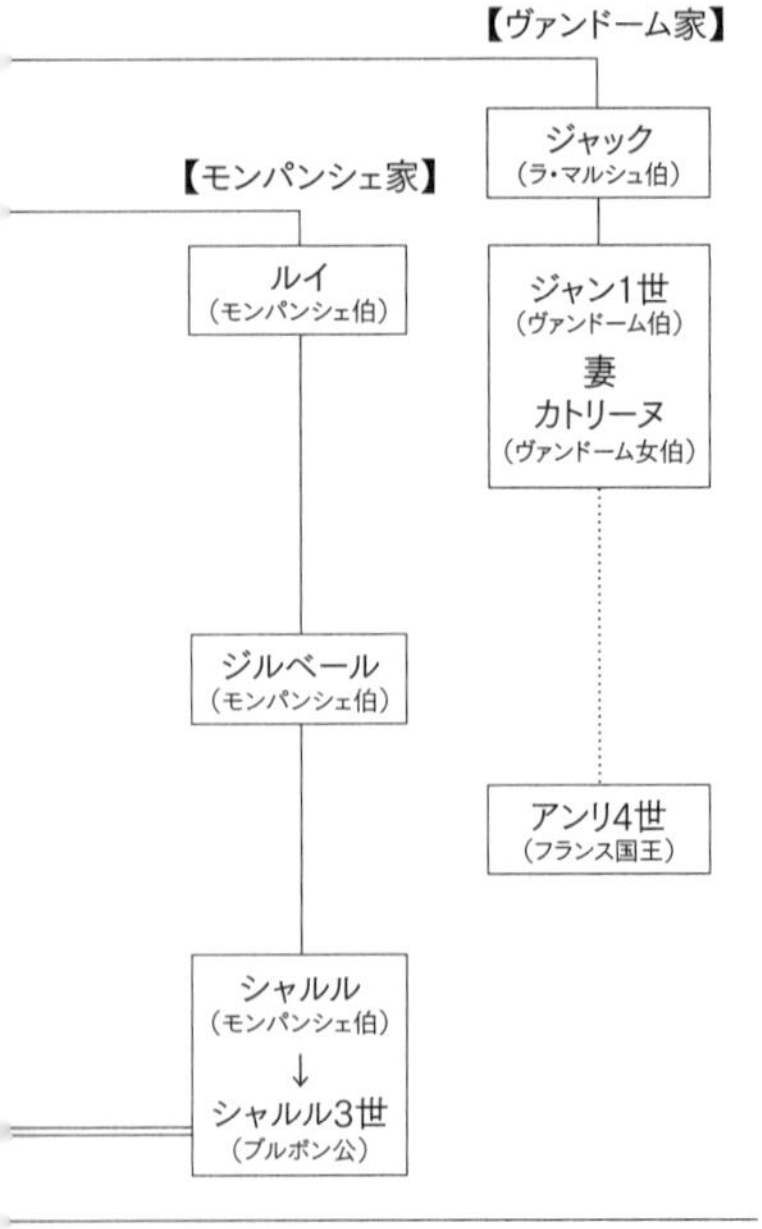

❖ブルボン家・モンパンシェ家・ヴァンドーム家関係略系図

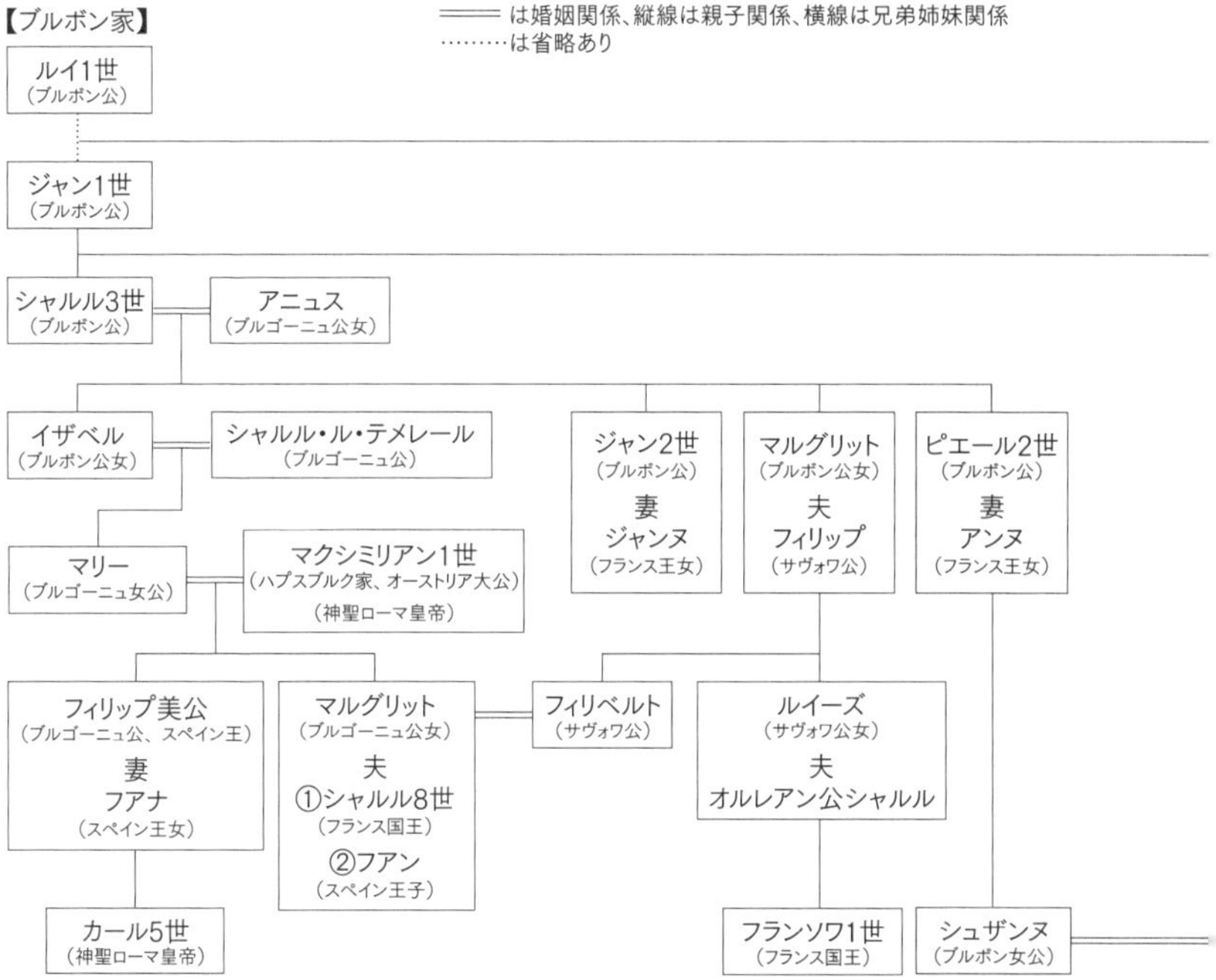

ブルボン大元帥の肖像
（ヴェルサイユ宮殿蔵、Alamy提供）

栄光と挫折

一五〇七年に十八歳のブルボン公シャルル三世は、自軍を率いてルイ十二世によるジェノヴァ攻撃に参加した。フランス王は実質この都市の支配者であったが、ジェノヴァの人々は自立を求め反旗を翻《ひるがえ》した。反乱鎮圧《ちんあつ》に向かったフランス軍は、抵抗運動を抑え込むのに成功し、シャルル三世も勝利に貢献した。その二年後、シャルル三世は再びイタリアに行く。当時イタリアでは、教皇がヴェネツィアの勢力拡大を抑えるべく、同盟を各国に呼びかけていた。ルイ十二世はこれに呼応《こおう》し同盟に加わると、早速イタリアへと向かった。ヴェネツィアを攻めるにあたり、ルイ十二世はシャルル三世に対して二〇〇〇人規模の軍隊を動かす指揮権を与えた。シャルル三世は王からの期待に応え、見事にフランス軍を勝利に導く。その後も、一五一一年には南西フランス方面で行われた対スペイン戦に指揮官の一人として参加し、一五一三年にはブルゴーニュ地方へと侵入してきたオーストリア大公マクシミリアンを迎え撃った。数々の戦歴から、ルイ十二世はシャルル三世に、陸軍の総司令官である大元帥の職を付与するつもりであった。しかし、その前に亡くなってしまった。王位を継承したフランソワ一世は、前王の意思を受け継ぎ、一五一五年にシャルル三世を正式に大元帥に任命した。「ブルボン大元帥」の誕生である。

国王が代わってからも、ブルボン大元帥の活躍は続いた。フランソワ一世は即位直後から、イタリア遠征を計画する。ルイ十二世治世に、一旦はフランスの支配下に入ったミラノであったが、その後、皇帝の支援を受けたスフォルツァ家が、再び同都市を奪い返していた。フランソワ一世は、このミラノを狙った。ブルボン公シャルル三世は大元帥としてフランス軍の編制を行い、雪が残るアルプスを越え奇襲《きしゅう》を仕掛けた。ミラノ側は後退せざるを得ず、その後、両軍はマリニャーノで対峙《たいじ》することになる。この戦場でもブルボン大元帥の果敢《かかん》な行動と戦略が、フランス軍に勝利をもたらした。ミラノ奪還の後、帰国するフランソワ一世は、ブルボン大元帥をミラノ総督に任命し、同都市の統治を任せた。

ここまで栄光の道を歩んできたブルボン大元帥であったが、その後は、挫折《ざせつ》を味わうことになる。まず、王に重用されなくなる。フランソワ一世は、軍事面ではボニヴェ領主のギョーム・ゴフィエを海軍提督にし、政治や法律面ではブルジョワ出身のアントワーヌ・デュプラを大法官にするなど、身分にとらわれることなく、自らに親しい者たちを次々に王国の重職に任命していった。逆にブルボン大元帥は、王と疎遠《そえん》になっていく。国王とともに国の方針を決める重要な場である国王顧問《こもん》会議に、彼は徐々に呼ばれなくなっていった。一五一九年フランス北東部での戦いでは、さらなる屈《くっ》辱《じょく》を受けることになる。皇帝軍が侵攻してくるなか、フランス軍はこれに立ち向かうのだが、その際、フランソワ一世から前衛を任されたのは、王のお気に入りであったヴァンドーム公とアランソン公であった。ブルボン大元帥は、軍の最高位にあるにも関わらず、後衛の後方支援に回されたのである。

この時点ではまだ、ブルボン大元帥は何か行動を起こすつもりはなかったようである。しかし、一五二二年に起きたひとつのできごとをきっかけに、彼は反乱に向けた準備を進めていくようになる。そのできごととは、ブルボン家所領の継承権をめぐる裁判であった。

反乱計画

一五二一年に妻のシュザンヌが亡くなった。享年三〇であった。元々体が丈夫な方ではなかったが、二度の出産を経験し、さらには子供に先立たれるなかで、体はさらに弱っていった。一五一九年には遺言書《ゆいごんしょ》を書いた。ブルボン家の所領と財産を夫であるブルボン大元帥に委譲《いじょう》する由が、ここには記されていた。それから二年後、シュザンヌは亡くなった。遺言書に従い、ブルボン大元帥がブルボン家の所領を継承する。しかし、シュザンヌが死去してから一年が経とうとしていたその時、王母ルイーズ・ド・サヴォワがブルボン家所領の継承権を主張し、高等法院に訴えた。ルイーズは故シュザンヌの従姉妹《いとこ》であり、血縁関係からするとシュザンヌに一番近かった。血縁の近さを理由に、ルイーズはブルボン家所領の継承権を主張したのである。

なぜルイーズは、このタイミングで、しかも遺言書があるにも拘わらず継承権を主張したのか。ルイーズの訴えの背景には、ブルボン大元帥とルイーズとの恋愛関係のもつれがあったともいわれ

1459年におけるフランス王国の境界

るが、明確な証拠はない。一方、政治的な理由からルイーズの動機が説明されたりもする。ルイーズはフランソワ一世の母であった。十五世紀後半から、フランス内に存在していた大諸侯領が、家系の断絶などにともない次々と王領に統合されていった。一五一四年には、当時まだアングレーム伯であったフランソワ(後のフランソワ一世)がブルターニュ女公クロードと結婚し、ブルターニュ公領が後々王領に統合される道もつくられた。残る大諸侯領はブルボン公の支配圏のみである。これを取り込むことができれば、フランス王国はひとつにまとまる。こうした思惑《おもわく》から彼女は継承権を主張したというわけである。

一五二二年四月に裁判が始まるとともに、ブルボン大元帥はカール五世と接触するようになる。彼は皇帝のもとに使者を派遣し、反乱を起こすつもりであることを伝え援助を求めた。その後、カール五世の誘いを受ける形で、イングランド王ヘンリ八世がブルボン大元帥の反乱計画に加わることになる。当時カール五世は、ヘンリ八世に軍資金を借りていた。その返済を迫られていたのだが、借金返済の代わりに皇帝はブルボン大元帥の計画について話し、ともにフランスに侵攻することを呼びかけた。百年戦争後もフランス王位の正当な継承者を主張し続けるイングランド王は、この誘いに乗った。こうして一五二二年六月には、ブルボン大元帥、神聖ローマ皇帝カール五世、そしてイングランド王ヘンリ八世の三者による反乱実行に向けた具体的な内容が決められることになる。まず、ブルボン大元帥はカール五世とヘンリ八世から資金提供を受けて軍勢を整えること、そして、皇帝軍とイングランド軍とがフランス内へと侵攻《しんこう》した十日後に、ブルボン大元帥の軍は両軍に合流することが、ここで決められた。

反乱に向けた具体策が練《ね》られていくなかで、裁判の方にも動きがあった。高等法院はルイーズの訴えを棄却《ききゃく》したのである。形勢不利な状況下で、ルイーズは強引な行動に出る。彼女は勝手に、ブルボン家所領の継承者として、フランソワ一世に臣従礼《しんじゅうれい》を行った。王もこれを受け入れ、領地を母に授封《じゅほう》した。こうしてルイーズは、自らがブルボン家所領の保有者であるという既成事実をつくった。ルイーズの行動を受けて、高等法院ではブルボン家所領の正当な後継者に関する議論が、再び始められる。

一五二三年になると、フランソワ一世はイタリア遠征の準備を始める。カール五世からの支援を受けて、ミラノはまたしてもスフォルツァ家の手に落ちていた。ミラノを奪還《だっかん》すべく準備を進めるなかで、ブルボン大元帥に対しても、遠征に参加するよう命令が下された。ブルボン大元帥はこれに応じる構えを見せつつ、裏ではカール五世、ヘンリ八世と反乱の準備を整えていく。七月十八日には、ヘンリ八世とカール五世とが派遣する兵数と進攻する場所が決められ、実行の時期もフランソワ一世がイタリアへと出発する八月と決められた。

計画は着々と進められ、ブルボン大元帥はヘンリ八世がノルマンディー地方へと上陸する手助けをすべく、同地方の貴族二人に協力を求めた。しかし、これが仇《あだ》となる。話を聞いた彼らは、反乱計画があることを司祭に伝えた。司祭はさらに、このことをノルマンディー地方の役人であったルイ・ド・ブレゼに話す。そしてブレゼは、王母ルイーズに反乱計画のことを報告した。王母は当時イタリア遠征に出かける王の留守を預かっていたのだが、すぐさまルイーズからフランソワ一世のもとに、このことを知らせる伝者が送られた。知らせを受けたフランソワ一世は、直ちにブルボン公の居城があるムーランを訪れ、ブルボン大元帥に真偽《しんぎ》を確認する。ブルボン大元帥の方は、こうした反乱計画は嘘であり、すぐにイタリア遠征部隊を引き連れ、王のもとに馳《は》せ参じると伝えた。疑う王は、監視を付けつつリヨンに戻った。

フランソワ一世とブルボン大元帥との駆け引きが続くなかで、裁判の方でも動きがあった。国王が留守の間、摂政《せっしょう》となったルイーズは、一旦止まっていたブルボン家所領の継承権に関する審議を再開させた。その結果、高等法院はブルボン家所領の差押《さしお》さえという判決を下した。この判決を知り、ブルボン大元帥はいよいよ行動に出る。

ブルボン大元帥は、監視の目をかいくぐって逃亡を開始した。目的地は神聖ローマ帝国領内であった。大元帥の行動を知らされたフランソワ一世は、すぐに追っ手を放つ。包囲網《ほういもう》が敷かれるなか、ブルボン大元帥はオーヴェルニュの山間へと逃げ込み、身を隠しつつフランスから脱出しようとする。リヨン付近からローヌ川を渡り、そこから北上し漸《ようや》くブザンソンに辿《たど》り着く。約一ヶ月に及ぶ逃亡は成功した。一方、フランソワ一世の方はといえば、ブルボン大元帥が逃亡を始めた直後、彼が企てていた計画を公にするとともに、国家反逆罪《はんぎゃくざい》を適用し、彼の財産の没収を宣言した。こうしてブルボン大元帥は、反逆者となった。

ブルボン大元帥と「反乱」——ブルボン大元帥と皇帝カール五世

ブルボン大元帥はなぜ、反乱という手段を選んだのだろうか。平和的な解決の方法もあったはずである。所領を喪失《そうしつ》しかねない危機的状況が、彼に強硬策を取らせたとも考えられるが、実は歴代のブルボン公は、反乱という手段を用いて自らの所領と権利を守ってきた経験があった。十四世紀後半からブルボン公の所領は、本領地であるブルボン公領を中心に、フォレ伯領、ボージョレ領、そしてオーヴェルニュ公領などを統合し、拡大していった。所領が大きくなると同時に、領内では統治組織の整備も進められる。ブルボン公を中心とした行政・財政・司法のシステムが整えられ、公の所領は王国からほぼ切り離された形で運営されていくようになる。こうしたブルボン公の支配領域を、歴史家は「ブルボン国家」などと呼ぶ。独立性が高くなる「ブルボン国家」に対して、王権側はこれを自らの統制下に収めるべく、公がもつ軍事力や課税権にしばしば規制を加えようとする。王権側からの圧力に対して、ブルボン公は一四四〇年にはプラグリーの乱、一四六五年には公益同盟戦争と呼ばれる反乱を起こし、最終的には既得権を護った。

ブルボン大元帥の行動も、この延長線上に位置づけることができるであろう。ブルボン公がもつ所領自体が王権側の獲得目標に設定されるなかで、ブルボン大元帥は歴代のブルボン公に倣《なら》い、反乱を起こそうとした。しかし、かつてのブルボン公の反乱と今回の反乱とでは、異なる点がある。それは反乱協力者の顔ぶれである。例えば、公益同盟戦争ではブルゴーニュ公やブルターニュ公といったフランス内の諸侯が反乱の協力者として名を連ねた。十五世紀のフランスでは、「ブルボン国家」のような諸侯領の発展が各地で起こり、各諸侯は自領の独自性を保とうとしていた。王権のブルボン公に対する攻撃は、いずれ自らの身にも降りかかるかもしれない。こうした危機感から諸侯たちは、ブルボン公の反乱に加わった。しかし先述のように、十五世紀後半から徐々に諸侯たちは家系の断絶などにともない姿を消し、彼らの所領も王領へと統合されていった。つまり、ブルボン大元帥が反乱を起こした時点で、彼と境遇を同じにし、反乱に呼応する勢力がフランス内にはいなかった。

フランス内に協力者が見込めないなら、外に求めるしかない。そこで皇帝カール五世に協力を求めたと考えられるが、なぜ皇帝だったのか。皇帝は当時のヨーロッパにおいて、最大の実力者であったことは間違いない。しかし、ここにもかつての反乱が関係している。

カール五世はブルゴーニュ家に出自をもつ。ブルゴーニュ家はシャルル豪胆公《ごうたんこう》(公位一四六七―七七)の死去にともない男子の継承者が絶え、一人娘のマリーが後継者となった。しかし、ブルゴーニュ公領などの所領は、女性への継承が認められていなかったため、王領に統合された。それ以外の部分をマリーは継承した。その後、彼女はハプスブルク家のマクシミリアンと結婚し、マリーが保持していた所領はハプスブルク家に吸収されていく。このマリーの孫にあたるのがカール五世であった。神聖ローマ皇帝であったカール五世だが、彼はブルゴーニュ家の末裔《まつえい》でもあった。ブルボン大元帥から皇帝への援助要請は、かつてブルゴーニュ公がブルボン公の反乱に協力してくれていた頃の記憶に基づいていたのである。

かつての反乱の記憶に加え、ブルボン大元帥と皇帝カール五世とを結びつける糸は他にもあった。ひとつは姻戚《いんせき》関係である。マリーの母、カール五世からすると曽祖母にあたるのがイザベルであるが、彼女はブルボン家の出身であった。そしてもうひとつ、二人を結びつけていたのが、土地を介した主従関係である。ブルボン公はさまざまな領域を支配下に収めていたが、その一部、ボージョレ領内のローヌ川以東の地域は、神聖ローマ帝国に属していた。つまり、皇帝はブルボン大元帥の封建主君でもあった。このように、ブルボン大元帥による皇帝カール五世への援助要請は、決して場当たり的な判断ではなかった。さまざまな形で大元帥から皇帝へと向かう道筋は整えられていたのである。

ブルボン大元帥は逆臣なのか？

ブルボン大元帥は、フランス王のもとを離れ、神聖ローマ皇帝に仕えるようになった。フランソワ一世からすると、ブルボン大元帥は逆臣《ぎゃくしん》であり、裏切り者であろう。しかし、この評価は妥当なのであろうか。先に述べたように、皇帝カール五世は、ブルボン大元帥の封建主君であった。当然、彼はフランス王とも、いわゆる封建関係にあった。封臣《ほうしん》から封主《ほうしゅ》へ臣従礼を行い、封主から封臣へは授封、すなわち領地が与えられる。封建関係はこうして成立する。ヨーロッパにおいて、ブルボン大元帥のように二人の封建主君に仕えることは、珍しくなかった。特にフランスと神聖ローマ帝国との境界域に属する貴族たちは、しばしばフランス王と皇帝の両者から土地を授かっていた。

封建関係において、封主と封臣との関係は双方向的であった。封臣は封主の要望に応えなければならない。その一方で封主もまた、封臣からの期待に応えなければならない。そして、もし要求が満たされない場合には、封主、封臣のどちら側からでも、この関係を解消することができる。

ブルボン大元帥は、当時フランス王と皇帝との二人を封建主君としていた。裁判の状況を見てもわかるようにフランス王の方は、ブルボン大元帥の期待に応えてくれていたとはいえない。反乱を計画したことは、まさにフランス王に対する不満の表れである。最終的にブルボン大元帥は、フランソワ一世に見切りをつけフランスを離れた。一方、フランソワ一世はブルボン大元帥を反逆者とし、彼の所領没収を宣言した。両者の封建関係は、こうして崩れた。ブルボン大元帥の方はその後、もう一人の上級主君であった皇帝カール五世に仕えるようになる。フランソワ一世の最大のライバルのもとに行くのだから、彼自身それなりのリスクは認識していたであろう。しかし、封建関係の原則に従えば、ブルボン大元帥の行動は理にかなっている。この点を見落とすと、彼は単なる反逆者となるであろう。だが、当時の社会を鑑《かんが》み、大元帥の立場に立てば、逆臣や反逆者という言葉は、必ずしも彼に当てはまらない。

ブルボン大元帥が何としても守りたかったのは、ブルボン家の財産であった。先祖代々受け継がれてきた所領、そして自らを中心として動く「ブルボン国家」を失うわけにはいかない。これを侵そうとする者に対しては、相手がたとえ封建主君であろうと立ち向かい、あらゆる手段を用いて抵抗する。ブルボン大元帥の反乱は、まさにこうした信念の表れだと捉えることができる。そして、何があろうと信念を貫き通そうとするその姿は、まさに侠者に値するといえるのではないだろうか。

ブルボン大元帥、無念の最期

逃亡の末、神聖ローマ帝国に辿《たど》りついたブルボン大元帥であったが、その後、彼のもとに没収されていた領地が戻ってくる可能性があった。一五二六年のことである。この前年、フランソワ一世率いるフランス軍は、ミラノ奪還をかけて皇帝軍と対峙した。ブルボン大元帥はこの戦いで、皇帝軍の指揮官として参加した。パヴィアで両軍がぶつかると、フランス軍は劣勢に立たされ、フランソワ一世は最終的に捕虜となった。そしてフランス王を解放すべく、結ばれたのが一五二六年一月のマドリード条約であった。フランソワ一世釈放のための条件が並ぶなか、そのひとつにブルボン大元帥に領地を戻すという条件があった。しかし、念願は果たされなかった。釈放されたフランソワ一世は、フランスに戻ると早々にこの条約を破棄してしまう。領地は結局、ブルボン大元帥のもとには戻ってこなかった。

その後もブルボン大元帥は、皇帝に仕え続ける。一五二七年にはミラノで、カール五世からの命令を待っていた。当時ローマ教皇は、カール五世の勢力拡大を危惧し、イタリアの諸勢力及びフランスと同盟を組んでいた。カール五世は早速ローマに攻撃を仕掛ける。ブルボン大元帥にも出撃の命令が下された。戦争を優位に進める皇帝軍は、ローマ市内へと侵入し、略奪と破壊を繰り返した。「ローマ劫掠《ごうりゃく》」の始まりである。逃げる教皇はサンタンジェロ城に立て籠《こ》もった。この時、教皇を守っていたのは、奇しくも同盟国のフランス軍であった。教皇を捕らえるべく、ブルボン大元帥は城へと向かう。その時、城壁の上から銃弾が放たれた。弾は頭を撃ち抜いたとか、下腹部に当たったなど諸説あるが、これが致命傷となる。一五二七年五月六日ローマにてブルボン大元帥は生涯の幕を閉じた。

⊙参考文献

上田耕造『ブルボン公とフランス国王——中世後期フランスにおける諸侯と王権』（晃洋書房、二〇一四年）
ルネ・ゲルダン（辻谷泰志訳）『フランソワ1世——フランス・ルネサンスの王』（国書刊行会、二〇一四年）
佐藤賢一『ヴァロワ朝——フランス王朝史二』（「講談社現代新書」、二〇一四年）
渡辺一夫『戦国明暗二人妃』（「中公文庫」、一九八八年）
渡辺一夫『泰平の日記』（白水社、二〇〇三年）
Denis Crouzet, *Charles de Bourbon : Connétable de France*, Paris, 2003.
André Lebey, *Le Connétable de Bourbon 1490-1527*, Paris, 1904.
André Leguai, *Les ducs de Bourbon, le bourbonnais et le Royaume de France à la fin du Moyen Age*, Moulins, 2005.
Jean-Charles Varennes, *Quand les ducs de Bourbon étaient connétables de France*, Paris, 1980.

「千年王国」の実現を夢見た革命の神学者

トーマス・ミュンツァー …Thomas Müntzer…

野々瀬浩司

トーマス・ミュンツァー(一四八九頃―一五二五)ほど研究者の立場によって、その評価が分かれた人物は少ない。彼に対して、マルクス主義的な研究者は、共産主義的な社会を目指した偉大な革命家、あるいは真理のために私心を捨てて戦った闘士として高い評価を与えたが、ルター派の歴史家は、ユートピアの建設を希求した病的な狂信者、あるいは呪われた悪魔的な反逆者の典型として否定的な判断を下した。ミュンツァーに対する評価は、今日でも明確には定まっていない。少なくとも彼は、自己の信じる正義を掲げて、貧しい民衆のために公権力と闘争した人物であることは間違いないので、その側面を中心に彼の生涯と思想を辿《たど》ることにする。

十六世紀前半のドイツの状況

ミュンツァーが活躍した十六世紀前半のドイツ社会は、どのような状況にあったのであろうか。神聖ローマ帝国全体を統治していたのは皇帝であったが、各地で諸侯や司教などによって領邦国家が形成されつつあり、その他に都市国家や中小の聖俗領主も存在し、政治的に帝国は分裂状態であった。皇帝の権力と教皇の権威は弱まり、社会的な流動性が増加していた。封建的支配秩序の動揺と共に、民衆の間で魂の不安が広まり、十字架にかけられた受難のキリストへの信仰が高まっていた。人々は天国で救われることを切望し、どのようにすれば救済が得られるのかについて真剣に悩んでいた。贖罪のための巡礼や寄進が増大し、多数の教会が建設された。そのような不安な時代状況を反映して民衆は、形式的に礼拝に参加するだけではなく、信仰の内実を追求し、心の飢えや渇きを満たしてくれるものを求めていた。多くの平民にとって、聖書に直接触れること自体が喜びであった。グーテンベルクによる活版印刷術の発明を起因としたメディア革命は、聖書を庶民に近づける役割を果たしたのである。

当時の人々の間では、十分な司牧を行わない聖職者に対する不満が募り、反教権主義が高揚していた。その背後には、カトリック教会が抱えていた構造的な問題が潜んでいた。一人の聖職者が複数の聖職禄を集積する慣習が広まっていたため、多くの聖職者は下級聖職者に司牧を委任して、任地に常駐しなかった。そのため、新生児の洗礼や危篤者に授ける終油の秘跡を、適切な時期に施すことができないという弊害が生じていた。そのような任地定住義務の不履行だけではなく、聖職者の蓄妾などの道徳的頽廃も深刻であった。富裕な高位聖職者の他に、貧困にあえぐ下級聖職者が多く存在し、聖職者内部での階層分化は顕著になっていた。聖職者の教育水準は総体的に低く、ラテン語を読むことができない者が散見された。大半の高位聖職者の地位は、貴族の子弟によって独占され、司教や修道院の土地領主化が進展し、領民は聖界領主によって搾取されていた。教会裁判権も、農民からの激しい攻撃の対象となった。当時聖職者は、世俗裁判権から比較的自由であり、その地位は教会裁判権によって保護されていたため、彼らの犯罪を処罰することは容易ではなかった。逆に農民は、宗教的な問題に関しては教会裁判によって裁かれていたので、しばしば不利な判決に我慢しなければならなかった。

青年期までのミュンツァー

ミュンツァーがいつ生まれたのかについては、明確には実証されてはいない。彼がドイツのハルツ地方のシュトルベルクで、多少の財産を所持していた職人の息子として一四九〇年以前に誕生したことは確かである。彼はラテン語学校に通い、その後ライプツィヒ大学やフランクフルト・アン・デア・オーダー大学に通学し、そこでラテン語・ヘブライ語・ギリシア語を学び、ある程度の人文主義的な教養を身につけ、聖書にも精通していた。ミュンツァーが学芸修士と聖書学士を取得していた可能性は高い。

一五一三年にミュンツァーは、ハレで聖ゲルトラウト及び聖マリア聖堂区学校助教師として教育活動を開始し、大司教に反対する秘密結社を結成した。以後彼は、各地を転々としながら、説教活動を行い、司牧に従事した。従って彼は、ルターのように社会的に影響力のある地位に就いて一箇所に定住したわけではない。一五一五年頃にミュンツァーは、アッシャースレーベン市民の同盟を組織し、その同盟は市内で勃発した反乱に関与した。一五一六年から一年間、彼はフローゼのベネディクト女子修道参事会付き司祭として勤務した。

一五一七年十月三一日にルターが『九十五箇条の提題』で贖宥状の販売を批判したことを契機に、宗教改革が勃発し、ミュンツァーもそれに関与していった。宗教改革運動は、単なる思想的な変革にとどまらず、ドイツのザクセン地方を越えてヨーロッパ各地に拡大し、社会全体に著しい変化を及ぼしたのである。一五一八年にミュンツァーは、ブラウンシュヴァイクのマルティン学校に勤務していたが、恐らくすぐにそこを追放されたと推定される。

ルター派の一人として

一五一九年初頭にはミュンツァーはヴィッテンベルクに滞在し、ルターの宗教改革に協力し始めていた。この滞在の開始時期に関しては、一五一七年ではないかと想定する研究も残されている。この頃ミュンツァー自身の意識としては、ルターの弟子というよりは、同盟者として関与したのである。ミュンツァーは、ルター派のためにユーテルボークでフランチェスコ会士と争ったが、結局その町から姿を消して、短期間オルラミュンデで過ごした。一五一九年六月末から七月初めにライプツィヒで開催された宗教討論会でルターが、カトリックのヨハン・エックと論争を行ったが、ミュンツァーもそ

ミュールハウゼン市にあるミュンツァーの住居（筆者撮影）

の討論会に一時参加していた。この頃彼は、まだルターとの間にあまり距離を置いてはいなかった。それからミュンツァーが、世俗から離脱してボイディッツのシトー会女子修道院において聴罪司祭として働き、そこでアウグスティヌスの著作、エウセビオスの『年代記』、コンスタンツやバーゼルの公会議の議事録を学び、タウラーなどの神秘主義的な思想に触れたことが確認されている。ここで彼は、キリスト教世界が堕落していった経緯と原因を調べ、そこから抜け出すための道を探求したのであった。この時期は、彼にとって思想を深めるための重要な充電期間であった。

ルターとの離別

ミュンツァーは、一五二〇年五月にボイディッツを離れて、ルターの推薦によって、ザクセン選帝侯領南部に位置するツヴィカウの聖マリア教会で説教師の仕事を得た。そこで彼は、カトリックの儀礼、教会法、教会の富などを攻撃して、フランチェスコ会士と対立した。同年十月に彼は、ツヴィカウの聖カタリナ教会に異動し、貧しい手工業者の生活に同情し、千年王国論を主張する織布工ニコラウス・シュトルヒなどの預言者たちと接触し、幻覚や夢を通して預言する霊感を持っていると信じ始めた。次第にミュンツァーは、聖書の言葉を尊重するルターの立場から離れていった。彼は聖霊信仰に目覚め、「神は直接選ばれた人々と語り、心の中に文字を記す」と考えて、道徳的行為を通じて神に近づこうとした。彼の心には、学術的伝統や教会制度から自由になって、民衆を主体とした行動を重視する考えが生まれたのである。ルター派の説教師エグラヌスとの対決の中で、ミュンツァーがカトリックだけではなくルターの思想も攻撃すると、一五二一年四月に彼はツヴィカウから追放され、ボヘミアへと向かった。

一五二一年六月にミュンツァーは、プラハを訪問し、大学寮に宿泊しながら、各地の礼拝堂で説教を行った。同年十一月に彼は、『プラハ・マニフェスト』を起草し、カトリックの聖職者を攻撃したため、逮捕される危険を察知して結局その町から逃げ去ることとなった。これ以降も彼の人生は、追放と放浪を繰り返した。同年十二月に彼は、語学教師として招かれて、ドイツのエアフルトを訪問した。一五二二年一月にミュンツァーは、帝国都市ノルトハウゼンに移動し、聖ゲオルク礼拝堂付き司祭に就任したが、同年十月に追放された。その後ミュンツァーは、ハレ近郊グラウハの聖ゲオルゲ教会助任司祭に就任したが、一五二三年三月には反乱に関与した疑いでハレからも追放された。ミュンツァーは、ルターが世俗権力の同意のない変革には批判的であったことに対して、一層強く不満を覚えていったのである。

ミュンツァーの神秘主義と聖書理解

ミュンツァーの思想には、タウラーなどの中世ドイツの神秘主義からの影響が認められる。この系列に属する考えによれば、始原状態における神と人間の一致が前提とされ、現実の人間はこの一致から脱落した堕落状態にあるとして捉えられていた。そこで、どのようにすればこのような堕落状態を克服し、始原的一致に回帰し、神との神秘的な合一に到達できるのかが問題となる。ドイツ神秘主義では、経験者が神秘的な内面的世界を他者に伝達するという主観的な信仰論が重視され、人間の内面を深く省察した静的な思考が中心に位置づけられていたのである。

このような神秘主義を通して新たな内面性を獲得したミュンツァーは、教会の伝承・制度あるいは聖書の文字という客観的なものに、信仰の根拠を据えず、十字架に耐えた後で与えられる、聖霊の直接的な啓示としての神の生きた語りかけである「内なる文字」を重視した。ミュンツァーの十字架神秘主義によれば、カトリックの聖職者は、儀礼や人間的な規則によって神へのまなざしを民衆から遮断しているが、ルター派の神学者は、聖書の難解な解釈によって、平民から神を遠ざけているというのである。確かに彼は、全面的に聖書の言葉を否定したわけではないが、しかしながら聖書主義に立脚したルターの信仰義認論は、その「外なる文字」を過度に重視しているため、十字架に依拠した聖霊との対話には到達しえない「でっちあげの信仰」とされたのである。反主知主義的な思想を持っていたミュンツァーは、聖霊による直接的な働きかけがあれば、たとえ一生涯聖書を読まなくても、真実のキリスト者の信仰に到達できると考えていた。ミュンツァーにとって、罪とは我欲に根ざした現世的欲望一般であり、具体的には名誉欲、金銭欲、権力欲などを指している。人間は、神への畏れをもって徹底的に厳しい律法を遵守することを経て、人間的な被造性を根絶し、キリストと共に十字架につけられて罪を破壊して、苦しい試練を伴う自己放棄を通じて心を空にして、神と人間の接点としての魂の根底を開くことにおいて神の啓示を主体的に受けとめ、内的な浄化を経験し、英知の聖霊に満たされてキリストの形に似る者へと神化されうるというのである。

ミュンツァーの政治思想としての千年王国論

社会と個人との関係においてミュンツァーは、タボル派の思想的系列に属する千年王国論を受け入れ、それを急進的な革命思想にまで発展させた。この千年王国論によれば、始原状態において人間は純粋で汚れを知らなかったが、原罪によって罪の時代が到来し、現在は歴史上悪が最も栄えている歴史の終末に近づいた状態と見なされたのである。終末において、人間が再び始原の純粋状態に回帰する至福の国、つまり千年王国が到来するとされた。この千年王国は、神の直接的介入か、あるいは選ばれた人々の間接的介入を経て、現実の秩序が徹底的に破壊された後に、実現されると考えられていた。ミュンツァーの反教権主義は、宗教的悪弊だけではなく、社会・政治的弊害をも能動的に除去する現状変革的な動的思考へと急進化していった。

黙示思想的時代意識を抱いていたミュンツァーにとって、現実の支配秩序は、人間の堕落の端的な現れであり、客観化された罪であり、それ自体が正しい信仰と矛盾するというのである。このような政治秩序を否定することが、正しい信仰を貫徹する

ミュールハウゼン市の城壁を背景に立つミュンツァー像
（筆者撮影）

ための絶対条件と見なされ、瀆神者の支配に対する暴力的な社会革命が正当化された。ミュンツァーにとって歴史とは、選ばれた者と背神の徒輩《とはい》による闘争の舞台であった。この戦いは、黙示思想的終末論を信じる者にとって、正しい信仰を維持するための聖徒の聖戦となったのである。さらにミュンツァーは、選ばれた人々による新しい国家の建設と同盟の結成を志向した。彼にとって、終末的な変革主体として選ばれた人々は、主に現世的欲望からの離脱が容易な人間に限定され、それは潜在的に貧しい社会的弱者を意味した。このような思想は、社会的に抑圧を受けていた下層の民衆や鉱夫から支持された。ミュンツァーの神学の論理的帰結において、社会的上下関係が信仰における上下関係とは正反対なものと理解されたのである。その希求されるべき千年王国では、聖霊のみが支配する平等社会が実現され、共産制に基づいて、神の意志の執行者として選ばれた者の集会による民主主義的な神権政治が行われると考えられていた。ただしミュンツァーは、その国家構想については明確なプログラムを有していたわけではなく、拷問による自白の中で、原始キリスト教社会の抽象的なイメージに立脚して、「すべては共有である」と述べたこと以外には、具体的な証言は残されていない。

アルシュテットでの活動とその挫折

一五二三年三月にミュンツァーは、ザクセン選帝侯領に属するアルシュテットの聖ヨハネ教会主任司祭に、選帝侯の認可のないままに、試験的に就任した。ここで彼は、ラテン語の説教やミサの魔術性を問題視して、典礼書をドイツ語に翻訳し、それを公刊し、礼拝を母語で理解させるための教育を行った。この頃ミュンツァーは、脱走修道女オッティリエ・フォン・ゲルゼンと結婚した。彼の魅惑的な説教に、市外からも多数の民衆が集まった。その危険性を察知した近隣の領主マンスフェルト伯は、領民に対してアルシュテットを訪問してミュンツァーの説教に出席することを禁止する命令を下した。それに対して、ミュンツァーは説教壇からこの禁令を公然と批判し、一五二三年九月二二日にマンスフェルト伯に対して反論の手紙を送った。この頃彼は、『でっちあげの信仰について』『論証乃至証明』などの重要な著作を執筆し、ルターの思想を根本から批判した。ミュンツァーは、アルシュテットで成人洗礼の実施に踏み切ることはなかったが、霊の洗礼による内面の浄化を主張した。

一五二四年にアルシュテット同盟が三〇名ほどで密かに結成され、後にその参加者は増加していった。この同盟は、ミュンツァーの説教を守り、そのメンバーの安全を保障し、改革を保持するための正当防衛組織という性格を有していた。さらにこの同盟の成員が、近郊にあるナウンドルフ修道院のマラーバッハ礼拝堂に放火し、それを破壊するなどの過激な行動をとった。この頃までにはテューリンゲン各地に、ミュンツァーと関係がある三〇以上の同盟が設立されたと推定されている。一五二四年七月十三日にミュンツァーは、選帝侯の弟ザクセン公ヨハンとその息子ヨハン・フリードリヒの前で、アルシュテット城内の礼拝堂で御前説教を行い、ダニエル書を引用して自己の目標とする教会改革への協力を求めた。しかしその時彼が、背神の徒輩を根絶する義務を怠った公権力からは、剣が取り上げられるという預言を行ったので、ザクセン選帝侯の宮廷は、ミュンツァーとその仲間を取り締まる決断を下した。ミュンツァーやアルシュテット市関係者は、一五二四年七月三一日と八月一日にヴァイマールでザクセン公ヨハンなどによる審問を受けた。結局アルシュテット同盟は禁止され、それに関与した印刷所は閉鎖された。身の危険を感じたミュンツァーは、失望と怒りを抱きつつ、八月七日に夜陰に乗じて逃亡した。以後、彼の思想は一層急進化し、すべての世俗権力を否定し、神の傭兵として背神の徒輩と全面的に戦う方向へと邁進していった。

ドイツ農民戦争と革命家としてのミュンツァー

一五二四年八月中頃にミュンツァーは、帝国都市ミュールハウゼンを訪問し、説教で人々を魅了した。そこで彼は市参事会と対立し、元シトー修道会士ハインリヒ・プファイファーと共に、市参事会の改編と社会変革のための綱領である『ミュールハウゼン十一箇条』を作成し、「神との永遠同盟」を設立した。しかし同年九月末にミュンツァーとプファイファーは、周辺農民の助勢を得た市参事会によって、ミュールハウゼンから追放された。その後、ミュンツァーは南下して、ニュルンベルク、バーゼルなどの各地を放浪した。この頃に彼は、最後の二つの論文『まやかしの信仰のあからさまな暴露』と『きわめてやむをえざる弁護論』を作成した。その間彼は、改革派のエコランパディウスに加えて、フープマイアー、グレーベル、マンツなどの再洗礼派の人々とも出会った。そしてミュンツァーは、南ドイツのクレットガウやヘーガウで蜂起した農民たちと接触した。

西南ドイツで開始された農民蜂起は、次第に本格化し始めた。オーバーシュヴァーベンで三つの大規模な農民団が結成され、一五二五年三月にはその基本的な抗議書として『十二箇条』が起草され、印刷された。『十二箇条』の流布と並行して、農民蜂起は拡大し、ドイツ農民戦争に発展した。一五二五年二月にはミュンツァーは、ミュールハウゼンに帰還し、聖マリア教会司祭に任命された。同年三月十六日にミュールハウゼンで、旧市参事会が解任され、「永遠市参事会」が設立され、ミュンツァーは、プファイファーと共にその町の政治に大きな影響力を及ぼし始めた。この組織は、様々な社会的階層によって構成されていた。大洪水後に結ばれた神とノアの契約に喩えて、「神との永遠同盟」のシンボルとして、成員の団結のために虹の旗が作られた。

ドイツ農民戦争によって活発化された平民の共同体運動の大波が北上し、同年四月にはテューリンゲン各地にも拡大した。歓喜と高揚感に満たされたミュンツァーは、次第にこの地方における反乱のリーダーとして頭角を現し、各地の仲間に対して蜂起に参加するように呼びかけた。同年四月末までには、テューリンゲン地方に複数の大きな農民団が組織された。ミュンツァーの影響下にあった農民団は、アイヒスフェルトなどの修道院を襲撃した。さらにミュンツァーは、戦略上の必要性からプファイファーと分かれて、五月十一日に三〇〇人の仲間と共にフランケンハウゼンに移動し、反乱の拠点を拡大しようとした。しかしミュンツァーの反乱軍は、太陽の周囲に虹色の光環が出現するという奇蹟を見て士気を鼓舞することができたものの、一五二五年五月十五日にフランケンハウゼンの戦いでヘッセン方伯フィリップやザクセン公ゲオルクなどの諸侯軍に決定的に敗れた。この敗戦後にミュンツァーは捕虜となり、厳しい拷問を受けて、カトリックへの復帰を強制させられた。ミュールハウゼンも、五月二五日には諸侯軍に降伏した。五月二七日にミュンツァーは、プファイファーと共に斬首され、刑場の露と消えたのである。

おわりに

トーマス・ミュンツァーは、そのカリスマ性によってテューリンゲン地方の反乱の指導者として活躍し、非業の死を遂げた。ただしドイツ農民戦争の全体的経過を俯瞰すれば、あくまでも蜂起の中心地は、農村や都市の共同体を基盤にした運動が展開された西南ドイツであった。それに対して、ミュンツァーが率いたテューリンゲン地方の反乱は、遅れて発生して一ヶ月ほどの短期間で終息へと向かったことなどから、むしろその周辺的現象の一つとして位置づけられるべきであろう。ミュンツァーは、個々の社会問題に関する具体的な考察に立脚した、明確な将来の国家構想や戦略的な見通しがないままに、汚れのない原始キリスト教社会をモデルにして、自己の掲げた信念のために、選ばれた人々の神権政に基づいたユートピアを建設しようとした。ミュンツァーには、人々の物的利害を考慮した上で独自の政治制度を構築し、新たな法的規範を制定するという発想が欠けていた。彼はあくまでも弱者の魂の救済と内面の変革のために身をささげた神学者であった。トーマス・ミュンツァーという人物は、彼の思想と行動に対する歴史的評価は別にしても、少なくとも現実の深刻な矛盾と真剣に格闘した理想主義者であったと思われる。

❖トーマス・ミュンツァー関係年表

年代	ミュンツァーの生涯	ヨーロッパ史全般
1490年以前	ドイツのシュトルベルクでトーマス・ミュンツァーの誕生(1489年頃の可能性も)。	ルターの誕生(1483年)。 ツヴィングリの誕生(1484年)。
1506年	ライプツィヒ大学に学籍登録。	
1512年	フランクフルト(an der Oder)大学で学ぶ。	
1513年	ハレの聖ゲルトラウト及び聖マリア聖堂区学校助教師。	
1515年	アッシャースレーベン市民の同盟を組織。	フランス王フランソワ1世の即位。
1516年	フローゼのベネディクト女子修道参事会付き司祭に就任。	エラスムスによる新約聖書ギリシア語原典の出版。
1517年	ヴィッテンベルクに滞在。	ルターが『九十五箇条の提題』を提出。
1518年	ブラウンシュヴァイクのマルティン学校に勤務。	ルターがアウクスブルクで枢機卿カエタヌスの審問を受ける。
1519年	ユーテルボークの聖ニコライ教会説教師。 ライプツィヒ討論に参加。 ボイディッツ女子修道院の聴罪司祭。	皇帝マクシミリアン1世崩御(1月)。 カール5世が皇帝に選出される(6月)。 ルターとエックによるライプツィヒでの宗教討論(6月末～7月初め)。
1520年	ツヴィカウの聖マリア教会で就任説教。 ツヴィカウの聖カタリナ教会司祭に就任(10月1日)。	ルターに対して教皇レオ10世が『破門威嚇の大教書』公布(6月)。 ルターが三大文書『ドイツのキリスト者貴族に与える書』『教会のバビロン捕囚』『キリスト者の自由』を執筆。
1521年	ツヴィカウの聖カタリナ教会司祭を解任される(4月)。 プラハを訪問(6月)。 『プラハ・マニフェスト』の起草。 プラハ追放(11月下旬)。 エアフルトに語学教師として滞在(12月)。	ルターが正式に破門される。 ヴォルムス帝国議会の開催とルターの召喚。 ルターに異端宣告と帝国追放刑。 ルターのヴァルトブルク城での隠遁生活。 ヴィッテンベルク騒擾の勃発。
1522年	ノルトハウゼンで礼拝堂付き司祭に就任。 ノルトハウゼン追放(10月)。 ハレ近郊グラウハの聖ゲオルゲ教会助任司祭に就任。	ルターがヴィッテンベルクに帰還(3月)。 ジッキンゲンによる騎士戦争の勃発(9月)。 ルターの新約聖書の独訳出版(九月聖書)。
1523年	ハレ追放(3月)。 アルシュテットの聖ヨハネ教会司祭に採用される(3月)。 元修道女と結婚。 『ドイツ語教会典礼』『ドイツ語福音ミサ』印刷。 マンスフェルト伯との対立。 『アルシュテットのドイツ語典礼の秩序と解説』『でっちあげの信仰について』『論証乃至証明』の起草・印刷。	ウルリヒ・フォン・フッテンの死亡(8月)。

年代	ミュンツァーの生涯	ヨーロッパ史全般
1524年	アルシュテット同盟成立。 アルシュテット同盟がナウンドルフ修道院の礼拝堂を破壊。 アルシュテット同盟の拡大(6月)。 アルシュテット城内でザクセン公ヨハンとザクセン選帝侯太子ヨハン・フリードリヒの前で御前説教を行う(7月13日)。 『ダニエル書第二章の講解』の印刷。 ヴァイマールでのミュンツァーに対する審問。 アルシュテットからミュンツァーの逃亡(8月)。 ミュールハウゼンに到着(8月中頃)。 『ミュールハウゼン十一箇条』を起草。 ミュールハウゼンで「神との永遠同盟」の設立。 ミュールハウゼンから追放される(9月末)。 ミュンツァーの論文『まやかしの信仰のあからさまな暴露』の印刷、『きわめてやむをえざる弁護論』が押収される。 バーゼルなどのスイス滞在。スイス再洗礼派の人々との会合。 南ドイツのクレットガウ滞在。	南ドイツのシュテューリンゲンで農民蜂起の勃発(6月)。 ルターがミュンツァー批判のために『暴動を起こす霊について、ザクセン諸侯に宛てた手紙』執筆(7月下旬)。 エラスムス著『評伝・自由意志について』公刊(9月)。
1525年	ミュールハウゼンに帰還(2月)。 ミュールハウゼンで「永遠市参事会」の設立(3月)。 テューリンゲンにもドイツ農民戦争が拡大、ミュンツァーは指導者として反乱に参加(4月)。 フランケンハウゼンに移動(5月11日)。 フランケンハウゼンの戦い(5月15日)で諸侯軍に敗北、ミュンツァー捕虜となる。 ミュンツァーとプファイファーの処刑(5月27日)。	南ドイツでドイツ農民戦争の勃発。 パヴィアの戦い(2月)。 『十二箇条』の起草・流布(3月)。 プロイセンでのドイツ騎士修道会の世俗化と宗教改革の導入(4月)。 ザクセン選帝侯フリードリヒ賢公逝去(5月)、ヨハン堅忍公の単独統治。

⦿主要文献目録

（史料）

Franz, Günther(Hg.), *Thomas Müntzer. Schriften und Briefe. Kritische Gesamtausgabe* (*Quellen und Forschungen zur Reformationsgeschichte, Bd.33*), Gütersloh 1968.

Thomas-Müntzer-Ausgabe. Kritische Gesamtausgabe Bd.1: Thomas Müntzer Schriften, Manuskripte und Notizen (*Quellen und Forschungen zur sächsischen Geschichte Bd.25 I*), herausgegeben von Armin Kohnle und Eike Wolgast unter Mitarbeit von Vasily Arslanov, Alexander Bartmuß und Christine Haustein, Leipzig 2017.

Thomas-Müntzer-Ausgabe. Kritische Gesamtausgabe Bd.2: Thomas Müntzer Briefwechsel (*Quellen und Forschungen zur sächsischen Geschichte Bd.25 II*), bearbeitet und kommentiert von Siegfried Bräuer und Manfred Kobuch, Leipzig 2010.

Thomas-Müntzer-Ausgabe. Kritische Gesamtausgabe Bd.3: Quellen zu Thomas Müntzer, (*Quellen und Forschungen zur sächsischen Geschichte Bd.25 III*), bearbeitet von Wieland Held und Siegfried Hoyer, Leipzig 2004.

『宗教改革著作集第七巻：ミュンツァー、カールシュタット、農民戦争』（教文館、一九八五年）

中村賢二郎・瀬原義生・倉塚平・田中真造・久米あつみ・森田安一編訳『原典宗教改革史』（ヨルダン社、一九七六年）

倉塚平・田中真造・出村彰・森田安一他編訳『宗教改革急進派：ラディカル・リフォーメーションの思想と行動』（ヨルダン社、一九七二年）

（研究文献）

Gritsch, Eric W., *Thomas Müntzer: A Tragedy of Errors*, Minneapolis 1989.

Kim, Kee Ryun, *Das Reich Gottes in der Theologie Thomas Müntzers: Eine systematische Untersuchung unter besonderer Berüchsichtigung der alternativen Anschauungen Martin Luthers* (*Europäische Hochschulschriften, Reihe 23 Theologie Bd.508*), Frankfurt a. M. 1994.

F・エンゲルス著／伊藤新一訳『ドイツ農民戦争』（大月書店、一九五三年）

木塚隆志『トーマス・ミュンツァーと黙示録的終末観』（未来社、二〇〇一年）

倉塚平『異端と殉教』（筑摩書房、一九七二年）

H・J・ゲルツ著／田中真造・藤井潤訳『トーマス・ミュンツァー：神秘主義者、黙示的終末預言者、革命家』（教文館、一九九五年）

田中真造『トーマス・ミュンツァー：革命の神学とその周辺』（ミネルヴァ書房、一九八三年）

田中真造「トーマス・ミュンツァーのユダヤ人観」（『京都教育大学紀要　A人文・社会』九〇、一九九七年、一七一～一八三頁）

藤井潤「戦後のミュンツァー研究」（『ルターと宗教改革（日本ルター学会研究年報）』一、一九九四／九五年、四三～六九頁）

藤井潤「トーマス・ミュンツァーの隣人愛・兄弟愛観」（『史潮』四五、一九九九年、一三七～一五二頁）

藤井潤「トーマス・ミュンツァーの洗礼観」（『西洋史学』一七二、一九九三年、二一六～二三〇頁）

G・フランツ著／寺尾誠・中村賢二郎・前間良爾・田中真造訳『ドイツ農民戦争』（未来社、一九八九年）

P・ブリックレ著／前間良爾・田中真造訳『一五二五年の革命』（刀水書房、一九八八年）

M・ベンジンク著／田中真造訳『トーマス・ミュンツァー：ドイツ農民戦争と革命の神学』（未来社、一九八一年）

貧民の窮状を救え、イングランド革命期のディガー運動

ジェラード・ウィンスタンリ

…Gerrard Winstanley…

穴井 佑

イングランドは、一六四〇〜一六六〇年の間に、国王と議会との内戦、そして国王の処刑を経て空位期へと至る革命を経験した。この革命期には、教会や国制のあり方をめぐる議論が盛んに行われ、後の名誉革命を経て確立されていく議会主導の統治体制を準備することとなった。その一方で、革命が、十六世紀半ばころから社会的な問題となっていた貧民たちの窮状《きゅうじょう》を救うことはなかった。本稿は、こうした状況において、貧しい人びとの自由はいかに実現されるかを思案し、自らそのために奮闘《ふんとう》した人物・ジェラード・ウィンスタンリ(一六〇九—七六)に焦点をあてるものである。

若き日のウィンスタンリ

ロンドンの南方、サリー州にセント・ジョージという名の丘がある。イングランド革命のさなか、国王チャールズ一世が処刑された一六四九年、丘の荒蕪地《こうぶち》を開墾《かいこん》し、貧しい人びとの窮状を救うべく、この地に足を踏み入れた人びとがいる。彼らの言動は耳目《じもく》を集め、当時のメディアは、こぞっ

てこの「開墾している一団」(「公平な情報提供者」紙)、「サリー州のディガーズ」(「メルクリウス・プラグマティカス」紙)のことを報じた。このディガーズ(The Diggers)と呼ばれた人びとの指導者が本稿の主役、ジェラード・ウィンスタンリである。

残存するエリザベス朝・初期スチュアート朝期の貧民に関する人口調査は、彼らの割合が社会全体の二〇〜三〇%にも達していたことを示している。また、政治算術家として名高いグレゴリ・キングの一六八八年の推計によると、イングランド社会のおよそ半数が自力で家族を養っていくことも困難な経済状況にあった。ただでさえ苦しい彼らの経済状況は、不況や不作が重なればよりいっそう厳しいものとなった。議会と国王との内戦が、やがて国王の首をはね、共和政が確立されるという政治的な大変動へと至った革命もまた、経済状況を悪化させる要因の一つであった。このような状況のなかで、貧しい人びとの生活はいかに救われるのか。革命の剣や槍では、政治変動を起こすことはできても、彼らを苦境から救うことはできなかった。革命における議会を支持していたウィンスタンリの目には、国王との闘いが進められている一方で、貧しい人びとの窮状《きゅうじょう》が置き去りにされているように映った。次第に彼の胸のうちには、入会地《いりあいち》や荒蕪地を開墾し、そこから得られる収益を豊かな者も貧しい者も分け隔てなく共有しよう、そうした思いが募っていったのである。

ディガー運動を始める以前のウィンスタンリは、特別な人間ではなかった。政治的な要職にあったわけでも、内戦の戦闘で武勲《ぶくん》をあげたわけでもない。いうなれば、市井にて懸命に生きる「普通の」人であった。一六〇九年十月十日にランカシャのウィガン教区で洗礼を受けた彼の幼少期について、はっきりとわかっていることは多くない。史料をもとに確実にたどることができるのは、ウィンスタンリ家が懇意《こんい》にしていたある夫妻を通して、彼がロンドンの仕立商であるサラ・ガターのもとで一六三〇年三月二五日より徒弟《とてい》奉公を始めてからのことである。

一六三八年二月二一日、ウィンスタンリは仕立商カンパニーのフリーメン（一定期間の徒弟奉公などを経ることによって正式な市民として認められた者）となった。一六三九年五月二一日までには、セント・オレイヴ・オールド・ジュウリィ教区で独立し、自身の商売を始めている。同教区の救貧税《きゅうひんぜい》などの割当評価額によると、彼の経済状況は教区内の課税負担能力のある人びとのなかでは下位にあったようだが、織物取引の商売によって生活水準は若干ながら改善していったようである。クリストファー・ディカスという徒弟を雇《やと》い、スーザン・キングという伴侶《はんりょ》も得たこの頃のウィンスタンリは、若い駆け出しの商人として順調な歩みを進めていたものと思われる。一六四一年四月には、オレイヴ教区の教区会（自律した世帯主による教区の会合）に出席を認められる立場となり、そこで教区エリートとの交流を有するようにもなった。

その一方で、一六三〇年代から次第に緊張が高まっていた国王と議会との対立の火種《ひだね》はいまやブリテン全域に及んでいた。やがて内戦から革命へと至るこの火の手は、彼に経済的な苦境と挫折《ざせつ》をもたらすこととなった。とりわけ、一六四一年にアイルランドで起こったイングランドに対する反乱は、ウィンスタンリの取引相手のダブリン商人からの借金返済を滞《とどこお》らせるなど、彼の商売に深刻な損害を与えた。これ以後、ウィンスタンリの資金繰《しきんぐ》りは急速に悪化したようである。また、内戦において一貫して議会を支援した彼は、議会軍の戦闘を支えるために求められたさまざまな負担にも苦しんだ。結局、一六四三年十一月三〇日に債務《さいむ》と在庫を整理したウィンスタンリは、商人としての生活に見切りをつけ、ロンドンを引き払うこととなったのである。

ロンドンを去った後のウィンスタンリは、友人のつてを頼り、一六四三年十二月二〇日までにサリー州コバム教区内に居を定めた。コバムは同州の中ほどに位置し、キングストンという都市に近い教区である。同教区の北辺はウォルトン・オン・テムズ教区に接しており、北西にはセント・ジョージの丘が広がっていた。コバムもウォルトンも広大な入会地および荒蕪地を有する教区であった。コバムでのウィンスタンリは、牧畜業で生計を立てる世帯主として、教区内の各種の税や献金を負担する立場にあった。実際のところ、ディガー運動後も含めて、彼は当地でリスペクタブルな教区民として半生を送ったようである。ロンドンでは商売に失敗し、挫折を味わったウィンスタンリではあったが、コバムに退いた後も、周囲の人間関係に助けられながら、彼自身が経済的な困窮者《こんきゅうしゃ》となることはなかった。

ディガー運動

後にウィンスタンリは、コバムで過ごしたディガー運動以前の日々を回想し、議会軍に求められた宿泊所の無料提供などの軍務や負担金に苦しみつつも、自身の能力をイングランドに平和をもたらすために用いたいと考えるようになったと述べている。そして、穏《おだ》やかに牧畜業に励むなかで、「かって本で読んだことも、誰かから聞いたこともない幾多《いくた》のこと、素晴らしい考えで私の心は満たされた」のだという(『ロンドン市と軍への警告』、一六四九年)。ウィンスタンリによると、それは「大地を共同の宝庫」として創造した神による、そこで「ともに働き、ともにパンを食べよ。このことを世界中に宣べ伝えよ」とする啓示であった(『正義という新たな法』)。

ウィンスタンリが内戦における議会を支持したのは、議会に人びとの、とりわけ貧しい人びとの自由の実現を期待したからであった。しかし、自身がその大義を信じ、支援してきた議会は、国王の打倒にこそ成功したものの、人びとの自由を実現することはなかった。この点についてウィンスタンリはディガー運動開始後の一六四九年十二月に次のように述べている。

私たちは、すべての貧しい者が土地を自由に使用して、その恩恵を受けるようにならないかぎり、イングランドは自由なコモンウェルスにならないことを知っている。というのも、この自由が許されないのならば、私たち貧しい者は国王の時代よりもさらに悪い時代におかれていることになるからである。なぜなら、国王のもとで私たちは抑圧《よくあつ》されてはいたが、いくらかの財産を持っていた。しかしながら今日、私たちの財産は自由を得るために費やされたのにもかかわらず、いまなお私たちはマナ所有者の圧政の下に苦しんでいるからである。

(『議会軍総司令官への書簡』、一六四九年)

貧しい人びとの窮状を救わなければならないという使命感、議会への失望、そして彼の心に訪れたという啓示にも背中を押され、ウィンスタンリは自ら行動を起こす決意、すなわちセント・ジョージの丘に踏み入る決意を固めていったのである。一六四九年四月一日(日)、ウィンスタンリは数十名の賛同者とともに、わずかばかりの鋤《すき》を手に取り、セント・ジョージの丘で荒蕪地の開墾にとりかかった。そこで「ともに働き、ともにパンを食べよう」というウィンスタンリの計画に賛同したのは、コバムの教区民を中心に、多い時でも九〇名を超える程度の小集団であった。彼らはそこに豆類、カブ、ニンジンなどの種を播《ま》き、人びとが飢《う》えから救われる日を夢見たのである。

しかし、ウィンスタンリらの活動は当地の利害関係者や為政者の目には不審なものとして映った。一六四九年四月十六日には、地元のヨーマンとされるヘンリ・サンダースが国務会議に向けて、セント・ジョージの丘に集ったコバムの住人を中心とする一団についての報告を行っている。それによると、彼らは数名でやってきたが、次第に人数が増え、二〇〜三〇人の一団となってその地の開墾を開始したというのである。この報告の中には、「彼らは、十日以内に四、五〇〇〇人ほどになるだろうと宣言し、地元の人びとを脅かしている」ともある。ウィンスタンリらにとっては、荒蕪地の開墾は希望に手を伸ばすような運動の

ウィンスタンリらがディガー運動中に出したパンフレットの表紙

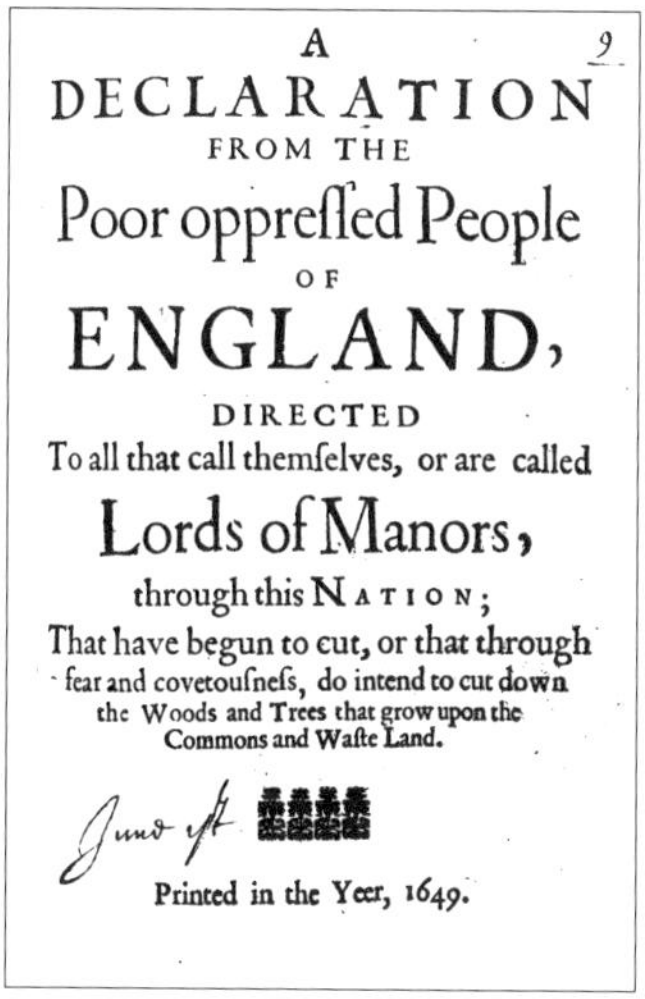
A
DECLARATION
FROM THE
Poor oppressed People
OF
ENGLAND,
DIRECTED
To all that call themselves, or are called
Lords of Manors,
through this NATION;
That have begun to cut, or that through fear and covetousness, do intend to cut down the Woods and Trees that grow upon the Commons and Waste Land.

Printed in the Yeer, 1649.

始まりであったとしても、地元の住民にはよそ者による不安を掻《か》き立てるような行動であったことも指摘しておかなければならない。

サンダースの報告を受けた国務会議は、私有地の侵害《しんがい》を懸念《けねん》し、迅速《じんそく》に対応している。彼らが、議会軍総司令官トマス・フェアファクス(一六一二─七一)に取り締まりを命じると、即座にフェアファクスの意を受けたジョン・グラッドマン大佐が現地に赴き、調査にあたった。とはいえこの時のグラッドマンは、フェアファクスに対して、特に懸念することはないとの旨を報告している。

グラッドマンの調査を受けた後、ウィンスタンリは、もう一人の運動の指導的な人物ウィリアム・エヴェラードとともにフェアファクスを訪問し、彼らの活動の真意について、大地の恩恵を貧しき者、困窮する者に分配し、飢える者には食べ物を、衣類のない者には衣服を供給するために、入会地および荒蕪地を活用するだけであると説明したとされている。これ以後、ウィンスタンリは、活動を継続するために、ことあるごとにフェアファクスと連絡を取ることとなる。ここには、彼らの運動が統治サイドとのコミュニケーションを絶やさず、抑制と統制の取れたもとで行われたものであったことを見て取ることができる。

しかしながら、ディガー運動を断固として許さない人びともいた。六月九日にはウィンスタンリからフェアファクス宛てに、ディガーズに向けられた一部の兵士の暴力に対する不平が訴えられている。また、地元の住人もディガーズに対する敵意を隠さなかった。ウィンスタンリは、ディガー運動を入会地や荒蕪地に限定し、囲込《かこいこ》み地に手を出すつもりはないことを繰り返し表明したが、それは彼らには通じない主張であった。ウィンスタンリがいう入会地や荒蕪地は、実際にはマナ所有者の土地であり、彼らとマナ内の農民との間で慣習的に入会権が認められてきた土地であった。そのため、ウィンスタンリの主張は、地元の利害関係者にとって、受け入れることのできるものではなかったのである。彼らの憤慨《ふんがい》は、まもなくディガーズへのむき出しの暴力となって示されることとなる。

六月十一日、冬用作物を蒔く準備をしていた四人のディガーズが、ジョン・テイラーおよびウィリアム・スターが率いる人びとによって、うち一人は瀕死《ひんし》の重傷を負うほど殴打《おうだ》される事件が起こった。テイラーもスターも、丘の荒蕪地で羊や牛に生草を食《は》ませるなど当地の利用に利害を有する地元の農民であった。彼らにとってもディガーズの行動は、自身が慣習的に有してきた荒蕪地における権利を侵害するものとして映ったのであろう。続いて六月二三日には、ウォルトン・マナの所有者にして議会議員も務めたフランシス・ドレイクにより、ウィンスタンリらディガーズの面々は、キングストンにおける巡回裁判で、ウォルトン・マナの土地を侵害し、地元住民に損害をもたらしたとして起訴《きそ》されてしまった。この時、ウィンスタンリらは、法律家を頼まず、自ら抗弁として書いた声明を裁判所に提出したが、受け入れられずに敗訴している。

結局、ウィンスタンリは八月になると、セント・ジョージの丘での活動を断念し、コバムのリトル・ヒースに拠点を移すこととなった。これは、ウィンスタンリも含めてディガーズの中心人物がウォルトンよりもコバムとの地縁が強かったからであるが、そこも安住の地とはならなかった。やはり兵士や同地のマナ所有者にして教区の牧師でもあるジョン・プラットを中心とする地元住民らによる攻撃が始まったのである。十一月二八日、兵士の集団が彼らの家を破壊し、木材を運び去り、数名のディガーズを表に叩き出すという事件が起こった。ウィンスタンリは、ここでもフェアファクスに手紙で暴力被害を訴えたが、そこには兵士たちによる暴力はプラットの手引きであったという認識が示されている。

年が明け、一六五〇年になると、ディガー運動の継続はいっそう厳しいものとなった。プラットらの襲撃は、ディガーズの生活を困窮させ、運動の継続を危ぶませていたのである。この頃のウィンスタンリは、ディガー運動への賛同と支援を募るべく、各地に伝道者を派遣している。彼らは、八州三二の都市および農村などを巡り歩き、一定の賛同を得たことがわかっている。また、ウィンスタンリは、立て続けにパンフレットを刊行し、ディガーズに向けられる中傷に対する弁明を行うとともに、「平和に生きようと望むあらゆる者に、正しく、節度のある労働によってパンを得るために、入会地および不毛《ふもう》な土地を開墾する勤勉な労働」(『ディガーズと呼ばれる大地を共同の宝庫とするためだけに努力する人びとの証明』)が許されなければならないと訴え続けた。しかしながら、そうした努力もむなしく、四月十九日にはふたたびプラットが五〇人にも及ぶ一団を引き連れ、ディガーズの居住地を襲撃する事件が起こった。これによって、家財道具もろとも家を焼き払われたディガーズの活動は、実質的に終焉《しゅうえん》を迎えたのである。

ウィンスタリに見る「俠」

ディガー運動が終焉した後、しばらくは沈黙《ちんもく》を続けたウィンスタンリであったが、一六五二年に『自由の法』を著し、彼が実現しようとした世界をユートピア的に描き出している。その中でウィンスタンリは、イングランドの人びとが享受すべき自由について以下のように述べている。彼にとって、自由とは「土地の自由な享受」にほかならなかった。政府は、人びとにこの自由を保証し、「豊かな者に対するのと同じように、抑圧された者、弱き者」に備えなければならない。そして、それを可能にし、維持するために欠かせないものとしての法の役割が構想された。

『自由の法』を執筆した後のウィンスタンリは、教区社会の生活に戻ったようである。一六五九年にコバムの道路監理員になったのを皮切りに、彼はコバム教区を管轄する役職を歴任していく。一六六〇年に貧民監督官《ひんみんかんとくかん》を務めると、一六六六年には再び道路監理員になり、一六六七〜六九年には教区委員となっている。貧民監督官は国家的な救貧行政を教区レベルで支える、そして教区委員は教区内の救貧の分配や教区財政を管轄《かんかつ》する、いずれも重要な地方役職である。また、一六七一〜七二年には、サリー州エルムブリッジ郡のチーフ・コンスタブル(二名のうちの一人)を務めたこともわかっている。これは、州内の下位のジェントリが担う最高位の役職であり、彼が教区社会のみならず州社会においても責任ある立場に上昇していったことが窺える。その後一六七五年には、ミドルセックス州セント・ジァイルズ・イン・ザ・フィールズに居住し、一六七六年にはクエーカー教徒として埋葬された。

ディガー運動の失敗を経た後のウィンスタンリは、地域社会の社会的・経済的な秩序維持のための責任を引き受け、救貧に関する地域内の合意を形成するという形で、貧しい人びとを救うという役割を担っていった。ディガー運動をしていた頃のウィンスタンリも、暴力に訴えることはせず、議会軍総司令官フェアファクスとのコミュニケーションも絶やさず、入会地に関する考え方は当時の社会通念および法概念とそぐわないものであったとはいえ、囲い込み地には手を出さないという彼なりの信念のもとに運動を主導していた。それでも、ディガー運動が、地元の利害関係者の怒りを買い、地域住人を不安にさせたことは否定できない。ウィンスタンリが既存の社会を暴力的に転覆《てんぷく》させようとした人物ではないことは強調されなければならない。ウィンスタンリは、一定の秩序のうちで貧しく抑圧された人びとの窮状《きゅうじょう》を救うべく、自ら額《ひたい》に汗した人物であった。晩年に教区および州社会の責任ある立場を引き受けたことからは、彼が自分の利益ばかりを追求して動いた人物ではなかったことも窺える。というのも、当時の地方役職は無給で、当該地域内のリスペクタブルな人物が社会的・経済的な管轄を担ったものだからである。土地保有者や周辺住民の合意がないままに、入会地および荒蕪地を人びとの共同の宝庫とすることで貧しい人びとを救おうとしたディガー運動は、方法的・手続的には正しかったとは言えないだろう。それでも、貧しい人びとを窮状から救いたいという思い、そのために単に声を上げるのではなく、自ら率先して行動を起こしたウィンスタンリの姿に、それも剣と槍による暴力的な変革ではなく、鋤と鍬による平和的な変革を希求したところに、ウィンスタンリという人物における「侠」を見ることができるのである。

⊙**参考文献**

Thomas N. Corns, Ann Hughes and David Loewenstein (eds.), *The Complete Works of Gerrard Winstanley*, 2vols., Oxford: Oxford University Press, 2009.

James Alsop, 'Gerrard Winstanley's Later Life', *Past & Present*, vol. 82, issue 1, 1979.

Andrew Bradstock(ed.), *Winstanley and Diggers, 1649 -1999*, London: Frank Cass, 2000.

John Gurney, *Brave Community: The Digger Movement in the English Revolution*. Manchester: Manchester University Press, 2007.

John Gurney, *Gerrard Winstanley: The Digger's Life and Legacy*. London: Pluto Press, 2012.

田村秀夫「ジェラード・ウィンスタンリとディガーズの運動――ウィンスタンリの思想的発展を中心として」（水田洋編『イギリス革命：思想史的研究〔増補〕』御茶の水書房、一九七六年）

田村秀夫『イギリス・ユートウピアの原型――トマス・モアとウィンスタンリ〔増補版〕』（中央大学出版部、一九七八年）

加藤和敏編・訳『自由と正義をもとめて――ウィンスタンレーとイギリス市民革命』（光洋出版社、一九九〇年）

菅原秀二「ディガー運動に関する一考察――民衆運動の視角から」（『北大史学』第二三号、十一～二六頁、一九八三年）

浦野真理子「ジェラード・ウィンスタンリの思想――「反動的」との評価への反論を中心に（上・下）」（『国際関係学研究』第十九・二〇号〔別冊〕、一九九二・一九九三年）

「貧しい人々」の救済に生涯を捧げた司祭

ジョン・ウェスレー
…Jhon Wesley…

馬渕 彰

ジョン・ウェスレー（一七〇三―九一）は、十八世紀に活躍したオックスフォード大学教員かつイングランドの国教会司祭である。当時のイングランドは、十六世紀の宗教改革や十七世紀のピューリタン革命と名誉革命を経て、国教会を基礎とするプロテスタント国家となっていた。国教会に賛同しない人々は非国徒して国教会への対抗意識に燃え、独自の信仰生活を守っていた。ウェスレーはそのような教派の対立の壁を乗り越え、キリスト教福音《ふくいん》信仰に根差す一大宗教ムーブメントであるメソディスト運動を展開した。その運動は世界へと広がり、日本では青山学院や関西学院、東洋英和女学院などの学校を設立するに至った。彼がもっていた貧しい人々への使命感は、社会がはらむ「社会の罪」との戦いへと発展し、十九世紀以降には各種の慈善団体の設立を促し、日本では賀川豊彦《かがわとよひこ》（一八八八―一九六〇）の社会改良運動の源泉ともなった。

「偉人」ウェスレー

二〇〇二年のイギリスの放送局ＢＢＣによる「一〇〇人の最も偉大な英国人」と題したアンケー

ト結果で、ジョン・ウェスレーは五〇位だった。日本ではほとんど無名な人物だが、イギリスでは今日でも偉人の一人に数えられている。彼が学生時代を過ごしたオックスフォード大学クライストチャーチ・カレッジの食堂に行くと、入り口を入ってすぐ左手の目の高さの位置に彼の肖像画《しょうぞうが》が飾ってある。また、ロンドン博物館の入り口には、彼の信仰体験を記念した巨大なモニュメントが建っている。十八世紀イギリスの大学教員かつ司祭にすぎないウェスレーは、なぜ偉人として今でもイギリス人に記憶されているのだろうか。この稿では、ウェスレーの生涯とメソディスト運動の概略を把握《はあく》した後、彼がイギリス各地で巻き込まれた暴動と何度もトラブルを引き起こした結婚問題の二つに焦点を絞って「偉人」ウェスレーの非凡《ひぼん》な生涯の一面をたどり、聖職者が俠気を発揮《はっき》した際に歴史がどのように動くのかを見てみたい。

ウェスレーとメソディスト運動

ウェスレーは、英国国教会司祭の子として一七〇三年にリンカンシア州エプワースに生まれた。オックスフォード大学クライストチャーチ・カレッジ卒業後は、同大リンカン・カレッジ所属の大学教員となる。一時、ウェスレーは国教会司祭としてアメリカ植民地ジョージアに赴任《ふにん》するが、この地で(後で触れる)女性問題につまずいて逃げるようにイギリスに舞い戻る。失意の底にあっ

ロンドン博物館入り口に建つ
ウェスレー回心記念モニュメント（筆者撮影）

たウェスレーは、一七三八年五月、ロンドンのアルダスゲート街で開催された宗教集会でルター著『「ローマ人への手紙」の序文』の解説を聞くなかで、自分の心が妙に温かくなる体験をした。この個人的な信仰体験が、ウェスレーの回心だとされる。

彼の個人的な信仰体験は、この後、世界に広がる一大宗教ムーブメントへと発展する。そのきっかけは、ウェールズ地方から始まった信仰復興運動の手助けを頼まれたことにあった。手助けを引き受けたウェスレーは、ブリストルやその近郊で野外説教を数日間おこなった。すると、その辻説《つじぜっ》法《ぽう》を聞いた人々が今後も彼から信仰指導を受けたいと言いはじめたため、ウェスレーはその願いに応えてソサエティ(協会)を一七三九年七月に設立した。ウェスレーはイングランド各地でソサエティを次々と設立し、一七四一年にそれらを一つにまとめてメソディスト連合協会と名付けた。ソサエティの数は増え続け、ウェールズ・スコットランド・アイルランド・北アメリカ・カリブ海の諸島などへと拡大し、大ネットワークを生み出した。ソサエティへの入会条件は、「神の迫りくる怒りから逃れたいという思いを持つ者」というシンプルなものだったので、どの教派的背景の者でも入会が許された。ウェスレーが死去した一七九一年時点では、イングランドのみで五万六六〇五名の正会員がいた。非正会員として運動にかかわった人々は、その三倍近くいたと言われる。

彼の死後、十九世紀半ばのイングランドではメソディスト派は英国国教会に次ぐ会員数を誇り、メソディスト派の影響を抜《ぬ》きで当時の社会を語れないほどとなった。そのインパクトは、二〇世紀の社会学者マックス・ウェーバー(一八六四―一九二〇)によって、ウェスレーの経済モラルと資本主義の精神とのつながりが指摘されたり、また、別の学者によって、ウェスレーがイギリスの労働運動の精神的祖《そ》となりイングランド社会を革命や政治的混乱から救ったとまで唱えられたりしたほどだ。

　ウェスレーが、なぜこのような一大ムーブメントを引き起こせたのか。もちろん多くの協力者の支援もあるが、しかし、自分の使命へのウェスレーの異常なほどのこだわりを抜きにしては決して理解できない。その証拠の一つは、ブリテン諸島全土におよぶ巡回の実践だ。それは常軌《じょうき》を逸《いっ》しており、彼は毎年、信仰指導や伝道活動のための旅に一年の大半を費やした。巡回中も、ウェスレーはギリシア・ローマの古典から啓蒙《けいもう》思想家の書や歴史書などあらゆるジャンルの書物を読みつづけ、膨大《ぼうだい》な量の書物や冊子、手紙の執筆活動もした。ある若いメソディスト指導者が同行を願い出た際、ウェスレーは彼の体力が弱いとの理由で断った。それほどハードな旅であり、これを毎年こなすために彼は健康管理に人一倍気を使っている。彼は質素な食事に徹《てっ》し、散歩などの運動も事欠かさず、それは今日の「健康オタク」を彷彿《ほうふつ》とさせるものだった。本人曰《いわ》く、その甲斐《かい》あって八〇歳を過ぎても二〇代のころと変わらない体力を維持できた。

　四〇歳代半ばの一七四八年の巡回コースを見てみよう。一月にロンドンを出発してブリストルを経てウェールズを北上

ウェスレーの肖像（ジョージ・ロムニー画、ナショナルポートレートギャラリー、Alamy提供）

してアングルシー島のホーリーヘッドに行き、そして船でアイルランドのダブリンに渡り、アスローンなど内地を巡回し再びダブリンに戻る。その後、ウェールズのホーリーヘッドに渡りカーディフやブリストルを経由して六月半ばにロンドンに帰るが、すぐにブリストルに引き返し、そこからバーミンガムとノッティンガム経由でリンカンシア州を通過してニューカッスルを訪ね、八月半ばにはスコットランド近くのベリックまで北上している。帰路はマンチェスター経由でブリストルに戻り、そこから西方に向かいコーンウォール西端のセント・ジャストまで行っている。その後再びブリストル経由でロンドンに十一月半ばに戻っている。このような旅を、八〇歳代になってもウェスレーは続ける。馬の背に揺られながら移動したとよく語られるが、実際には、軽装《けいそう》二輪馬車も比較的多く用いている。その方が、各地で販売・配布する冊子や書籍を大量に持ち運ぶのに都合がよかった。ターンパイクと呼ばれる有料道路の整備がすすむと、乗合《のりあい》馬車や郵便馬車なども頻繁《ひんぱん》に利用している。

巡回の目的は各地での伝道と会員指導である。日曜日の朝には現地の国教会の礼拝《れいはい》に出席して聖《せい》

ウェスレー関係地図

餐式《さんしき》の手伝いや説教などもしているが、それ以外の曜日や時間には、公開集会を開催し、可能な場合には一日に朝・昼・夕・夜と何度も説教した。屋内集会では、国教会会堂や非国教会集会所のほか、穀物《こくもつ》取引所や市公会堂、裁判所、刑務所、救貧院《きゅうひんいん》、農家の納屋《なや》、貴族の館、兵舎などを会場とした。しかし、ウェスレーは野外集会を好んだ。野外集会は、各地の住民に自分が何を説いているか理解してもらえる絶好の方法だと信じていた。晩年《ばんねん》まで野外での説教を精力的に実行し続けた。野外集会の場所は、町村のメインストリートや市場、広場のほか、教会墓地だった。墓地で教会の壁を背にして説教すると、良い音響効果が得られたらしい。ウェスレーの公開集会には物珍しさや冷やかし目的で来る者も多く、何百人・何千人もの聴衆《ちょうしゅう》が集まった。ウェスレーは、敵対者からの激しい攻撃に身をさらすこの方法をあえて選んだ。

巡回伝道と迫害

各地の市町村のコミュニティに飛び込んでいくウェスレーのこの荒っぽいやり方は、さまざま摩《ま》擦《さつ》や対立を引き起こした。彼がいくら「メソディストは教派を超えてすべてのキリスト者に奉仕するボランティアのソサエティだ」と主張しても、皆が納得《なっとく》できるわけはない。地方の秩序を乱すと危惧《きぐ》する治安判事や、メソディスト派を熱狂主義者だと警戒する国教会司教、メソディストを国教会の手先とみなす長老派やバプテスト派の牧師、また商売が邪魔《じゃま》されると心配する酒造業者やパブ店主などが直接・間接的に暴徒《ぼうと》を扇動《せんどう》したり、妨害や暴動に自ら加わったりした。また、長老主義を国教とするスコットランドや、ピューリタン革命や名誉革命でイングランドによって荒らされたアイルランドでも、招かざるよそ者のウェスレーの出没は数々の軋轢《あつれき》を生んだ。神から託《たく》されと信じる自分の使命を果たすためには、彼はそれらの摩擦や対立を乗り越える強い精神力を維持しなければならなかった。

一七四二年九月十二日の日誌には、ホワイトチャペル近郊の「大庭園」でウェスレーが大勢の群集に説教した際の騒動が記されている。敵意に満ちた者たちが、聴衆の中に牛を放とうと試みた。また、彼らは大量の石を投げつけ、その一発がウェスレーの眉間《みけん》に命中した。ウェスレーはそれでも説教を続行している。日誌には、全会衆に臆病《おくびょう》の霊《れい》ではなく、力と愛の霊が現れたことにより、「この時、……御名のために苦しむことは実に幸いであることを、はっきり知った」と記している。

一七四三年九月十六日の日誌には、ウェスレーがコーンウォールのセント・アイヴスで屋内説教をしていたところ、「レギオン(新約聖書に登場する悪霊《あくれい》たち)」にとり憑《つ》かれたかのような暴徒たちが聴衆を殴《なぐ》りながら室内になだれ込み、大騒ぎをしたことが記されている。ウェスレーはこの暴徒《ぼうと》の群れの中に突き進んでいき暴徒のリーダーに近づいたが、その際に頭を一発殴られている。

一七四三年十月二〇日の日誌には詳しい記録のある暴動事件がある。その事件は、ウェンズベリとその周辺の治安判事たちが手引きしたメソディストたちへの暴動に起因《きいん》する。ウェスレーはその知らせを耳にして、自らその地に乗り込んだ。ウェンズベリの広場で野外説教を済ませてウェスレーが知人宅にいると、夕方になって隣接の村ダーラストンの暴徒たちが押し掛けてきて家を取り囲んだ。ウェスレーがリーダーを家の中に招き入れて少し話したところ「このライオンは子羊へ変えられた」。そこで、もっと激怒《げきど》し怒鳴《どな》り散らしている別の二人も部屋に入れた。すると、彼らも二分もせずにおとなしくなった。すると、治安判事の家まで一緒に来るよう求められたので、ウェスレーは家を出て暴徒たちの中に入っていき、何を求めているかたずねた。彼らの態度は豹変《ひょうへん》し、「この紳士はまじめな紳士だから、我々は彼を守るために血を流すぞ」と口々に叫んだという。その夜、ウェスレーは豪雨《ごうう》の中、三〇〇人ほどに付き添われて判事の家に向かったが、就寝中《しゅうしんちゅう》だった判事は家に帰れと彼らに命じた。仕方なく彼らは、ウェスレーを連れてウォールソールの判事の家に連れていくことにした。

ウォールソールの判事も就寝中で使用人が取り次がないため、暴徒たちは約五〇人をウェスレーの護衛《ごえい》につけてウェンズベリの家に帰らせることにした。ところが、今度はウォールソールの暴徒たちの大群が現れ、ウェスレーの護衛をしていたダーラストンの暴徒たちを叩《たた》きのめし、ウェスレーを奪い取った。ダーラストン暴徒の先頭にいた一人の女性がウェスレーを守ろうとして暴徒のただなかに突進したが、男たちに殴り倒され殺されかけた。興奮したウォールソールの暴徒たちは、大騒ぎしながらウェスレーをウォールソールまで引っ張っていった。町に入る際にウェスレーは彼らに話を聞く気があるかたずねたが、暴徒の大半は「頭をかち割ってやれ。彼をやっつけろ。すぐにそいつを殺せ」と叫ぶのみだった。ウェスレーは町の外と中でそれぞれ一発ずつなぐられている。一発目は胸を力いっぱい殴られ、もう一発は思いっきり口を殴られ血がおびただしく流れ出た。それでも、ウェスレーは、どちらも一本のわらで触れられたかのようだったと日誌に記している。四人のメソディスト会員がウェスレーと生死を共にする覚悟をした。その一人は殴り倒されたものの、すぐに立ち上がってウェスレーのもとに駆け寄り「私たちのために死なれたお方(イエス)のために死ぬのですね」と死の決意を告げた。一時的に静まった際にウェスレーは暴徒たちに語りかけてみたが、彼らは再び興奮して叫び始めた。すると、先ほどまで暴徒の先頭にいた男が「だんな、私はあんたのために命を捨てますよ。わたしについて来てください。ここの誰にもあなたの髪の毛一本さえも触れさせませんよ」とウェスレーに言い、手下《てした》のものと一緒にウェスレーを守り始めた。町の肉屋も加勢し暴徒数名を押し返し、その隙《すき》をついてウェスレーは五名ほどの者に囲まれて暴徒の輪から脱出し、牧場から牧場へと駆け抜け十時少し前にウェンズベリの家に戻ることができた。

ウェスレーは、この暴動の最中ずっと書斎《しょさい》に座っているかのような気持ちだったと日誌に記している。彼が終始心配していたのは、川に投げ込まれたらポケットの中の原稿が台無しになってしまうことだったという。また、不思議だったこととして、暴徒たち自身が何のために暴動を起こしているのかさっぱり分かっていなかったことだと日誌に記している。この日の暴動も、この地の「陰の黒幕」によって引き起こされていたのだろう。

このような暴動を、ウェスレーや彼の仲間たちは各地で何度も遭遇《そうぐう》することとなる。また暴動だけでなく、ウェスレーの活動は新聞や雑誌やパンフレットを通しても攻撃された。だが、ウェスレーは「罪を犯すこと以外、何も恐れるな」を信条とし、決してひるまなかった。

結婚問題でのトラブル

聖職者の結婚が認められているプロテスタントでは、聖職者の妻は教会組織の運営や教会員の指導で鍵《かぎ》となる。一大宗教運動の指導者ウェスレーとその会員たちにとっても、ウェスレーの伴侶者《はんりょしゃ》の問題はメソディスト運動の発展のために慎重に扱うべき事柄だった。だが、神から託された使命への忠誠心に燃え、一年中各地を転々と旅する生活を毎年実践するような人物には、一体どのような結婚生活が可能なのだろうか。ウェスレーは、結婚問題において繰り返しトラブルに巻き込まれる(あるいは引き起こすといった方が正しいのかもしれない)。ウェスレーにとって理想的女性とは母スザンナ(一六六九—一七四二)であり、このある種のマザー・コンプレックスがトラブルの一因だと指摘する学者もいる。スザンナはピューリタンの名のある家の出身で、自立した女性であり、国教会司祭の妻となってからも、神学に関心を持ち、また教会運営や信徒指導にも積極的にかかわった。母スザンナの影響もあり、ウェスレーはメソディスト・ソサエティの女性たちにも指導的立場を与え、哲学や神学、自然科学などさまざまな書物を読むことを課している。

女性問題での最初の大失態《だいしったい》を、ウェスレーはすでにメソディスト・ソサエティ結成以前にしでかしている。大学教員かつ司祭となっていた三〇代なかばのウェスレーは、一七三五年秋から一時アメリカ植民地ジョージアに渡っている。その時、十代の若い女性ソフィアの家庭教師となり、二人は互いに惹《ひ》かれ合い結婚の約束をした。しかし、ウェスレーは、神に仕える自分の使命にとってソフィアとの結婚が適《かな》っているのかを考え始めてしまい二の足を踏んだ。母スザンナを理想とする女性像とソフィアを比べたことが、彼の躊躇《ちゅうちょ》の一因だったとも言われる。悩んだ末、知人からアドバイスを受けて「くじ」をひいて神の御心を求めたところ、無情にも「結婚しない」というくじを引いてしまう。その行為を知って怒ったソフィアは、すぐに他の男性と結婚してしまう。ソフィアに惚《ほ》れていたウェスレーは、未練《みれん》がましく「他の誰とも結婚しないと約束したではないか」などとぼやく。ある日ウェスレーが聖餐式でソフィアにパンとぶどう酒を与えなかった。すると、司祭が個人的な感情を公的な場にもち込んだとソフィアの夫から訴えられそうになり、一七三八年二月ウェスレーは逃げるようにイングランドに戻った。彼の大学の学位も司祭の地位も、彼の恋の悩みには無力だった。

その年の五月に失意の底にあったウェスレーは回心を経験し、翌年九月にはメソディスト・ソサエティを設立した。メソディスト運動が進展するなか、ウェスレーは弟でありメソディスト運動の指導者であるチャールズ(一七〇七—八三)と互いの将来の結婚について話し合った。メソディスト会員の半数以上は女性会員であり、チャーミングであった二人がどのような女性を伴侶者にするかはソサエティの行く末を大きく左右する重大事だった。そこで、二人は結婚の前に兄弟同士で相談する約束を交わした。その後、ウェスレーは未亡人グレイス・マリーとの結婚話を進めようとしたが、チャールズは「もし兄さんが、身分の低い婦人と結婚したら、私たちの説教者一同は、私たちから離反し、私たちの諸会はみな分裂するでしょう」との危機感を抱き、兄には知らせずにグレイスを他のメソディスト指導者と婚約させてしまう。グレイスの結婚前の数日間、ウェスレーは失意に打ちひしがれ、一七四九年十月一日付の日記に「私は大変憂うつであって、心が石のように重苦しい。

説教をしている間は安らかだったけれども、説教を終わったとき、重苦しさがもどってきた。私は、悲しみつつ、かつ足どり重く、教会に行ったけれども、この重苦しさの理由が分からなかった」と記している。その夜、ウェスレーは、刑場に引かれていくグレイスを夢に見た。夢の中で死刑執行直前のグレイスがウェスレーに顔を向けた時、見ていられずに立ち去ろうとしたが、心の中に「彼女が殺されればよいのに」との思いがよぎったとウェスレーは日記に書き留めている。

最終的に、ウェスレーは四人の子の母親で裕福な未亡人であるメアリ・ヴァジール(一七一〇―八一)と一七五一年二月に結婚した。この時は、チャールズの介入はなかった。結婚当初は、夫婦一緒に仲良く各地を巡回していたが、そのうち妻はロンドンの家に留まるようになった。次第にメアリは、年がら年中旅に出て不在続きの夫に対して不満を募らせていった。それに加え、ウェスレーとメソディストの女性会員たちとの浮気話などの、いかがわしい噂話《うわさばなし》などを耳にして不安をあおられた。結婚後わずか数年にして不満や嫉妬《しっと》などで怒りに燃えた妻により、夫婦仲は険悪《けんあく》になった。妻がウェスレーの前髪を捕まえて家の中を引き回しているのを、ある人物が偶然目撃した。それを知ったチャールズは、グレイスとの結婚話を破談《はだん》にした自分の行為を心底悔《く》いたという。

異常な男性と結婚したばかりに情緒不安定に陥ったといえる哀れな妻は、一七五八年から家を出ていったり戻ってきたりを繰り返し、とうとう一七七一年には娘の所に移り住み夫婦は完全な別居状態となった。一七七五年にさらに問題が起こる。彼女がウェスレーの日記や女性信奉者たちからの手紙を勝手に読み、それらの中に夫の不倫《ふりん》の証拠を得たと思い込み、日記や手紙をウェスレーの論敵《ろんてき》に手渡し、また「モーニング・ポスト」紙でも発表したのだ。世間での評判の悪化を危惧して弟チャールズは兄に妻の行動を阻止《そし》し、対外的に自分を弁明するよう強く促した。しかし、逆にウェスレーから「私が神に自分のくつろぎ・時間・命をささげた時、私が自分の評判を除外したと、あなたは思うのか」と問いかけられ、チャールズは常軌《じょうき》を逸した兄の非凡《ひぼん》な精神に改めて驚嘆《きょうたん》した。

「貧しい人々」へのウェスレーの使命観

ウェスレーはウィクリフのように書籍や雑誌、定期刊行物で激しい神学論争もしたが、しかし、学問の世界に閉じこもるようなタイプではなかった。貧しい人々への薬剤《やくざい》や医療の提供、讃美歌集《さんびかしゅう》の編纂《へんさん》、教育の機会のない人々のための哲学書や文法書、歴史書などの出版、学校の設立、各種慈善《じぜん》団体での説教、囚人《しゅうじん》の慰問《いもん》など非

❖ウェスレー関連年表

年代	できごと
1703年	ジョン・ウェスレーの誕生
1724年	オックスフォード大学クライストチャーチ・カレッジを卒業
1726年	オックスフォード大学リンカン・カレッジのフェローに就任
1727年	修士号の取得
1728年	司祭となる按手礼
1729年	オックスフォード大学での教育活動の開始
1735年	アメリカ植民地ジョージアへ出発
1738年	ソフィアとの結婚問題によりイギリスに帰国(2月)、アルダスゲート街で回心の体験(5月)
1739年	ブリストルとその近郊で野外説教の開始(4月)、メソディスト・ソサエティの設立(7月)
1741年	メソディスト連合協会の設立
1742年	ホワイト・チャペルとセント・アイヴスでの暴動
1743年	ウェンズベリでの暴動
1749年	グレイス・マリーとの結婚の破綻
1751年	メアリ・ヴァジールとの結婚
1755年	ウェスレーの夫婦仲の悪化
1771年	メアリの別居の開始
1775年	メアリによるウェスレーの日記・手紙などの勝手な公開
1781年	メアリの死去
1791年	ウェスレーの死去

常に多くの事業を手掛けた。フランス兵捕虜《ほりょ》が悲惨《ひさん》な状況下にあると知ると、新聞投書で救援を訴え、また自ら食料や毛布を集めにまわった。死の数日前に書いた最後の手紙が、奴隷《どれい》貿易廃止運動指導者ウィリアム・ウィルバーフォースへの激励だったことはよく知られている。

彼は日誌に「貧しい人々」への使命をしばしば書き記している。一七三九年四月二日には「午後四時、私は自らを卑しくして、本街道で、救いの福音《ふくいん》を宣《の》べ伝えた。ところは、市に隣接する広場の小高い処で、聴衆は約三〇〇〇。私の語った聖書の言葉は……『主の御霊が、私に宿っている。なぜなら、貧しい人々に福音を伝えさせるために、私を聖別してくださったからである。』」と記している。ウェスレーは王に謁見《えっけん》したり、また貴族や富裕な市民に多くの知人をもっていたりしたが、貧しい人々のなかで福音を説いたイエスの姿に倣《なら》うというキリスト教の伝統的な生き方を選んだ。また、彼は「できる限り稼《かせ》ぎ、できる限り節約し、そして、できる限り与える」ことを信仰生活にとって不可欠なこととし、全会員がこの経済モラルにそって生きるよう指導した。実際には「できる限り与える」ことを実践できた会員は極めて少なかったが、ウェスレー自身はできたようである。出版などで多くの収入があったにもかかわらず、彼の死後、机の引き出しと服のポケットに小銭が残っていただけだったという。生前のウェスレーは、もし死後にポケットに十ポンド以上残っていたら、自分を泥棒《どろぼう》や略奪者《りゃくだつしゃ》とみなしてほしいと表明していた。

二〇〇二年のイギリスの放送局ＢＢＣによる「一〇〇人の最も偉大な英国人」のアンケートでウェスレーが五〇位になったのは、罪を犯すこと以外に何も恐れず、命を危険にさらし、人としての自分の弱さや悩みを抱えながらも、貧しい人々へ全てを捧《ささ》げ、司祭として人の心と社会とを変えようと神から与えられた使命に最後まで全力を尽くした彼の生き方に、今でも多くの人が侠気を感じるからであろう。

⦿主な参考文献

Richard P. Heizenrater, *Wesley and the People Called Methodists*, Nashville, 1995.

Richard P. Heizenrater ed., *The Poor and the Called Methodists 1729-1999*, Nashville, 2002.

John A. Vickers ed., *A Dictionary of Methodism in Britain and Ireland*, Peterborough, 2000.

John Wesley, *The Works of John Wesley*, 14 vols., Michigan, 1986, Rep. from the 1872 edition issued by Wesleyan Methodist Book Room, London.

ジョン・ウェスレー（山口徳夫訳）『標準ウェスレイ日記』（インマヌエル綜合伝道団、一九八四年）

清水光雄『民衆と歩んだウェスレー』（教文館、二〇一三年）

野呂芳男『ウェスレー』（清水書院「人と思想」、一九九一年）

「牢獄作家」の誕生を見守った女性

サド侯爵夫人

…Marquise de Sade…

嶋中博章

パリ租税法院名誉院長クロード＝ルネ・ド・モントルイユとその妻マリ＝マドレーヌの長女、ルネ＝ペラジー・コルディエ・ド・モントルイユ（一七四一―一八一〇）は、一七六三年五月、サド侯爵《こうしゃく》ドナシアン・アルフォンス・フランソワ（一七四〇―一八一四）と結婚した。のちに激烈《げきれつ》なリベルタン（瀆神的《とくしんてき》な淫蕩者《いんとうしゃ》）作家として名を轟《とどろ》かし、後世まで血に飢《う》えた怪物のように恐れられた、あのサド侯爵である。あるいは、アポリネールによって「現存したなかでもっとも自由なこの精神」と称えられ、「聖侯爵《ディヴァン・マルキ》」と崇《あが》められることになる、あのサドである。

もし「サド侯爵夫人」にならなかったら、ルネ＝ペラジーは良家出身の子女という控え目な役柄に満足し、目立った活躍をする機会もなく生涯を終えたことだろう。しかし、夫がたどる数奇な運命に巻き込まれた彼女は、おそらく本人でさえ思いもよらなかっただろう骨っ節の強さと現実的な行動力を見せることになる。

リベルタンの夫と信心深い妻

サド侯爵との結婚を決めたのは、母親のモントルイユ夫人だった。サド家は、当時経済的に厳しい状況にあったとはいえ、その起源を十二世紀にさかのぼり、桂冠詩人《けいかんしじん》ペトラルカが想いを寄せたラウラを祖先にもつ、南仏の由緒ある貴族家門である。さらに、侯爵の母マリ＝エレオノールは、王族のコンデ家とも縁続きであった。それに比べモントルイユ家は、豊かな資産と法曹界《ほうそうかい》での強力な人脈を有してはいるものの、官職売買を通じて貴族身分を獲得した成り上がりにすぎなかった。そのため、モントルイユ夫人の目に、王家につながる名門サド家との縁談は、願ってもない良縁と映った。もちろんサド家にとっても、裕福なモントルイユ家との縁組に申し分はなかった。侯爵の父サド伯爵は、プロヴァンスに暮らす弟のサド神父に宛てた手紙で次のように語っている。

この結婚について考えれば考えるほど、私はそれがよいものに思えてきます。昨日、モンマルテル氏に会いに行きました……。彼の話では、ローネー夫人（ルネ＝ペラジーの父方の祖母）は手つかずの年金が十一万リーヴルあり、彼女が亡くなれば、モントルイユ氏は今手にしている財産と合わせて、少なくとも八万リーヴルの年金を手にするそうです。

新婚のサド侯爵夫妻はノルマンディー地方にあるモントルイユ家の領地エショフールで多くの時間を過ごす。そこで侯爵は、自作の詩を披露《ひろう》したり芝居を演出したりして、家族の団欒《だんらん》を楽しんでいるように見えた。ところが、結婚から半年も経たない一七六三年十月末、パリの別宅に娼婦《しょうふ》を招き入れて度を越した放蕩《ほうとう》行為と瀆神行為に及んだとして逮捕され、ヴァンセンヌの牢獄《ろうごく》に収《しゅう》監《かん》される。幸い侯爵は十五日間の監禁ののち釈放され、この醜聞《しゅうぶん》が世間に広まることもなかったが、

ルネ＝ペラジーの心痛は想像に難くない。しかも、ちょうどそのころ、彼女は最初の子どもを妊娠していたのである。モントルイユ夫人は、婿《むこ》の叔父《おじ》サド神父に宛てた手紙で、こう述べる。「私の娘について申せば、彼女の苦しみのいかばかりであったか、お察しのことでございましょう。彼女は貞女《ていじょ》たるべき決心をしております。……それに私の見るところでは、彼女は三カ月の身重《みおも》なのです」（一七六四年一月二一日）❖註。

その後生まれてきた子どもは、数時間しか生きられなかった。妻の気持ちを知ってか知らでか、その後もサドは遊蕩《ゆうとう》をやめようとはしなかった。一七六五年の夏には、元オペラ座女優の高級娼婦ボーヴォワザンを妻と偽《いつわ》ってプロヴァンスのサド家の居城ラ・コストに伴い、そこで遊興に耽《ふけ》った。噂を聞きつけたモントルイユ夫人は、サド神父に訴えかける。「私の娘の運命はあなたにかかっております。彼女の夫はあなたの手の中にいるのですから。……一瞬たりとも彼から目を離さないでください。ちょっとでも放っておいたら、成功は覚束《おぼつか》ないのです」（一七六五年八月八日）。これ以降も、モントルイユ夫人は繰り返しサド神父に同様な手紙を書いたようである。しかし、神父は諦《あきら》めとも言い訳ともとれる返事を返すにとどまった。

> 私は彼に若奥様の話をどっさり聞かせてやりました。彼女のすぐれた美質を彼は十分承知しております。……彼女に対して友情と敬意をいだいておるそうです。もし彼女に嫌われたら、彼は絶望してしまうことでしょう。けれども彼女はあまりに冷たく、あまりに信心深いと彼は申します。

だから彼は他処《よそ》に楽しみを求めに行くのでしょう。（一七六六年六月一日）

夫との「共犯関係」

サド侯爵の特異な性的嗜好《しこう》が暴かれ、世間からおぞましいリベルタンとみなされるきっかけとなったのが、一七六八年に起きた「アルクイユ事件」である。ある物乞《ものご》い女が、パリ南郊アルクイユにある侯爵の邸宅に連れ込まれ、脅されて服を脱がされ、鞭《むち》を振るわれたと訴え出たのだった。スキャンダルそれ自体は、義母モントルイユ夫人が王の赦免状《しゃめんじょう》を取りつけ解決を見たものの、その間、モントルイユ家と犬猿《けんえん》の仲だったパリ高等法院院長（のち大法官）モプーが、仇敵《きゅうてき》の名誉失墜を狙って高等法院での公判に持ち込もうとしたため、世間の耳目を集めることになった。世論もまた、この頃には、貴族の犯罪に厳しい目を向けるようになっていた。

それから四年経った一七七二年、今度は「マルセイユ事件」が起こる。事件の発端《ほったん》は、マルセイユの娼婦たちが侯爵からもらったボンボンで腹痛を起こしたと訴え出たことだった（催淫剤《さいいんざい》として用いられたカンタリスの中毒と考えられる）。その後、娼婦たちは鞭打ちに加えてサドとその下男が肛門

サド侯爵夫人の肖像
（ジルベール・レリー〔澁澤龍彦訳〕『サド侯爵』〔筑摩書房、1970年〕より）

性交に及んだと証言するに至る。当時、男女を問わず、肛門性交は火刑に値する罪とされていた。間もなくサドと下男に逮捕状が出される。身の危険を察したサド主従はイタリアに逃れて行方知れずになっていたため、被告不在のまま裁判が行われ、最終的に毒殺未遂と肛門性交の罪により死刑判決が下り、高等法院のあるエクスの町で彼らの肖像が焼かれることになった。この事件でサドは義母モントルイユ夫人の信用をすっかり失う。それはサドがイタリアに逃亡した際、ルネ＝ペラジーの妹アンヌ＝プロスペルと密かに情を通じ、妻と称して同行させたためだった。家の名誉を第一に考えるモントルイユ夫人にとって、この「近親相姦《きんしんそうかん》」の関係は決して許せるものではなかった。

ところが、妻のルネ＝ペラジーは、これほどの裏切りに遭いながら、夫を見棄《みす》てようとはしなかった。それどころか、夫を救うため、自らの意志で文字通り東奔西走することになる。一七七二年十二月、モントルイユ夫人の要請を受けたサルデーニャ王の命により、同国サヴォワ州シャンベリーに潜伏《せんぷく》していた侯爵が逮捕され、ミオラン要塞《ようさい》に監禁されたときには、要塞司令官に獄中の夫の待遇について非難の手紙を送りつけている。「私の夫、サド侯爵に関する、私の忠告、そして貴殿の宮廷からの忠告にもかかわらず、貴殿が彼にとるべき緩和措置命令を実行していないばかりか、貴殿に求められ、彼に払われるべき、あらゆる種類の敬意と配慮を欠いていることに、驚きを禁じ得ません」。さらに翌年三月には、囚《とら》われの夫に面会すべく、素性《すじょう》を隠し、従者ただ一人を伴って、密かにサヴォワに向かう。面会が叶わないと知ると、今度は、サルデーニャ王に直接嘆願書を送る。「いいえ、陛下、私の夫は、この世から一掃すべきこれら極悪人と同類ではないのです。あまりにも活発な想像力が、陛下、いわゆる犯罪を生んだのです。先入観が彼を犯罪者に仕立てたのです」。

このころすでにルネ＝ペラジーには夫のすべてを受け入れる覚悟ができていたように思われる。二〇世紀におけるサド復権の立役者の一人、ジルベール・レリーは「この夫婦のあいだには、一種の共犯関係が成立していた」と指摘する。一七七三年五月にミオランの要塞を抜け出した侯爵がラ・コストの居城で起こしたいくつかのスキャンダルに際し、彼女が示した態度がそれを物語っている。例えば、一七七四年の暮れ、リヨンで雇った五人の少女と一人の少年を相手に、侯爵が鞭打ちや肛門性交を伴う饗宴《きょうえん》を繰り広げたときには、夫の求めに応じて彼女もそこに加わっていたらしい。さらに翌年一月、侯爵がマルセイユ事件の被告だと知った少女の親たちが騒ぎ出すと、ルネ＝ペラジーは証拠《しょうこ》隠滅《いんめつ》を図って、傷が癒《い》えるまで娘たちを近隣の修道院やサド神父のもとに預けている。それと同時に、母モントルイユ夫人に事件をもみ消すよう頼みさえした。このときばかりはモントルイユ夫人も娘の名誉を守るために動いたが、娘夫婦を引き離す必要を強く意識するようにもなった。「彼女と一緒に城にいるために、彼は自分が強い気になって、しっかり守られており、何でもできると思い込んでいるのです。……もし彼女がそこにいなければ、彼は無軌道の手段を持たないでしょうし、つまりは、危険ではなくなるでしょう」（一七七五年四月八日、サド家の差配人ゴーフリディ宛の手紙）。

モントルイユ夫人が右の手紙を書いた二カ月後、ラ・コストでまたしても事件が起こる。一七七四年暮れの乱痴《らんち》気騒《きさわ》ぎにも参加した女中が、サドの子と噂される女児を生んだあげく、侯爵夫人と喧嘩《けんか》騒ぎを起こし、ラ・コストの城を飛び出したのである。ルネ＝ペラジーはスキャンダルの再燃を恐れた。差配人に宛てた手紙には侯爵夫人の焦りがあらわれている。「彼女をリヨンに行かせてはなりません。それが如何《いか》に大事なことか考えてください」（一七七五年六月十二日）。結局ルネ＝ペラジーはモントルイユ夫人を頼って封印状（裁判なしでの逮捕・監禁を命じる、国王の書状）を手に入れた。さらに、それが届くのを待つあいだに、銀の食器を盗んだと嘘の罪をでっちあげ、その女中を告訴する。こんな卑劣《ひれつ》で冷酷な手段に訴えるほど、ルネ＝ペラジーは夫を守るのに必死だった。

サド侯爵の肖像
（1760年代、Chantal Thomas, *Sade*, Paris, Seuil, 1994. より）

物心両面の支援

一七七七年二月八日、サド夫妻はパリにやってくる。サドの言葉を信じるならば、パリの修道院で暮らしていた「母の死に目に会いに」来たのだった（だが、そのひと月前に彼女はすでに亡くなっていた）。その五日後、サドは滞在中の旅館で、封印状を手にした警察に突如逮捕される。そして、この日から長い監禁生活を送ることになる。それはヴァンセンヌに七年、バスティーユに六年、計十三年に及んだ。文学史にとっては「牢獄作家サド」を生んだ記念すべき時代だが、サド夫妻にとっては終わりの見えない苦悩の時期である。途中、一七七八年にエクス高等法院でマルセイユ事件の再審が認められ、罰金刑で落着することになったが、喜びも束の間、国王の封印状の効力が消えることはなかった。侯爵を牢獄に閉じ込めた黒幕は、モントルイユ夫人だった。これまで何度となくサドを救ってきた夫人であったが、内心では一刻も早く一族の問題児を厄介払《やっかいばら》いしたいと考えていた。彼のパリ滞在はまたとない好機だったのだ。もちろん娘にはそんな本心はおくびにも出さない。何を聞かれても、自分は何も関与していないとしらを切り続けた。

ルネ＝ペラジーは封印状を国王に要請したのが実母モントルイユ夫人であることに気づいていた。しかし、表面的には母親の顔を立て、敬意と信頼を寄せているふりをした。夫の釈放が母の胸先三寸にかかっていることをよくわかっていたからだ。母娘の間で遣り取りされた手紙には、そんな微妙な空気がよく表れている。

いとしいお母様、オリーヴの小樽をお送り致します。どうぞお受け取りください。サド氏は手紙の中で、いつも私にお母様の話をなさいます。彼がどれほどお母様とお父様に許していただきたいと願っていることでしょう。お母様に、彼の運命を思っていただきたいとも願っております。

（一七七九年一月二四日）

昨日、あなたの手紙とオリーヴの小樽が届けられたとき、私は外に出ておりました。まずはお礼を述べます。でも、お願いですから、もうプロヴァンスの品を送らないでください。あなたの懐に痛手となりますから。

（同年一月三〇日）

獄中のサドにとっては妻だけが唯一の希望だった。ルネ＝ペラジーも面会が許されないなか、手紙を通してできる限り夫を支えようと努力した。にもかかわらずと言うべきか、だからこそと言うべきか、サドはこの献身的な妻に対し、理不尽な怒りをぶつける。「お前が私にすすめてくれた散歩と運動について言うならば、お前の話しぶりはまるで、私が田舎の別荘か何かにいて、自分の好きなことをできるのでもあるかのような調子だった」（一七七七年四月一八日）。侯爵夫人をとくに悩ませたのは、サドが妻の手紙に出獄の日にちを明かす秘密のメッセージが込められていると信じ込み、いわれのない非難をぶつけてくることだった。

私が十二月に要求したジャムの壺十二個については、「ジャムの壺が十二個ですって！　まあ驚いた！　それをどうするつもりです。舞踏会でもひらくのですか。まあ残っても別に大して不都合はないでしょうけれど」などと返事をよこす図ぶとさ……それが本当でもないのに、何だって出獄の日が近いように思わせるのだ。何だって事あるごとに私に希望をあたえ、すぐそのあとで、その希望を取りあげては楽しむのだ。

（一七七九年二月十七日）

ルネ＝ペラジーがようやく夫との面会を許されたのは、逮捕から四年五ヶ月も経った一七八一年七月のことだった。これで侯爵も少しは落ち着くと思いきや、今度は激しい嫉妬《しっと》の感情をぶつけられることになる。家政婦に宛てた手紙でルネ＝ペラジーはこう語る。

初めて面会して以来、夫はありもせぬことを頭の中にいっぱい空想して、私を困らせています。もうどうしていいかわからなくて、嫉妬しているらしいのです。……いったい、だれに嫉妬しているとお思いになって？　それがルフェーヴル〔侯爵の元秘書〕なのよ。……夫に渡すようにと、彼が何冊かの本を私に買ってくれたのが、嫉妬の原因なんです。それから夫はヴィレット夫人（侯爵夫人の親戚）にも嫉妬しています。これは彼女が私に、自分の家にきて一緒に住まないかと誘ったためなんです。

（一七八一年七月二七日）

サドの異様な焼きもちは、夫人の服装まで槍玉《やりだま》にあげる。「もしお前が私を愛しているなら、お前たち女が部屋着と呼んでいるような服を着て、私に会いにくるがよい。……肌は少しも見せず、胸もとは極端に隠しておく。このあいだのように、ふしだらな身なりはいけない。そして服の色も、できるだけ地味にしておく」（一七八一年七月―十月）。結局、ルネ＝ペラジーは少しでも夫を安心させるため、アパルトマンを引き払い、女子修道院に寄宿することにした。

面会の折、あるいは郵送で、ルネ＝ペラジーは夫が必要とするものをできるかぎり届けた。サドの手紙を読むと、彼が日用品に加えて食べ物（とくに菓子類）と書物を頻繁《ひんぱん》に要求していることに気づく。例えば、こんな具合である。「まず私には、どうしても下着が必要だ。……それから四ダースのメラング、二ダースの厚焼きビスケット、四ダースのヴァニラ入りチョコレート・ボンボン、この前お前が送ってくれたような安っぽい薬みたいなやつじゃないよ。……縁なし帽と眼鏡と糸蠟燭《いとろうそく》六本、それにジャン＝ジャック（・ルソー）の『告白』とジャケットを忘れないでほしい」（一七八三年七月）。これに対する返事。「あなたに以下のものを送ります。……チョコレートのお菓子（あなたが文句を言うのは無理もないですわ、だってそれはひどいものですから。でも、これは別のものです……）、ルソーのお墓の版画。『告白』は認めてもらえません。ブランデーの瓶は禁止されています。下着類は認めようとしてくれません。あなたが十分持っているというのです」（同年七月二八日）。

書きものに必要なペン、インク、「帳面《カイエ》」を差し入れたのも、もちろんルネ＝ペラジーである。そしてサドがせっせと書きためた原稿の一部は、彼女に手渡され、牢獄の外に持ち出された。ときに彼の作品に対し、彼女が意見や感想を述べることもあった。

『アンリエット』（サド作の戯曲）を読みました……。とても素晴らしく、情感豊かな人にとても大きな効果をもたらすようにできていると思います。臆病《おくびょう》な精神の持ち主は憤慨《ふんがい》するでしょう……。総じて、大きな魅力にあふれていますが、それを皆が皆感じ取れるわけではないでしょう。これが一読しての感想です。また何度か読み返します。だって、私はあなたの手から生まれるものなら何だってたまらなく好きで、正しく評価するには不公平すぎますから。（一七八〇年十二月一六日）

ルネ＝ペラジーは「牢獄作家サド」にとっても大切な存在だったのである。

離別

一七八九年七月十四日、パリの群衆がバスティーユ牢獄を襲撃したとき、サドはそこにいなかった。散歩を禁止されたことに腹を立てて騒ぎを起こし、十日前にパリ郊外シャラントンの精神病院に移されていたのだった。この日、ルネ＝ペラジーはバスティーユに侯爵の荷物を受け取りに行く予定だったが、危難を避けてパリを離れたため、サドの所持品の大半は失われてしまった。翌一七九〇年三月に憲法制定議会が封印状の無効を宣言し、同年四月二日サドは晴れて自由の身となったが、この損失を知って身悶《みもだ》えする。「わたしの原稿は六〇〇冊の蔵書とともに、引き裂かれ、焼かれ、持ち去られ、略奪されて、もはやその一片も取りもどすことが不可能になったのです。これすべて、サド夫人の純然たる手抜かりのせいです」（一七九〇年五月、差配人宛て）。しかし、サドはこの憤懣《ふんまん》を妻に直接ぶつけることはできなかった。というのも、釈放の翌日、妻のもとを訪ねると、彼女は彼に会うことをすげなく拒絶したからである。彼女が本気であることは、間もなく裁判所に正式な別居申請と結婚持参金十六万リーヴルの返還要求がなされたことからも疑いようがなかった。

ルネ＝ペラジーのこの手の平を返したような態度に「作家的興味をそそられた」三島由紀夫が、戯曲『サド侯爵夫人』を書いたのはよく知られた話であろう。現在、サドの伝記作者たちは主に二つの理由をあげる。ひとつは、革命による旧世界の瓦解《がかい》を目の当たりにし恐怖を感じたルネ＝ペラジーが、魂の救いを真剣に考えるようになったという宗教的理由である。彼女はサドが獄中にいるあいだも、何とか彼に信仰を取り戻させようと務めていた。その努力は次の手紙の文面からもうかがわれる。「いとしいお友だち、もしあなたが本気であるなら、神様は恩寵《おんちょう》をお拒《こば》みにはならないでしょう」（一七八九年六月）。もうひとつの理由は、子どもたちの将来と財産を守るためとされる。二人のあいだには、歩兵連隊の将校となった長男ルイ＝マリ、マルタ騎士団に入った次男ドナシァン・クロード・アルマン、そして知的障害を抱え母と一緒に暮らす娘マドレーヌ＝ロールの二男一女があった。金銭感覚の欠如したサドが再び家政を握れば、無分別な蕩尽《とうじん》と借金が重ねられ、破産するのは目に見えている。彼らの将来を侯爵に委《ゆだ》ねることは危険すぎた。少し先の話になるが、一七九六年にサドがラ・コストの領地を売却しようとしたとき、ルネ＝ペラジーは必死に阻止しようとしたが、差配人ゴーフリディにその理由をこう明かしている。「私の目的は子どもたちのために可能な限り多くの土地を維持することです」。

別居後ほどなく、サドは娘ほど年の離れた女優、マリ＝コンスタンス・ケネと出会い、一緒に暮らし始める。その後もルネ＝ペラジーとは手紙を取り交わすこともあったが、それは財産をめぐっての冷淡でときに刺々《とげとげ》しい遣り取りに終始した。もちろん、サドが新たな不幸に見舞われたときに、ルネ＝ペラジーが彼を助けることはなくなる。一七九三年十二月から翌一七九四年十月までサドが反革命容疑で獄中にいた頃、彼女はマドレーヌ街の両親の家で、あるいはパリ近郊の領地ラ・ヴァリエールで、娘と一緒にじっと恐怖政治の嵐が過ぎ去るのを待っていた。統領政府時代の一八〇一年に『新ジュスティーヌあるいは美徳の不幸』（一七九七ないし九九年）の作者としてサドが逮捕されたときも、彼女が何か行動を起こした形跡はない。その二年後にサドが終《つい》の棲家《すみか》となるシャラントンの精神病院に移されたあとも、彼女が彼を見舞った様子はうかがえない。ルネ＝ペラジーはサド侯爵の伴走者であることを完全にやめたのである。

晩年のルネ＝ペラジーは、一年の大半を娘とともにエショフールの城館で過ごした。足が不自由で、耳も遠く、白内障で視力も衰えていたらしい。一八〇八年に外科医が作成した診断書には次のようにある。「サド夫人の健康状態は衰弱している。彼女の神経は感じやすく、とても怒りっぽい。ちょっとした情動の動きが彼女の健康を害する」。一八〇九年六月、そんな彼女を悲劇が襲う。長男ルイ＝マリが遠征中の南イタリアで暴徒に襲われ死亡したのである。遺体の傍に落ちていた書類入れには、パスポートや妻の肖像に加え、母親から送られた一二〇〇リーヴルの為替手形が入っていた。ルネ＝ペラジーが死んだのは、それから一年ほどあと、一八一〇年七月七日のことである。享年六九。

夫を支えるときも見放すときも、彼女の行動にはぶれがない。たとえ家族や他人から理解されなくても、彼女の態度が揺らぐことはなかった。世評に流されることなく、彼女は自分が正しいと信じた道を歩き通したのである。

❖註……本稿で掲げた手紙について、参考文献から引用するにあたっては、全体の字句の統一を考慮し、若干の修正を施した。

⦿参考文献

澁澤龍彦『サド侯爵の生涯』（「中公文庫」、一九八三年）

澁澤龍彦『サド侯爵の手紙』（「ちくま文庫」、一九八八年）

シャンタル・トマ、田中雅志訳『サド侯爵　新たなる肖像』（三交社、二〇〇六年）

ジルベール・レリー、澁澤龍彦訳『サド侯爵　その生涯と作品の研究』（筑摩書房、一九七〇年）

Maurice Lever, *Donatien Alphonse François, marquis de Sade*, Paris, Fayard, 1991.

Marquis de Sade, *Lettres et Mélanges littéraires écrits à Vincennes et à la Bastille, avec des lettres de Madame de Sade, de Marie-Dorothée de Rousset et de divers personnes*, recueil inédit publié par Georges Daumas et Gilbert Lely, tome II, Editions Borderie, 1980.

祖国と異郷で、ポーランド・リトアニア再興のための生涯

コシチューシュコ

…Kościuszko…

白木太一

タデウシュ・コシチューシュコ(一七四六―一八一七)は、第二次分割(一七九三年)後のポーランド・リトアニア連邦国家滅亡の危機に際して、国家・民族の存亡を賭《か》けた一七九四年の蜂起《ほうき》を率いた軍人、政治指導者である。本稿ではコシチューシュコの生涯を、一七九四年の蜂起以前、蜂起時、晩年の三期に分けて述べてみたい(本稿での人名表記は、我が国で慣用化しているコシューシコではなく、ポーランド語の正式名称であるコシチューシュコを用いる)。

蜂起以前のコシチューシュコ

まず、コシチューシュコの若年期を辿《たど》ってみたい。コシチューシュコは一七四六年、ノヴォグルデク県メレチョフシュチズナ(現、ベラルーシ)で、四人兄弟の末子として生まれた。父ルドヴィクは中流シュラフタ(貴族)で、ブジェシチ県の判事職や太刀持《たちもち》職(いずれも県レヴェルでの顕官《けんかん》)を務めた。母テクラも中流シュラフタ出身である。彼が生まれたころ、ベラルーシはリトアニア大公国に属しており、そのリトアニア大公国はポーランド王国と連邦国家(共和国)を形成していた。彼も以後、共和国の公民として育っていく。本稿では彼の帰属する国家については、ポーランドではなく共和国

と記していきたい。

コシチューシュコ家は、チャルトリスキ派の名望家マグナート(大貴族)、ソスノフスキ家の庇護《ひご》をうけており、彼自身も同家の宮殿に頻繁《ひんぱん》に出入りしていた。コシチューシュコは一七五五年、ルビェシュフのピアリスト派中等学校に通学し始めたが、一七五八年に父が死去したため、実家に戻ることになったようである。彼にとって転機となったのは、一七六五年にワルシャワの士官学校に入学したことである。この学校は国王スタニスワフ・アウグストが創設者、有力マグナートのアダム・カジミェシュ・チャルトリスキが校長で、啓蒙《けいもう》主義教育に基づいた七年制のエリート養成学校であった。一介《いっかい》の地方シュラフタ出身の彼が士官学校に入学できた背景には、国王スタニスワフ・アウグスト選出に貢献《こうけん》したブジェシチ県知事ユゼフ・ソスノフスキの口利《くちき》きがあったともいわれている。その真偽はともかく、いずれもブジェシチに地縁をもつ国王、チャルトリスキ家、ソスノフスキ家という複数のパトロンが彼を取り巻いていたことは確かだろう。その後彼は、一七六八年には奨学生としてパリに派遣された。ここで軍事知識、数学、重農《じゅうのう》主義に磨《みが》きをかけたことは、その後の彼にとって大きな収穫となった。だが一七七四年に帰国した彼を待っていたのは、実家の借財《しゃくざい》にともなう財政的逼迫《ひっぱく》であった。この時期彼は、ユゼフ・ソスノフスキの娘ルドヴィカと相思相愛の仲になった。しかし「家格の違い」を理由とするユゼフの強い反対で結婚への道は閉ざされた。結局ルドヴィカは父の選んだ有力マグナート、スタニスワフ・ルボミルスキと結婚してしまった。財政難と悲恋の痛手から、コシチューシュコは一七七五年に再び故国を旅立った。ドレスデン、パリを経由して一七七六年に北米植民地に拠点を移すと、アメリカ独立戦争に従軍し、大きな功績をあげていった。とりわけハドソン河畔《かはん》のウエストポイント要塞《ようさい》建設は彼の名を植民地全体に知らしめた。一七八三年十月には旅団の将軍に昇進し、ジョージ・ワシントン、トマス・ジェファソン、ラファイエットらと交友関係をもった。以上が若き日のコシチューシュコの経歴である。この時期の彼にはまだ、国家や民族のために殉《じゅん》じる「侠」の側面は見られない。

一七八四年、コシチューシュコは帰国したが、北米での軍功《ぐんこう》にもかかわらず共和国軍（ポーランド王国軍）の要職に就《つ》けずにいた。共和国を取り巻く国際状況が有利に動き始めたのは一七八七年、ロシア–トルコ戦争が勃発《ぼっぱつ》し、ロシアの圧力が弱まったときであった。そして翌年開催されたいわゆる四年議会（一七八八〜九二年）において軍の増強が認められた一七八八年、コシチューシュコはスタニスワフ・アウグストによってゲネラウ・マヨル職（師団付将軍）に任命された。この任命に際してはルドヴィカの進言があったともいわれる。四年議会の改革のクライマックスは、一七九一年五月三日憲法制定である。この憲法は世襲《せしゅう》王政の導入や議会の常設化といった国制改革、一部の都市民の政治参加、農奴制緩和《のうどせいかんわ》の姿勢、ポーランドとリトアニアの単一国家化推進などが柱になっており、画期的な意義をもった。コシチューシュコも憲法に誓約している。

しかしまもなく、ポーランドを取り巻く情勢は急変する。ロシア–トルコ戦争終結直後の一七九二年四月末、タルゴヴィツァ（現、ウクライナ）で憲法無効化を求める連盟が結成された。この連盟は実は、ペテルブルクでエカテリーナ二世（在位一七六二―九六）の後見《こうけん》の下で結成されたものであった。五月十八日、連盟援助の名目でロシア軍が共和国領に侵入した。いわゆるポーランド―ロシア戦争の勃発である。七月のドゥビェンカの戦いではポーランド王国軍の犠牲者《ぎせいしゃ》も多数に上ったが、コシチューシュコは軍功をあげた。だが改革派にとって青天《せいてん》の霹靂《へきれき》となったのが、九二年七月二三日の国王スタニスワフ・アウグスト（在位一七六四―九五）の連盟への加盟であった。コシチューシュコはこれに抗議してザクセンに亡命した。一七九三年一月から五月にかけて、コシチューシュコはパリに赴《おもむ》き有力者と会ったが、両国の改革の方向性の違い、あるいはフランスが自国の革命に手一杯だったために、交渉は成果がなかった。

対ロシア戦争でポーランドが劣勢のなか、一七九三年六月にグロドノで共和国議会が開催された。この議会では憲法に好意的な者は締め出された。また、都市民の政治的権利が剥奪《はくだつ》され、言論出版の自由も制限され、共和国軍も一万五五〇〇名に削減された。さらに議会は四年に一度しか開催されなくなった。そして、国王が対ロシア、対プロイセンの分割条約に署名して決着した（いわゆる第二次共和国〔ポーランド〕分割）。これがのちの蜂起の一つの伏線《ふくせん》になった。ザクセンにはフーゴ・コウォンタイ、イグナツィ・ポトツキ、スタニスワフ・マワホフスキらも亡命し、フランス、トルコ、オーストリアの援助を得ようとしたが、成果はなかった。さらに一七九三年十二月五日、ロシア大使に強硬《きょうこう》なポーランド分割論者のオシプ・アンドレーヴィチ・イゲルストレームが赴任した。彼はワルシャワで秘密警察を組織したため、密告体制への市民の恐怖《きょうふ》も生まれた。これが蜂起の第二の伏線になった。この時期になると、蜂起のリーダーとして、合衆国の民兵制度を熟知《じゅくち》したコシチューシュコを推す声が共和国内外で高まった。またこの時期、分割による商業路の分断、食料品高騰《こうとう》による経済的危機と相俟《あいま》って、クラクフやワルシャワで下層民の不満が強まっていた。これが蜂起の第三の伏線である。こうした状況のなかで、唯一《ゆいいつ》の打開策はロシアに対する武装蜂起であるという状況が生み出されていった。平時の政治的手段での改革が手詰《てづ》まりになったこの時期、共和国が必要としたのは、まさにコシチューシュコのような、欧米の軍事技術と人脈に通じた軍人であった。ここに彼は、共和国の存続を背負って立つ「俠」の人物として台頭したのである。

蜂起時のコシチューシュコ

一七九四年三月十二日、ポーランド軍削減実施に反発したアントニ・ユゼフ・マダリンスキ率いるポーランド王国軍旅団一二〇〇名が、軍規《ぐんき》に背いてオストロウェンカからクラクフに進軍した。機が熟するのを待っていたコシチューシュコもドレスデンからプラハ経由でクラクフに帰国した。そして三月二四日の午前十時、クラクフの市場広場でコシチューシュコが「クラクフ県の公民、住民による蜂起宣言」を朗読し、蜂起の狼煙《のろし》があげられた。コシチューシュコは国民防衛軍最高司令官として、ポーランド軍を指揮《しき》することになった。宣言では蜂起をタルゴヴィツァ連盟、プロイセン、ロシアに対する民族独立闘争と位置づけ、十八歳から二八歳までのクラクフ県全男性住民に武装が呼びかけられた。同時にクラクフ秩序委員会が設置された。以後議会は一度も開催されなかった。

これは蜂起が軍事独裁的性格をもつことを示している。四月四日、クラクフ近郊、ラツワヴィツェでポーランド軍とロシア軍が激突した。ポーランド側は正規軍兵士四〇〇〇名、ロシア側は兵士五五〇〇名であった。二時間に亘る戦いの末、ポーランド側の犠牲者は一〇〇名に過ぎなかったが、中核のデニーソフ軍の到着が遅れたロシア側は一〇〇〇名の犠牲者を出した。とりわけ農民ヴォイチェフ・バルトシュ率いる二〇〇〇名の大鎌《おおがま》農民部隊が活躍し、ポーランド軍が電撃的《でんげきてき》勝利を収めた。この戦いの実質的成果は大きいとは言えなかったが、宣伝効果は絶大であった。まもなく、ルブリン県、サンドミェシュ県、ポドラシェ県、ヘウム県も蜂起に参加した。

ワルシャワでは一七九三年五月から国王派のイグナツィ・ジャウィンスキを中心に地下組織が形成されていたが、四月十七日に蜂起が始まった。この蜂起における靴職人ヤン・キリンスキの活躍は伝説として語り継がれるが、中心は都市の知識人やシュラフタであった。ロシア軍はワルシャワから退却した。十九日には、右派のイグナツィ・ヴィッソゴタ・ザクシェフスキが市長に就任し、臨時代理会議が創設された。この会議は二〇名のうちの八名を都市民が占めてはいたものの、

「クラクフ市場広場におけるコシチューシュコの誓い」
（ヴィエルコポルスカ軍事博物館蔵）

ジャウィンスキをはじめ右派が優勢であった。国王は蜂起に否定的だったが、臨時代理会議と連携した蜂起には参加を表明した。

一方リトアニアでは一七九三年から秘密組織が活動していたが、四月二三日にはヴィルニュスでも蜂起が始まり、ヤクプ・ヤシンスキを総司令官とする最高臨時会議が創設された。この時に出された宣言では、ポーランド王国の蜂起権力やコシチューシュコへの従属性には未言及であった。まもなく刑事裁判所では、タルゴヴィッァ連盟派のシモン・コッサコフスキが有罪判決の後、旧市街広場で死刑に処せられた。ヴィルニュスでは民警団が組織され、中心にはヴィルニュスアカデミーのヴァヴジニェッ・グツェヴィチが立つなど、都市民の活動が目立っていた。まもなくリトアニア全土が蜂起状態に陥った。

四月末からの一ヶ月間が蜂起の全盛期であった。四月二四日、ワルシャワでポーランド・ジャコバンクラブが結成された。メンバーにはユゼフ・ザヨンチェクらの士官、アロイズィ・オホフスキらの法曹家《ほうそうか》、ユゼフ・パブリコフスキらの文筆家などが含まれていた。彼らは蜂起左派グループの中心になり、臨時代理会議の政策を批判し、監視するとともに、シュラフタ特権廃止、都市民の自由保障、民衆に対する武器弾薬の提供、刑事裁判所によるタルゴヴィッァ連盟派の処刑などを掲げた。このクラブは、コウォンタイとの結びつきは強いが、全国的・組織的統一性には乏《とぼ》しかった。五月七日には「ポワニェッ宣言」が布告された。布告では、賦役《ふえき》日数が週一日の場合は二週に一日に、週三～四日は一日減らし、週五～六日は二日減らす方策がとられた。地主への借金を返して一定の税金を納めれば移動も認められ、人格の自由も与えられた。宣言を守らない領主は秩序委員会の裁定《さいてい》に服させるといった規定も設けられた。ただし、「農民は正当な報酬《ほうしゅう》による賃労働を領主に対して拒むことはできない」とも記され、一定の歯止めもかけられた。五月八日にはワルシャワ市民のデモが起きた。臨時代理会議が政治犯の裁きを渋っていることに対する民衆の不満が爆発したのである。その圧力で臨時代理会議は刑事法廷を召集し、翌九日にはタルゴヴィツァ連盟派のインフランティ司教ユゼフ・コッサコフスキ、ヘトマン（軍司令官）ピョトル・オジャロフスキら四名に死刑が求刑され、旧市街広場などで公開処刑が行われた。そうした暴走への対応として、五月十日には臨時代理会議に代わって最高国民会議が創設された。会議は、コシチューシュコをリーダーとして財政、軍需品《ぐんじゅひん》調達、外交、司法、食糧、公安、教育、秩序の八つの部局から成っていた。とりわけ財政部長コウォンタイらが要職を占め、各部局の課長（三二名）のうち五名もジャコバンが占めた。一方で外交部長にはイグナツィ・ポトツキが就き、ザクシェフスキら右派も含まれていた。また、国民会議傘下《さんか》に設けられた最高刑事裁判所でも、右派の意向を尊重してタルゴヴィツァ連盟派の審理は緩《かん》慢《まん》にしか進展しなかった。最高会議の傘下には、県レヴェルで秩序委員会が設けられた。この委員会は地主八名、都市民五名、聖職者五名で構成され、身分毎の均衡《きんこう》の考えが反映されていた。

その後戦況は徐々に変わり始めた。そもそも蜂起軍はプロイセン、オーストリア両国の中立を求めていた。しかしその状況が崩れ始めた。きっかけは六月六日にクラクフ北方七〇キロのシュチェコチンで一万五〇〇〇名のポーランド軍が二万六五〇〇名のロシア・プロイセン連合軍（プロイセン一万七五〇〇名、ロシア九〇〇〇名)に敗北したことであった。まもなくルブリンやプワーヴィがロシア軍によって、六月一五日にはクラクフがプロイセン軍によって陥落《かんらく》した。その際オーストリアも反蜂起側にまわり、蜂起勢力に大きな打撃を与えた。六月十五日にはワルシャワに総動員令が布告され、十五歳から五〇歳までの男性の動員が定められた。しかし直後の六月二六日にはロシア・プロイセン軍によるワルシャワ包囲が始まった。当時の両軍の勢力はあわせて四万一〇〇〇名、対するポーランド側は二万三〇〇〇名であった。閉塞《へいそく》状況のなか、六月二八日にワルシャワで再び暴動が起きた。最高刑事裁判所による裏切り者の処刑要求の拒否が不満を煽《あお》った。ジャコバン勢力に扇動された民衆によってヴィルニュス司教イグナツィ・マッサルスキらが、旧市街広場で裁判を経ずに絞首刑《こうしゅけい》に処せられた。コシチューシュコはこの暴動に厳しく対処した。その後最高国民会議はワルシャワに塹壕《ざんごう》を建設し七月十九日には穀物の国外持ち出し禁止と強制買い上げも行うが、状況は好転しなかった。また武器・弾薬不足も深刻になった。ただ八月以降、戦局は共和国西部のヴィエルコポルスカ地方では好転した。八月二〇日にはヴウォツワーヴェクを占領した。また九月二一日にはポズナン県に秩序委員会と軍事法廷が設置された。この時期ヴィエルコポルスカではヘンリク・ドンブロフスキ(一七五五—一八一八)が指揮を執《と》り、九月二六日にはグニェズノを、十月三日にはビドゥゴシチを占領した。また八月末にはワルシャワ郊外のポヴォンスキの攻防戦でプロイセン軍が敗退し、ワルシャワ包囲が解除された。この時期のコシチューシュコは、蜂起権力の中枢《ちゅうすう》に確固とした地位を占めて、国家・民族を救う「俠」の活動家として、八面六臂《はちめんろっぴ》の活躍をした。

しかしこうしたポーランド側の攻勢は対ロシア戦線には当てはまらなかった。まず八月十二日にロシア軍がヴィルニュスを占領し、九月初旬にはリトアニアの蜂起が終局を迎えた。さらに十月四日にはバール連盟戦争(一七六八〜七二年)でも活躍したアレクサンドル・スヴォーロフ将軍率いるロシア軍がヴィスワ川を渡河した。そして戦局の大勢を決したのが、十月十日にルブリンの北西一〇〇キロにあるマチェヨヴィツェで、八〇〇〇名のポーランド軍が一万六〇〇〇名のロシア軍に敗北したことであった。この戦いでコシチューシュコは負傷し、ロシア軍の捕虜《ほりょ》となった。その後彼はペテルブルクに移送されることになる。指揮官を欠いた最高国民会議は十月十二日、総司令官にリトアニア出身のシュラフタで穏健派のトマシュ・ヴァヴジェツキを任命した。そして政府の紙幣受け入れ拒否者は刑事裁判所に拘引《こういん》されるという法令が出され(十月十五日)、さらに十月二二日には、蜂起参加兵士とその家族には所有権をともなった土地分与を行うとの布告も出された。しかしこうした窮余《きゅうよ》の策も戦局の不利を補うには至らなかった。十一月四日にはスヴォーロフ将軍率いるロシア軍がプラガ地区を占領し、多くの住民が虐殺《ぎゃくさつ》され、さらに十一月九日にはワルシャワが占

18世紀後半のポーランド・リトアニア共和国
(*Ciekawi świata 1, Historia podręcznik część 1*, Warszawa,2014. をもとに作成)

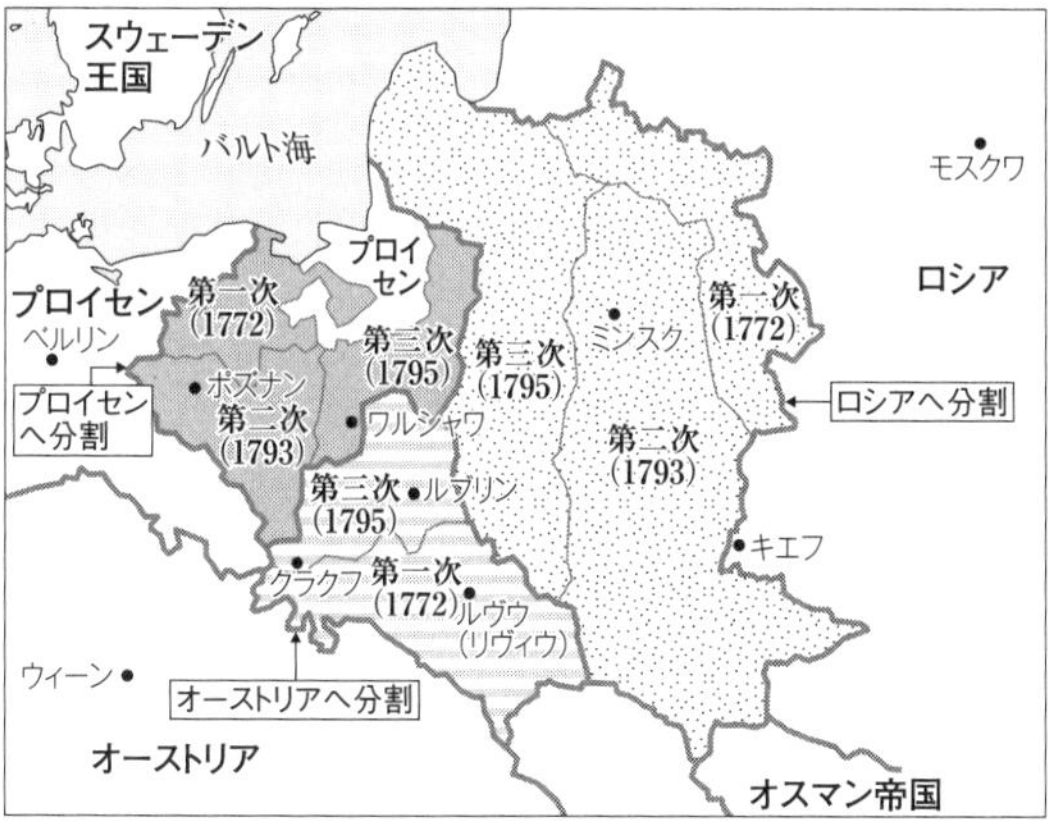

領され、十一月十七日には武装解除された。さらに十一月二五日になるとスタニスワフ・アウグストが退位した。そして一七九五年一月にはポーランド分割条約が批准《ひじゅん》され、共和国は地図上から完全に姿を消したのである。

国家滅亡後のコシチューシュコ

コシチューシュコは一七九五年から一年余り、ペテルブルクに幽閉《ゆうへい》され、厳しい監視が付けられる状態が続いた。しかし、一七九六年十一月のエカテリーナ二世の死去は彼の境遇を大きく変えた。十一月二七日には新皇帝パーヴェル一世(在位一七九六―一八〇一)がコシチューシュコを訪問した。パーヴェルはポーランド国家の再興こそ否定したものの、コシチューシュコが将来反ロシア運動の中心に立たないことを約束させる代償《だいしょう》として、投獄《とうごく》されている二万人に及ぶポーランド人の釈放《しゃくほう》を行った。同年十二月、コシチューシュコ自身もペテルブルクを去り、ロンドンを経由して合衆国に渡り、独立戦争の英雄として歓迎された。彼は民主党寄りの政策を好み、ジェファソンに親近感を抱いていた。しかし彼の最大の目的はあくまで国家の再興であった。彼は一七九八年五月にフィラデルフィアを発ち、七月五日にパリに着いた。

パリでは総裁政府のバラスらと親交をもった。イタリアにいたドンブロフスキとコシチューシュコは数ヶ月間協調関係を保った。ただし、ドンブロフスキはコシチューシュコに反オーストリア蜂起を起こさせることを企てていたのに対して、コシチューシュコは、ポーランド国内の蜂起に前向きであった。一七九九年十月十七日、ナポレオン(一七六九―一八二一)は政権掌握《しょうあく》の翌日にコシチューシュコを訪問し、二人の会談が実現した。とはいえコシチューシュコはナポレオンの政策手法に疑念を拭《ぬぐ》えず、ポーランド軍団に対する冷遇《れいぐう》にも不満を抱いていた。その疑念は十一月六日のブリューメールのクーデタで決定的になり、コシチューシュコはナポレオンを「共和国の簒奪者《さんだつしゃ》」と呼んだ。一八〇六年、プロイセン・フランス間の戦争が勃発すると、ナポレオンはポーランドの後方支援が不可欠と考え、コシチューシュコを利用しようとしたが、両者の条件は折り合わず、会談は決裂した。その後、新生ポーランド国家の条件としてコシチューシュコは英国流の国制、農民解放、リガからオデッサに至る国境の維持を求めた。最後の部分はまさに第一次分割前の共和国の領土回復を求めるものに他ならない。ナポレオンはこの要求を一蹴《いっしゅう》し、両者の決裂は決定的となった。

その後ナポレオンが失脚してルイ十八世が即位すると、ロシア皇帝アレクサンドル一世(在位一八〇一―二五)はポーランド人の保護を買って出た。その際コシチューシュコは、ポーランド人の全面的恩赦《おんしゃ》、他国から帰国したポーランド人農民に対する自由の保障、自分の借財弁済《べんさい》のために自身にしかるべき職を保障することを条件にした。同年五月三日、アレクサンドルはコシチューシュコに宛てて、「ポーランド国家は再建されるであろう」という内容の手紙を送り、コシチューシュコに年収一万フランを約束した。その後ウィーン会議でワルシャワ公国領の大半のロシアによる領有が決まると、コシチューシュコはその決定を受け入れた。この時期までのコシチューシュコは、国際社会を股《また》にかける「俠」の政治家としての側面が強く表れている。

そしてパリでパスポートを作成してウィーンに向かい、五月二七日にはアレクサンドル一世と会ったが、あにはからんやコシチューシュコの決定は何一つ受け入れられず、彼は失望のどん底に突き落とされた。その後コシチューシュコはスイスのゾロトゥルンに移住し、村長フランツ・クサヴェル・ゼルトナー宅に住み込んだ。文通を欠かさなかったジェファソンは、コシチューシュコにアメリカ移住を勧めたが、祖国への彼の愛情は断ち切りがたかった。晩年のコシチューシュコはペスタロッチの教育への関心を示した。絶対主義を憎み、フランス革命を支持し、民衆教育を重視するという点で両者は一致した。またブジェシチ県のかつての自分の領土に関して、農奴制廃止を求める文書を作成した。その後体調不良に陥り、頭痛と高熱に襲われるなかで遺言状を作成した。そしてゼルトナー一家が見守るなかで臨終《りんじゅう》を迎えた。七二年の生涯のうち、共和国で過ごしたのは三二年間であったが、異郷《いきょう》での生活は四〇年に及んだ。ゾロトゥルンでの葬儀・埋葬には多数の市民が参列した。

彼の死後、クラクフ市代表者会議の提案で、コシチューシュコの遺体はヴァヴェル城に改葬されることになった。遺体は一ヶ月かけてクラクフに運ばれた。六月二二日には都市参事会員、軍人、聖職者、商人、職人、民衆などさまざまな人々の葬列が続いた。六月二三日に追悼ミサが行われ、ヴァヴェル城に葬られた。一八二〇年十月十六日にはコシチューシュコを称える丘が作られた。「俠」の英雄としての彼の姿は、その後のポーランドとリトアニアの記憶のなかに永久に刻まれることになったのである。

⦿主要参考文献

M.Francic, *Insurekcja kościuszkowska*, Kraków,1988.

S.Kieniewicz, A. Zahorski, W. Zajewski, *Trzy powstania narodowe*, Warszawa,1992.

B.Szyndler, *Tadeusz Kościuszko 1746-1817*, Warszawa, 1991.

A. Zahorski, *Warszawa w powstaniu kościuszkowskim*, Warszawa,1985.

コシチューシュコ（中山昭吉訳）『民族解放と国家再建によせて』（未来社、一九七二年）

小山哲「消滅した国家ポーランド」（『岩波講座世界歴史』〔十六〕「主権国家と啓蒙」、岩波書店、一九九七年）

白木太一「コシチューシュコ蜂起」（野崎直治編『ヨーロッパの反乱と革命』山川出版社、一九九二年）

フランス革命期、一級の革命家にして孤高の聖職者

アンリ・グレゴワール

…Henri Grégoire…

山中 聡

「球戯場の誓い」。画家ダヴィドの作品で、フランス革命にまつわる絵画としては、最も有名な作品の一つであろう。一七八九年六月二〇日、特権身分代表の措置によって三部会議場から締め出された国民議会議員たちは、近くの球戯場に移り、「憲法が制定されるまで解散しない」と誓った。同作品は、この時の光景を劇的に描いたものである。その中央には議長バイイの姿があるが、彼の手前には三人の宗教者が立つ。向かって左手は修道士ジェルルで、右手はプロテスタント牧師ラボ＝サン・テチエンヌ。固く握手する両者の姿は、宗派間の友愛を象徴している。その真ん中で、双方の肩を抱いているのが、カトリックの主任司祭アンリ・グレゴワール（一七五〇―一八三一）である。一級の革命家として共和国の樹立に貢献しつつ、孤高の聖職者として絶望的状況に立ち向かった彼の生き様は、まさに「俠」の一言がふさわしい。周知のとおり、フランス革命はカトリック教会と激しく対立した。そこから生まれた混乱は、現代フランスの宗教事情にも影響を及ぼすカタストロフィであった。この激動の時代において、革命とカトリックの調和を求め続けたグレゴワールは、どの

ような活動をしたのか。順を追って見ていこう。

革命前のグレゴワール

グレゴワールは一七五〇年十二月四日、フランス北東部ロレーヌ地方にあるリュネヴィル近郊の小村ヴェオで、仕立て屋の父バスティアンと母マルグリットの間に生まれた。幼少期から利発であった彼は、ジャンセニストの文法学級で学んだ後、イエズス会のコレージュに通った。六八年からはナンシーの大学に通いつつ、啓蒙思想を含めた様々な文献に接した。彼は七二年からメッスの神学校に通い、七三年に提出した『詩の賛辞』という論文で、ナンシーのアカデミーから賞を得た。その後はロレーヌ・アルザス地域を旅行しているが、これは大きな意味を持った。途中で訪れたストラスブー

「球戯場の誓い」
中央にいるのがバイイ、その左下に位置する3人〔拡大図〕の真ん中がグレゴワール。
（1791年。ダヴィド作。カルナヴァレ博物館蔵）

ルは、ウエストファリア条約で、プロテスタントの活動が認められており、フリーメイソンも数多く集っていた。さらにはドイツの文化も入り混じったことで、独自の知的状況を呈していたのである。グレゴワールは同地でストラスブール博愛協会との交流を楽しんだ。この協会は、大衆の習俗改善運動を進めており、それとの交流から得た幅広い教養は、彼の革命家としての活動にも強い影響を与えた。

「グレゴワール神父の肖像」
(1800年。
ピエール・ジョゼフ・セレスティン・フランソワ画)

グレゴワールは一七七五年にメッスで叙階され、シャトーサランで助祭職に就いた後、七六年から六年間、マリモン＝ラ＝バスで常任助祭を務めた。八二年からはアンベルメニルで主任司祭として職務を遂行しているが、これらの地で彼が行った活動は、カトリックの聖職者としては、「模範的」なものではなかった。マリモン＝ラ＝バスでは、聖人崇拝を「悪習的」と批判した。アンベルメニルでは図書館を設置して、農業・機械技術・衛生等に関する先進的な思想の普及に努めた。また教区民が信仰に関する書物を読むことにも肯定的であった。以上のような行動は、当時としては、かなり例外的であった。

任地でも学問を追求したグレゴワールは、一七八八年八月、ユダヤ人の解放に関する論文『ユダヤ人の肉体的、道徳的、および政治的再生に関する考察』で、メッスのアカデミーから賞を授与された。これは翌年にはロンドンで英訳・出版されており、彼はその学識で、ロレーヌ地方では著名な存在となった（もっとも同論文は、タルムードに基づく教育の停止やカトリックへの自発的改宗等をユダヤ人に求めるなど、彼らの文化や伝統を軽蔑的に描いたという点で、今日的な観点からは、批判されるべき項目を含んでいる）。こうした知名度をバックに、グレゴワールは八九年のナンシーで開かれた全国三部会議員選挙に当選し、第一身分＝聖職者代表として、ヴェルサイユに向かったのである。

革命家グレゴワールの躍動——憲法制定国民議会期

一七八九年五月に開会された全国三部会は、議論に入る前の議員資格審査から紛糾した。平民＝第三身分代表が、審査を身分ごとに行えば、身分別の採決に直結してしまうという理由で、反対したからである。手続きが進まぬまま、ひと月が過ぎた六月十二日、第三身分代表はついに、単独で議員資格審査を開始し、第一身分代表と第二身分＝貴族代表の合流を呼び掛けた。早くから聖職者と第三身分の結束を求めていたグレゴワールは、六月十四日に第三身分代表へ合流し、彼らが中心となって作った国民議会（六月十七日発足）において、最初の聖職者議員の一人となった。

事態は風雲急を告げ、一七八九年七月十一日にはネッケルが財務長官を罷免された。そして七月十四日には、あのバスティーユ監獄が、パリ民衆に襲撃された。グレゴワールは七月十二日から十五日まで、憲法制定国民議会（国民議会が七月九日に改称）の議長として、議員の結束をうったえた。フランス革命が勃発したそのとき、革命家の集団を束ねていたのは、一人のカトリック司祭であった。

バスティーユ襲撃以降、一七八九年八月四日の封建的特権廃止、八月二六日の人権宣言採択、一〇月五日から六日のヴェルサイユ行進等、革命は劇的な展開を見せたが、同時期のグレゴワールも積極的に活動している。彼はまず「出版の自由」と長子相続制の廃止を求めた。前者に関して、グレゴワールは少なくとも政治の面では、これを無制限に保障するよう説き、後者については、議会における最初の提案者となった。また財産に応じた選挙権の制限に関して、議会では能動市民（参政権を持つ有産者）と受動市民の区別を求める意見が相次いだが、グレゴワールは普遍的な参政権をうたった人権宣言に反するとして、異を唱えた。彼は最も民主的な議員の一人として、著名な存在となった。

以上のような政治的活動に加え、グレゴワールは迫害や差別を受けていた人々の救済にも力を注いだ。先にも述べたとおり、彼は革命前からユダヤ人の解放に従事していたが、それは革命勃発以降も同様であった。いわゆる「大恐怖（バスティーユ襲撃後に全国の農村部で起こった暴動）」が荒れ狂った時期、アルザス・ロレーヌ地方で反ユダヤ暴動が発生し、多くのユダヤ人が、ミュルーズやバーゼルに一時避難した。これを受けてグレゴワールは、一七八九年八月三日、彼らの保護を議会でうったえた。その後はユダヤ人への市民権付与について、議会で積極的に発言した。同年十月には、ユダヤ教徒が市民としてのあらゆる権利と義務を兼ね備えた存在であることを明文化するよう提案している。これらの活動は実を結び、九一年九月二七日、フランス国内の全てのユダヤ人に市民権が認められた。

ユダヤ人解放と同様に、グレゴワールが奮闘したのが、有色人種の待遇改善であった。ミラボーが一七八九年六月の国民議会で「黒人と有色自由人を人間のなかにいれるか、それとも駄獣のなかに入れるか」と語ったように、フランス革命の尊ぶ「人権」が、果たして肌の色を越え、全ての人間に適用されるのかどうかは、激しい議論を引き起こした。グレゴワールはこうした状況の下、八九年十月に「黒人友の会」(八八年二月にパリで設立)に加入した。同組織は黒人奴隷貿易の廃止を要求し、「有色自由人」(白人と結婚した黒人奴隷の女性とその子供、奴隷身分の男性と自由身分の女性の結婚から生まれた子供、および善行を奴隷主から認められて解放された者や、奴隷主から包括受遺者、遺言執行人、子供の後見人に任命された者等を指す)の法的平等を求めていた。前述の能動市民と受動市民の区別から見れば、有色自由人は能動市民にはなり得ないとされたが、グレゴワールはこの主張に反対し、彼らの参政権を要求し続けた。その結果、九一年五月十五日、自由人の両親から生まれた者は、たとえ有色人であっても、白人と同等の権利を有する旨の法が採択された(ただし実施されず)。グレゴワールが「ユダヤ人と有色人の弁護者」と称される所以である。

とはいえ、グレゴワールが説いた「ユダヤ人解放」は、ある別の議員(クレルモン=トネール)が「ナシオンとしてのユダヤ人に対してはすべてを拒否し、個人としてのユダヤ人にはすべてを与えるべき」と主張したのと同様に、個人としてのユダヤ人は救済する反面、革命以前から存在したユダヤ人共同体(独自のラビ法廷と「総代」制度をもつ)の存在と、その自治を認めるものではなかった。革命勃発後のユダヤ人は、旧来の権利と義務をいったん放棄させられた上で、完全に異なる権利と義務を新たに付与されたのである。グレゴワールの主張は、多分に同化主義的であった。また彼は、憲法制定国民議会期に刊行した著作の中で、白人との結婚による有色人のモラル向上や、白人の血を有色人に入れて市民権を獲得させる必要性を説いている。これは明らかに白人の優位を前提にした議論であり、今日的な観点から見れば、やはり多様性への眼差しが欠如していると言わざるを得ない。

聖職者グレゴワールの苦悩――憲法制定国民議会期

次に聖職者グレゴワールの活動を見てみよう。旧体制期、カトリックの聖職者は身分制度の頂点に君臨する「第一身分」として、「第二身分」である貴族と同様、様々な特権を享受していた。教会はブルボン王政を補佐しつつ、人々の人生に強い影響を及ぼしてきた(洗礼・初聖体拝領・堅信礼・婚姻・終油といった秘蹟の授与、「小さな学校」における民衆子弟への教育、結婚・埋葬の執行とその記録管理等)。さらにカトリックはフランスの国教として、異端であるプロテスタントや異教のユダヤ教徒を、厳しく弾圧してきた。ゆえにカトリック教会は、フランス革命が勃発した当初から、混乱の渦に巻き込まれた。

はじめに、前述の「大恐怖」が全土で荒れ狂う中、一七八九年八月四日、カトリック教会は封建的特権を自発的に放棄した。世に言う「十分の一税」の廃止にも同意した。また国家の財政難に対応するため、同年九月末には、自らが所有する金銀製の聖器や装飾品を、礼拝や儀式に必要なものを除き、すべて供出することになった。さらに十一月には憲法制定国民議会で、修道院を含む全教会財産の国有化が可決された。翌九〇年二月には修道院の統廃合が議会で決定され、大部分の男子修道会が廃止、あるいは統合された。そして一七九〇年七月、フランス革命史において最重要項目の一つである、聖職者市民化基本法が制定された。

同法は「世俗権力による教会組織のリストラ」を命じた法である。有名無実化した聖職者の役職は廃止され、かつて「第一身分」であった聖職者は、国家公務員的な待遇へと「格下げ」された。世俗の行政区分を基準にするかたちで教区も再編され、従来の聖職者はいったん辞任した後、能動市民による選挙を経て再登用された。その際、ローマ教皇に叙任を求めることは禁じられた。一連の改革には多くの反論が押し寄せたが、論議をより紛糾させたのが、この法が聖職者の公民宣誓、つまりは憲法への忠誠を誓うよう義務付けた点である。一七九一年一月までに宣誓しない聖職者は、解任される法が制定された(九〇年十一月末)。当時のローマ教皇は九一年三月に非難声明を出すまで、聖職者市民化基本法に対する態度を公的に表明しなかったので、宣誓するか否かをめぐって、全国の聖職者は対立し、混乱が生じた。

グレゴワールは以上の状況に際して、いかなる態度を示したのか。彼はまず、一七八九年八月における「十分の一税」廃止には賛成したものの、不動産による補償を認めるべきと主張した。九〇年二月には修道会とその施設の保護を求めた。聖職者市民化基本法に対しては、同法で定められた能動市民による聖職者の選出に関し、カトリックでない者を選挙人に含めるべきでないと提案した。また同法では否定されたローマ教皇の権威を認めるよう要請した。つまり彼は、聖職者市民化基本法に至る教会の再編に対して、決して全面的に賛同したわけではなかった。時に「保守的」と見受けられるような態度も示している。しかしながら九〇年十二月二四日、グレゴワールは憲法制定国民議会議員として、最初に公民宣誓を行った。ほとんどの司教が宣誓に尻込みするなか、彼が真っ先に宣誓をしたことは、革命とキリスト教の調和を願う者の意思の発露として、理解できよう。ただ、自らの決断が賛否両論を呼んだ事実に、グレゴワールは戸惑いを覚えたと思われる。彼は宣誓後に『聖職の公務員に要求された公民宣誓の正当性について』等の著作を出版し、自らの正当性を主張した。結局、グレゴワールは九一年二月、ロワール＝エ＝シェール県ブロワの司教に選出され、宣誓した聖職者で構成される立憲派教会の一翼を担うことになった。一方で、宣誓を拒否したおよそ半数の司祭は、地下に潜伏して、信徒たちに革命への疑念と抵抗を説いたのである。

フランス共和国の建国とグレゴワール

この後、国王一家逃亡未遂（一七九一年六月二〇日）によって、王家に対する国民感情は悪化した。憲法制定国民議会は、事態を上手く処理できないまま、同年九月三〇日に解散した。新たに立法議会が発足したが、翌年オーストリアとの戦争がはじまると、連戦連敗を背景に、内外の状況は緊迫化した。人々の不満は王政へと向けられ、ついには九二年八月十日、パリ民衆の蜂起で王権が停止した。そして同年九月二〇日、新議会として国民公会が招集され、翌日の審議で君主制の廃止が決議された。実は、その決議案を提議したのが、ほかならぬグレゴワールであった。これもあまり知られていないが、一人のカトリック司祭が先頭に立って、数百年にわたって続いた王政に終止符を打ったのである。

だが王政から共和政への転換は、カトリック教会に大きな影響を与えた。まずは同時期に起こった「九月虐殺」に触れておかねばならない。国内の反革命勢力打倒をうったえるパリ民衆は、一七九二年九月二日から五日にかけて、修道院や教会施設に収監されている宣誓拒否聖職者や一般の囚人を襲い、次々に虐殺した。総計でおよそ一三〇〇人が犠牲となった。続いて共和政に移行する直前の九二年九月二〇日、立法議会は最後の審議で民籍簿(戸籍)の世俗化と離婚の承認に関する法を可決した。同法は、立憲派教会の存在意義を根底から揺り動かした。これにより、聖職者は公務員としての役割も奪われることになったからである。結婚や、家族の正統性を保証するものは、もはや世俗的な国家だけとなり、人々は、少なくとも公的には、教会と共に一生の節目を過ごす必要がなくなった。他方、離婚に関する法は聖職者の結婚をも合法化した。

「非キリスト教化運動」とグレゴワール

一七九二年十一月、国民公会がサヴォワへの遠征軍派遣を決定すると、グレゴワールは現地で指揮を執る四議員の一人に選ばれ、十一月二九日に出発した。帰国するのは翌年五月のことだが、その間、国民公会は国王処刑を決議し(九三年一月二一日に実行。なお、グレゴワールはルイ十六世の断罪には賛成したが、処刑には反対)、以降、革命は劇的に急進化した。九三年三月以降、イギリスを中心に第一回対仏大同盟が結成され、フランスはほぼ全ての西欧諸国を敵に回すことになった。また国民公会が全国的な徴兵を実施したことから、同年三月には西部のヴァンデ地方で反乱が起こった。まさしく内憂外患である。こうした状況を受け、国民公会においても組織の再編が進められた。九三年三月初めから、反革命容疑者を裁く革命裁判所、容疑者を取り締まる監視委員会、強力な行政機関の役割を果たす公安委員会の設置が、矢継ぎ早に進められた。権力闘争も激化し、パリ民衆の不興を買ったジロンド派は、九三年六月二日、国民公会から追放された。既にサヴォワから帰還していたグレゴワールも、動乱に直面した（ジロンド派追放の際、グレゴワールは国民公会議長であった）。そこから、裏切り者は死をもって罰する「恐怖政治」が、日程に上がることになる。

以上のような急進化は、革命に忠誠を誓った立憲派教会にも、カタストロフィをもたらした。国家機構の世俗化が着々と進行するなか、教会は「人々を迷信で惑わす存在」と見なされ、反革命容疑者と同様に扱われた。そして一七九三年の秋から翌年春にかけ、カトリックを始めとする既存宗教を根絶せしめようという現象が、フランス全土で展開した。これが「非キリスト教化運動」である。全国各地の教会施設にある聖像が破壊（イコノクラスム）され、鐘楼の鐘は没収されて砲弾に鋳直された。キリスト教の聖人にちなんだ地名も、世俗的内容のそれに変更された。さらにはグレゴリウス暦が廃止され、元日を共和政が発足した九月二二日に定める共和暦が新設された。またキリスト教にかわる国家宗教普及の一環として、九三年十一月十日、理性崇拝の祭典が挙行された。「十字架」と「三色旗」、キリスト教と共和国の壮絶なる戦いであった。

この「非キリスト教化運動」で最も重大な事象の一つは、聖職者に対する聖職の放棄と、合法化された結婚の強制である。一七九四年の春までに、全国で約二万人の聖職者が聖職を放棄し、およそ六千人が結婚した。とりわけ注目を浴びたのは、九三年十一月七日のパリで起こったできごとである。「非キリスト教化運動」を推進するパリの活動家が、拒否すればギロチンにかけると脅しつつ、パリ大司教ゴベルに聖職放棄を迫ったのである。国民公会議場に連行されたゴベルは、サン＝キュロットの赤帽をかぶらされ、自らの叙任状や十字架を始めとする聖具を置きつつ、震えた声で聖職放棄を宣言した。他の聖職者議員も次々と放棄していった。この時、グレゴワールも国民公会議場にいて、同様に放棄を迫られた。だが彼は次に一部を引用するように、他の聖職者とは全く異なる発言を行った。「私は自分の教区で人に尽くそうと努めた。今後もそうするために私は司教職に留まる。私にとって大切な、および諸君が私から奪えるとは思えない聖なる諸原理に従って行動しながら。私は礼拝の自由〔憲法で保障〕を援用する」。つまりは聖職放棄を明確に拒否し、カトリックの聖職者としての信仰告白を行ったのである。グレゴワールは後に回想録で「〔信仰告白を終えて〕演壇から降り、私は自分の席に戻った。皆が私から離れていった。まるで私がペスト患者であるかのように。見渡すと、私は怒り狂った視線が、自分に向けられているのに気付いた。脅迫や罵詈雑言が、私の元に降り注いでいた」と語った。まさに命がけの行動であった。本来なら殺されても不思議ではなかったが、彼は自宅で数週間を過ごした。一級の革命家としての名声が、その命を救ったのか、それとも、同じく「非キリスト教化運動」に反対していたロベスピエールが、グレゴワールを秘密裏に保護したのか、詳細な原因はいまだ不明である。ともあれ、グレゴワールは九四年一月以降、いまだ「非キリスト教化運動」が続く状況のもと、歴史的建造物に対する攻撃(ヴァンダリスム)を糾弾する活動に従事した。そこから約半年を経た九四年七月末、「テルミドール九日のクーデタ」で、ロベスピエール派が失脚して恐怖政治が終わると、彼は壊滅した立憲派教会の再建を進めていくのである。

おわりに

グレゴワールは国民公会解散後、五百人会議員を務めた。ナポレオンのクーデタ後は立法院の一員となり、元老院議員にもなった。復古王政期には政治活動を引退したが、晩年は旺盛な執筆活動に従事し、一八三一年にパリで死去した。そこから一五八年後、すなわちフランス革命二百周年にあたる一九八九年に、グレゴワールの遺骸はパンテオン(フランスの国民的偉人を祀る霊廟)に移葬された。理由は、彼が「人権」の保護で顕著な業績を上げたことであるが、本来なら、革命百周年にあたる一八八九年に、パンテオン移葬が実現してもよかったと、二百周年実行委員長ジャヌネは語った。百周年に移葬が行われなかった背景は、いくつか指摘されているが、「十字架」=キリスト教と「三色旗」=共和国が対立した十九世紀フランスにおいて、フランス革命期に生命をかけて、双方の調和を追い求めたグレゴワールの姿勢は、移葬が見送られた背景の新たな候補として、本格的に考察されるべきだろう。

⊙参考文献

谷川稔『十字架と三色旗』（山川出版社、一九九七年）
浜忠雄『カリブからの問い』（岩波書店、二〇〇三年）
菅野賢治『フランス・ユダヤの歴史・上』（慶應義塾大学出版会、二〇一六年）
山﨑耕一『フランス革命』（刀水書房、二〇一八年）
Pierre Fauchon, *L'abbé Grégoire, le prêtre-citoyen*, La Nouvelle République, 1989.
Alyssa Goldstein Sepinwall, *The Abbé Grégoire and the French Revolution*, University of California Press, 2005.

アラモ砦の戦いで
運命を変えた
米国史上の英雄

デイヴィ・クロケット

…David Crockett…

牛島 万

はじめに

侠気とは、弱い立場にある者を擁護《ようご》するために戦うアウトローである、と定義するならば、デイヴィ・クロケット（一七八六―一八三六）は、テキサス州サンアントニオにあるアラモ砦《とりで》でメキシコ軍に殺されたことで、まさにそれがかなった人物といえるだろう。当時メキシコ領であったテキサスを分離独立させ、やがて米国連邦へ統合させようとしていた独立派の武装集団はメキシコ軍と対立していた。一八三六年三月六日早朝、十三日間の攻防の末、メキシコ軍によって、中にいた一八〇数名の独立派が一時間足らずで虐殺《ぎゃくさつ》された。

米国による領土拡張の歴史における逆境《ぎゃっきょう》として起こったアラモ砦事件は、外国からの攻撃で米国人の犠牲者《ぎせいしゃ》を生んだという意味で、今なお米国歴史の三つのリメンバーの最初の事件として名高い。あとの二つは、米西戦争（一八九八年）の発端《ほったん》となったメイン号爆破事件と真珠湾攻撃（一九四一年）である。

本稿では、野生児《やせいじ》と言われたクロケットの若き頃の生い立ちを概観したあと、政界入りし活躍するものの、最終的に選挙に敗れ政界を去ることで、再び「野生児」となるまでを描く。ここで「野生児」とは、先に述べた侠気的なアウトローとは違う。家族も捨て、自分の人生の方向性も定まらずに、ただ流浪《るろう》の旅に出ることを決断するような人物を指している。ただし、かろうじてこの場合、新天地をテキサスに定め、テキサスに到達すると、高揚《こうよう》していた分離独立運動に共鳴し、しかもアラモ砦に籠城《ろうじょう》していた独立派と合流したことで、彼の運命は大きく変わることになった。彼自身も予期していなかったことだろうが、自分の命を代償《だいしょう》に、侠気的なアウトローどころか、歴史に名を馳せる英雄（ヒーロー）に殿堂入りできたのである。

ライオンのごとく——野生児デイヴィ・クロケットの生い立ち

一七八六年八月十七日、ノースカロライナに近いテネシー東部の、ノリチャッキー川流域のグリーン郡の田舎《いなか》で生まれた。そこは、文明社会とは程遠い未開の土地であった。クロケット家は、元来フランス・ユグノー教徒の血筋を継ぐ家系であったが、その後、アイルランドへ移住し、十八世紀初頭には米国へ移住してきた。デイヴィは、九人兄弟の五番目で、インディアンに殺された父方の祖父と同じ名前を受け継いだ。この祖父母はインディアンの襲撃《しゅうげき》を受けて殺され、その二人の子供は負傷し、もう一人の子供だった聾者《ろうしゃ》のジミーはインディアンに連れ去られ、二〇年間も行方知れずであった。デイヴィが三歳のときに、クマを一頭殺したということは、彼の幼少期を語る際につねに引き合いに出されることである。その真偽《しんぎ》は別にして、クロケットの歌詞にも出てくる有名な話である。幼い頃から家計を助けるためにさまざまな仕事をやってきた。また森の中で、狩猟《しゅりょう》の仕方を自然と身につけ自給自足の生活の術を得た。十二歳の頃、デイヴィは、父親によって牧牛をバージニアへ連れて行く牧童《ぼくどう》の仕事へ奉公に出された。しかし、数ヶ月の契約期間が終わっても親元に帰してもらえず、ついに脱走する。雪の夜道を二時間ほど歩いていると、幸いにして父親をよく知っている旅人に遭遇《そうぐう》しテネシーの実家まで連れて行ってくれた。こうして、一七八九年の冬か翌年の初春までに家に戻ってきて、教育を受ける機会を許されるが、学校の先生の厳しさに耐えられず、学校をよくさぼった。やがて、このことは担任の教師から伝えられ父親の知るところとなる。デイヴィは父親にひどく叱責《しっせき》され殴られるのを恐れて家出した。彼はまたしてもバージニアへ牛を連れていく牧童の仕事に就く。このときに彼の兄がこれに同行していたという記録がある。一七九九年秋にバージニアに到着したものの、トラブルがあって帰りの馬に乗せてもらえず、やがて生後、幾度《いくど》も彼に助けの手を差し伸べてくれそうな人と出会うのだが結局はうまくいかず、その活費も尽きてさまざまな労働をしなければならなかった。ロンドンへ渡航することも考えたようだ。一八〇二年二月から三月にかけて、テネシー州サリバン郡にあるデイヴィの叔父ジョセフの家にたどり着くことができた。すると驚いたことに、ここにすでに途中ではぐれたデイヴィの兄がいたのだった。ジョセフは二人の子供をデイヴィの父親のもとに無事送り届けた。一番上の姉の配慮もあり、やがてデイヴィは家族に打ち解けていった。

週に四日ほど学校へ通い、あとの二日は働くという生活を半年ほど続けた。二〇歳のときに、ポリー・フィンレイと結婚した。家畜業《かちくぎょう》を営み、生計を立てていたが、決して楽ではなかった。クロケットは、永遠の野生児のごとく、野生の大地を駆け回り、クマやシカをしとめる方が好きだったようだ。三七歳の一八一三年頃、仕事を捨て、インディアンのクリーク族を討伐《とうばつ》する民兵に入隊した。この一因に、祖父母がインディアンに殺されたことがあったのではないかと推察する。そのときの民兵の指揮官がアンドリュー・ジャクソン(一七六七―一八四五)であった。後の第七代米国大統領になる人物である。クロケットは、自分こそがクリーク戦争で最初にテネシー川を越えて乗り出した一人だと自負していた。クロケットは、クリーク族の集落に奇襲《きしゅう》を加え、老若男女を問わず無差別に発砲し、家屋を焼き討ちすることに加わった。まさに生きながら焼き殺される光景は地獄絵《じごくえ》そのものであった。十二歳にも満たないインディアンの少年の手足をライフルで撃ち、火の海から這《は》い出られないようにしたことに対する罪悪感《ざいあくかん》は、クロケットの生涯を通じて消えることはなかった。また、食糧不足でひもじい経験をしなければならなかったことが何より辛《つら》かった。焼け焦げたインディアンの死体をよけて、彼らの集落にあった食料にまで手を出す羽目《はめ》になっていた。こうして、九〇日の兵役《へいえき》期間が終わると更新せずに故郷に戻ったが、翌年、再び民兵に参加する。

ところで、クロケットのやることに一切反対しなかった妻ポリーが、一八一五年にマラリアで死去する。それは、末娘マーガレットが生まれた直後の夏のことであった。その悲しみにふける暇もなく、翌年、デイヴィは二人の子連れの未亡人であるエリザベス・パットンと再婚する。彼女には財産があった。同年、民兵連隊中尉を命じられる。一八一七年には、郡治安判事、翌年には、執行官、民兵大佐に指名される。そして、一八二一年には州議員になった。一八二五年に小差で落選するものの、一八二七年には、連邦下院議員に当選した。そして、同じテネシー州からジャクソンが大統領(在職一八二九—三七)になったのが一八二八年の大統領選挙によってであった。クロケットは当初ジャクソンを支持していたが、翌年、クロケットが再選を果たすと、次第にジャクソンの民主党との対立を深めていった。一八三〇年にジャクソンが出したインディアン強制移住法案にクロケットは反対した。このように弱者擁護の立場に立つクロケットに対する世間の関心は高く、しかも、貧しい家庭環境のなかでまともに教育を受けられず、読み書きもやや不自由であることなど、彼の生い立ちは多くの民衆の共感を得るところとなった。その一方で、決して富裕層の出身ではないが紳士的な身なりをしているジャクソンとは真逆のクロケットに対する批判も多かった。それでも、クロケットは、そのジョークやほら話を交えた巧みな話術でもって、庶民に大人気であった。

ホイッグ党の政略とクロケット人気

一八三一年、ジェイムズ・ポールディング脚本の『西部のライオン』という演劇がニューヨークで上演されたが、ニムロッド・ワイルドファイヤーという大佐《たいさ》の物語で、紛《まぎ》れもなくデイヴィ・クロケットをモデルにしたものであった。この演劇は成功をおさめ、多くの観客を動員した。一八三一年に接戦で民主党のフィゼラルドに一度は敗れるが、三三年にはそのフィゼラルドを破り再び連邦議員に返り咲いた。先の演劇は一八三三年十二月、ワシントンでも上演され、そのときにはデイヴィも会場の一列目に座っていた。そして彼は聴衆《ちょうしゅう》から拍手喝采《はくしゅかっさい》を受けたのであった。同年、マシュー・セントクレア・クラークによる『西テネシーのデイヴィッド・クロケット大佐の生涯と冒険』が出版された。さらに翌年、クロケット自身が書いたとされる自伝、『テネシー州のデイヴィッド・クロケットの遍歴《へんれき》の物語』が出版された。この年の四月から五月にかけて、反ジャクソン派および反民主党の立場に立つホイッグ党(共和党の前身、一八三四年結成)と連携し、クロケットは東部諸州を三週間かけて遊説《ゆうぜい》した。そのときの姿は、ベツィという古いライフル、キツネかアライグマの毛でつくった帽子で、しかも尻尾《しっぽ》までついていたものをかぶっており、演劇と全く同じ身なりであった。さらに一八三五年には二冊のクロケットに関する本が、ホイッグ党の政略により出版された。それは、『クロケット大佐の北部およびニューイングランド北東への旅』と、自身が著したとされる『マーティン・ヴァン・ビューレンの生涯』が出版された。また、『クロケット歴——西部の遊び人、辺境の生活』が発刊され、その後も、それは五〇種類ほど出された。そこには、クロケットの武勇伝、逸話《いつわ》、ほら話などが書かれていた。

しかし、一八三五年の選挙で民主党に敗れた。ホイッグ党にクロケットはまんまと踊らされていたことに、落選して初めて気が付いたのである。ホイッグ党は、クロケットが民衆のなかから登場した、本物の男気ある政治家というイメージを故意《こい》に創り上げようとしていたのである。そして、ジャクソンに真っ向から争ったことも、その後の政治生命を絶たれる大きな要因になったのである。

おそらくクロケットは、すべてに失望したのではないかと推察する。選挙キャンペーン中、大衆に、もし自分が落選したら、潔《いさぎよ》くこの国を捨てるつもりだと発言していた。事実、仲間三人とともにテキサスをめざしてテネシーを離れた。途中メンフィスのホテルのバーで、彼が次のように言った。「あなたたちが対抗馬のほうを俺の後釜《あとがま》として選んだために、あなたたち全員は地獄行きになるだろうし、俺はテキサスへ行くはめになったのだ」と。

デイヴィ・クロケットの肖像
（William C. Davis, *Three Roads to the Alamo: The Lives and Fortunes of David Crockett, James Bowie, and William Barret Travis*, N.Y., Harper Perennial, 1999, p.104.より）

このように、クロケットは失意のもと、早く地元のテネシー州、否米国から脱出したいという思いが先立ち、新天地を求めて移動を始めた。失意の念と他人に対する不信感でクロケットの心は満ち溢《あふ》れていたのではないかと思われる。決して、明白な使命感に駆《か》られてテキサスへ向かったわけではなかったのである。

テキサスへの放浪の旅

クロケットは仲間とテキサスへ向かう放浪《ほうろう》の旅に出た。メンフィスを出て、そのままミシシッピー川を下り、アーカンソー川と交わる地点まで行くと、今度はアーカンソー川を上り、上流にあるリトルロックまで行った。リトルロックからワシントンを通過し、レッド川に到達し、それを越えてアーカンソーのロストプレリーあたりのテキサス辺境に達した。さらに十二月初旬までにクラークスヴィルにやってきた。クリスマスから新年にかけてキッカポー族に殺されたという噂も流れたが、一月五日までにレッド川流域からトラメル道を通ってナコドーチスに到着した。ナコドーチスではクロケットを待ちわびていた旧友のマコーリック(一八一一―六二)に歓待《かんたい》された。そして町の人々はクロケットを夕食に招待し、その際に、元政治家らしく何かとスピーチをよく求められた。クロケットは、テキサスの土地と人々が気に入り、ここに永住することを決めた。二、三日後にはサンアグスティンにやってきた。ここでも町の人間に歓迎された。次第にクロケットにはこの新天地での野望が芽生えつつあった。それは、テキサスの分離独立のために闘うことであった。そこで、義勇兵になることを志願した。彼はまもなく五〇歳になろうとしていた。民兵の経験からすでに二〇年が経っていた。それでも、テキサスで義勇兵として参戦することで、政治家になるラストチャンスを密かに期待していたのであろう。そこで、数日後にはナコドーチスへ戻り、一月十四日、テキサス政府への忠誠に関する誓約書に署名した。そして半年の兵役期間で義勇兵に入隊したのである。そしてテキサスからすべてのメキシコ人を駆逐《くちく》することを期待し、テネシー騎馬隊《きばたい》が結成された。それはまるで、かつてのクラーク族討伐を想起させるものであった。すでにテネシーから同伴していたバージンとティンクルは、志願兵に入隊せずに、ここから故郷に帰還《きかん》したようである。甥《おい》のウィリアム・パットンだけが、クロケットとともにテキサスの義勇兵になるために入国への申請書に署名したが、さらにマコーリック、ペーター・ハーパー、ジェッシ・ベントン、ダニエル・クラウド(一八一四―三六)、アーチャー・トーマス(一八一八―三六)と、クロケットの従兄弟《いとこ》のジョン・ハリス、ミカージャ・オートリ(一七九三―一八三六)など、十数人の仲間がデイヴィ・クロケットを慕ってこれに加わった(パットンには諸説があるが、クロケットとともにアラモ砦に向かったはずであったが、アラモ砦で死亡していない。その理由は不明である。一八三六年四月のサンハシントの戦いに参加していることはわかっている。また、マコーリックは病気のためにアラモ砦には行かなかったので、犠牲にはならなかった)。一月十六日の出発前に、余分の二丁のライフルを六〇ドルで売って現金を手にしなければならなかった。また、クロケットは家族あての手紙をここから出したが、これが家族に当てた最後の手紙となった。こうして、彼らはサンアントニオへ向かった。

クロケットは、失意のうちにテキサスにやってき

たが、彼が再起を図ろうとしたのは、民衆の歓待《かんたい》ぶりと、義勇兵として登録した仲間の支援があったからであろう。加えて、歴史家シャックフォードによると、ジャクソンと対立して敗北したクロケットは、ジャクソンの密使《みっし》とも噂されていたテキサス独立派のヒューストン(一七九三—一八六三)将軍を敵視し、反ヒューストン派であるトラヴィス(一八〇九—三六)やファニン(一八〇四—三六)を支援することを考えていたと論じ、クロケットがトラヴィスの籠城《ろうじょう》していたアラモ砦に向かった理由としている。これに関してさらに筆者が付言したいことは、クロケットはトラヴィスと自分を重ねていた観があることである。しかし、トラヴィスのいるアラモ砦を選ぶことは、「死」を意味しているとは当初は誰もわからなかったはずである。なぜなら、クロケット一行がサンアントニオに到着した一八三六年二月上旬に、アラモ砦がメキシコ軍によって攻撃の対象にされていることは知る由もなかったからであった。しかし、アラモで戦死することは、クロケットが、トラヴィスやボウイ(一七九六—一八三六)とともに英霊化《えいれいか》され、彼が単なる侠者から、不滅の勇者、英雄として米国史上に後世名を馳せることになる大きな転機となったのである。

テキサス・テネシー地図
(Davis, William C., *Three Roads to the Alamo: The Lives and Fortunes of David Crockett, James Bowie, and William Barret Travis*, N.Y., Harper Perennial, 1999.
および、牛島万『米墨戦争前夜のアラモ砦事件とテキサスの分離独立
——アメリカ膨張主義の序幕とメキシコ』
〔明石書店、2017年〕を元に作成)

アラモ砦で死す

クロケットがアラモ砦に二月二三日に籠城し始めた段階で、死を予期していたのだろうか。いえることは、アラモ砦籠城の十三日の間に逃げるチャンスは何度かあったはずだが、クロケットはそれをしなかったということである。三月三日、クロケットは仲間二人と、援軍をアラモに誘導《ゆうどう》するため一度アラモ砦を出たが、翌日には戻ってきている。

こうして、三月六日早朝にメキシコのサンタアナ（一七九四―一八七六）軍事総司令官の指揮《しき》のもと、アラモ砦の中にいた一八〇数人とともにクロケットは殺された。クロケットが死んだことは定かであるが、トラヴィスやボウイについてはその死に様がほぼ確定しているものの、クロケットには諸説があることが、クロケットを英霊化する過程において問題となった。歴然《れきぜん》とした死に様が、彼を英霊に祭り上げるためのクロケット神話なるものを創出するうえで不可欠であった。そこで、改めて史実の探究が必要になってくる。アラモ砦に籠城していた全員が亡くなったということは、生き証人は、アラモ砦の中

「アラモ砦陥落」
（Robert Jenkins Onderdonk 1901年作、James E. Crisp, *Sleuthing the Alamo: Davy Croclett's Last Stand and Other Mysteries of the Texas Revolution*, N.Y., Oxford University Press, 2005, pp.174-175.より）

にいたが命を奪われなかった女性、子供、奴隷《どれい》となる。女性の生き証人の代表がスザンナ・ディキンソン(一八一四―八三)であり、奴隷のそれはジョー(一八一三―?)であった。これ以外に、メキシコ兵士の回想録や証言によってアラモ砦事件が検証される。通常、その現場にいた者の証言内容に主観性は含まれるが、その部分を差し引いた客観性の部分が、重要な史料として扱われる。しかし、本来ならば重宝されなければならない一次史料であるが、きわめて主観性に偏重《へんちょう》した記述内容が多く、史実の歪曲《わいきょく》の疑念がもたれているのである。

まず、少数派の意見として、クロケットは死なずに投降《とうこう》し、メキシコの鉱山に連行され強制労働をさせられた、という説がある。この英雄伝にもならないような話は、いわゆる「噂」の域から生まれたものであると推察されるが、一八四〇年四月の米国紙「ナイル・ウィークリー・レジスター」などで取り上げられたものである。

次に、メキシコ軍副官であったデ・ラ・ペーニャ(一八〇七―四一?)の手記によると、クロケットのほかに四～六人が投降したか、または捕えられたかで戦いの後にまだ生きていたという。サンタアナの前に連れていかれ、慈悲を求めたが、即時に処刑されたと書かれている。これが出版されたのが一八三七年二月であったが、アラモ砦

現在のアラモ砦(筆者撮影)

事件のあとの一八三六年九月にも同様のことがメキシコ軍のアルモンテ（一八〇三―六九）将軍によって書かれていた。その後の研究で、このような手記が書かれる背景として、アラモ砦の戦いの翌月のサンハシントの戦いで、メキシコ軍が敗退しテキサスの分離独立を許してしまった理由として、サンタアナの戦略上の失敗があったことを、部下であるメキシコ軍将校たちが自らの弁明として主張すべく、暴虐的《ぼうぎゃくてき》なサンタアナを批判的に描く必要があったのではないかと考えられるようになった。筆者が思うに、メキシコから見ると、仮にもクロケットが最後まで生きて処刑されたことが脚色された話だとしても、それは、クロケットではなく、あくまでもサンタアナの不名誉のために利用されたものであると考えるのが妥当である。ところが、米国の知識人たちは、デ・ラ・ペーニャの手記が果たしてオリジナルなのか否かという議論に執拗《しつよう》に固執《こしつ》し、複製版において脚色があったのではないかという懐疑的《かいぎてき》な意見が出された。結局、結論に至らず、クロケットの処刑の事実は認められないとする考えが学説の立場である。しかし、映画や逸話としては、クロケットは死刑に処されたことを史実とみなし、彼が最後までアラモの最大の英雄として戦い抜いたことを強調し美化して描く傾向がみられる。

他の証言はどうか。奴隷ジョーとディキンソン夫人の証言は生き証人として貴重ではあるが、クロケットに関して想像を膨《ふく》らませ半ば架空《かくう》の話を創っているという批判がある。彼らの証言はほぼ一致しており、クロケットの亡骸《なきがら》の周りには山ができるほどのメキシコ兵が死んでいた、というものであった。しかし、一方で、クロケットの死体を実際には見ていないとされる二人の証言はきわめて信憑性《しんぴょうせい》が低いのである。

次に、マダム・カンデラリア（一八〇三〔一七八五？〕―一八九九）の証言がある。マダム・カンデラリアには根本的な問題がある。それは、彼女はアラモ砦の中で、病床にあったボウイの看護《かんご》をしていたとし、襲撃当日も中にいたという主張を後世ずっと崩《くず》さなかったが、その確証が取れないのである。従って、彼女はその場にいなかったという反論も多い。そのうえで、彼女によると、クロケットは、教会の建物から塀に向かって走り、武器を手にせずにゆっくりと様子をうかがったところをちょうどメキシコ兵に狙撃《そげき》され、城壁から前向きに落ちて死んだ、という。また、カンデラリアは、クロケットは私が見た奇妙《きみょう》な人物の一人で、顔は女顔で、少女のようなしぐさをしていた。だから、彼が戦死するまで彼に武勇を感じなかった、とも発言している。このような言説はクロケット神話を創出するうえで障壁《しょうへき》とみなされるのである。

以上から、クロケットが最後まで生存し、処刑されたのであれ、あるいは、戦闘態勢に入る前に撃たれて亡くなったにせよ、彼がアラモ砦でなくなったことは事実であろう。歴史はそこまでのことを探究することで十分であろうと思われるが、後世の人間によって、さらに脚色され半ば神話化されていくことは世の常である。その証拠探しのために、ふたたび歴史探究がなされ、その過程で新たに史料が発見され、また新たな歴史的解釈がなされることはまことに興味深いことではある。

最後に、もう一つの問題について指摘しておこう。アラモ砦から逃げ出したところを殺された者が、メキシコのラミレス・イ・セスマ（一七九六―一八三九）将軍の報告書では、六八人もおり、サンアントニオ川で溺死《できし》している者を加えると全体で八〇人ほどいた。これらは、砦の中で戦死した一八〇数人とは線引きされてきた死者である。これも神話形成のうえで扱いにくい史料となっている。アラモ砦の中で死ぬことが英霊には必要であったからである。しかし、アラモ砦の中では、味方も敵も区別できないほどに狭い空間で戦闘が繰り広げられていたことが史料上わかっている。歴史小説家のウィリアム・デイヴィスによると、ここから外に逃げた者の中に、クロケットが含まれていた可能性が高いという。こうなると、ますます論議を醸《かも》すことになるわけである。

果たして、クロケット自身はアラモで戦死することに満足していたのだろうか。当然のことながら、彼の本音はわからない。しかし、そのような父親の遺志を見事に汲んで、息子のジョン・クロケットは連邦議員となり、父親がかつて未完で終わっていた土地法案を無事に可決させたのである。それはアラモ砦事件から五年後のことであった。

⦿参考文献

井出義光「デイビー・クロケット――創られた『アラモ』の英雄」(『歴史読本ワールド 特集 西部』新人物往来社、一九九一年五月、五四～五九頁)
牛島万『米墨戦争前夜のアラモ砦事件とテキサスの分離独立――アメリカ膨張主義の序幕とメキシコ』(明石書店、二〇一七年)
亀井俊介『アメリカン・ヒーローの系譜』(研究社出版、一九九三年)
Crisp, James E., *Sleuthing the Alamo: Davy Crockett's Last Stand and Other Mysteries of the Texas*

Revolution, N.Y., Oxford University Press, 2005.

Davis, William C., *Three Roads to the Alamo: The Lives and Fortunes of David Crockett, James Bowie, and William Barret Travis*, N.Y., Harper Perennial, 1999.

De la Peña, José Enrique, *With Santa Anna in Texas: A Personal Narrative of the Revolution*. Translated and edited by Carmen Perry, College Station, Texas A &M University Press, 1997.

Hardin, Stephen L., *Texan Iliad: A Military History of the Texas Revolution*, Austin, University of Texas Press, 1994.

Lindley, Thomas Ricks, *Alamo Traces, New Evidence and New Conclusions,* Lanham, Republic of Texas Press, 2003.

Lofaro, Michael A. and Joe Cummings (eds.), *Crockett at Two Hundred: New Perspectives on the Man and the Myth*, Knoxville, University of Tennessee Press, 1989.

Motovina, Timothy M., *The Alamo Remembered: Tejano Accounts and Perspectives*, Austin, University of Texas Press, 1995.

Shackford, James Atkins, *David Crockett: The Man and the Legend*, Westport, Greenwood Press, 1981[1956].

Taibo, Paco Ingnacio, *El Alamo, una historia no apta para Hollywood*, Editorial planeta Mexicana, 2011.

虐げられた人々に連帯し、権力に屈しなかった文豪

ヴィクトル・ユゴー

…Victor Hugo…

上垣 豊

ヴィクトル・ユゴー(一八〇二—一八八五)は、フランスの文学者の中で、世界でもっともよく知られている作家である。同時にユゴーはフランスを導いた指導者の一人であり、独裁《どくさい》政治への抵抗のシンボルとなり、共和主義のもっとも輝かしい担い手となった。だが、最初から共和派であったわけではなく、政治的には変遷《へんせん》を重ね、浮き沈みも激しかった。そのなかにあって、終生変わらなかったのは、虐《しいた》げられた人々、貧しい人々に連帯し、社会を少しでも良くしようとしたその姿勢であろう。

時代に刻印された家族——ユゴーの生い立ち

文豪《ぶんごう》ヴィクトル・ユゴーの生涯については、邦訳された伝記や日本人の研究者の手になる優れた著作があり、細部まで知ることができる。同時にユゴーは政治家でもあり、数々の名演説で知られる。そこで、本稿ではユゴーの政治的な側面を中心に、その生涯を追っていくことにしよう。

ユゴーは一八〇二年二月二六日、陸軍将校の家の三男として生まれた。父レオポルは、ナンシーの指物師《さしものし》の息子で、軍隊に入隊し、フランス革命期に出世し、ナポレオン(一七六九—一八二一)に仕

えた将軍である。他方、母親のソフィー・トレビュシェは、フランス西部の都市ナントで鋳造所《ちゅうぞうしょ》を営んでいた家系に生まれ、父は船乗りで、船長になっている。幼少期に両親が死去し、ソフィーは伯母《おば》の家に預けられた。ナントは一七九三年に、反革命の大規模な反乱がおこったヴァンデ地方の主要都市であるが、ソフィーに近しい親族は共和国を支持し、反乱鎮圧《ちんあつ》の側に立っていた。レオポル・ユゴーはこの反乱の鎮圧に派遣《はけん》され、一歳年上のソフィーと出会うことになる。ソフィーは熱心な王党派であったと伝えられるが、ヴォルテールを崇拝《すうはい》していた伯母に影響を受けて、彼女は教会に通っておらず、司祭《しさい》が嫌いであった。カトリック信仰を守るために戦ったヴァンデの農民とはだいぶ異なっている。

それに比べ、ソフィーのナポレオン嫌いはおそらく本物であった。というのは、彼女の愛人ラオリが帝政期の一八一二年にナポレオン打倒の陰謀《いんぼう》事件に連座《れんざ》して銃殺刑《じゅうさつけい》にされているからである。ラオリは夫の同僚でもあり、大変な教養のもち主で、ヴィクトルら三人の兄弟にラテン語を教えたこともあった。

ナポレオンが没落し、王政復古《おうせいふっこ》になると、父も予備役となり、一家の暮らしは苦しくなった。さらに一八一六年に両親が離婚し、ヴィクトルは次兄のウジェーヌとともに母ソフィーに引き取られることになる。

父が出した学費で次兄とともに、ヴィクトルはパリの寄宿《きしゅく》学校で一八一五年から三年間、勉強した。数学の成績もよかったが、ユゴーは詩作にふけるようになった。その後、二人はパリ大学法学部に入学する。ところが、二人は父に大学のことは知らせなかった。それどころが、黙《だま》って文芸雑誌まで刊行していた。驚いた父は、法学部長宛に二人の息子の学業について手紙を書いて問い合わせている。結局、ユゴーは大学で何の学位もとることができなかった。学年末試験を受けるには講義に出席する必要があったが、彼はそれをしなかったのである。

王室御用達の青年詩人

母のソフィーはヴィクトルの才能を見抜き、詩作を奨励《しょうれい》した。一八一七年、まだ寄宿学校にいたころ、母の奨めでアカデミー・フランセーズの詩のコンクールに応募し、選外佳撰《かせん》に選ばれ、ヴィクトルは十五歳にしてその名前が新聞に載《の》ることになった。当時のフランスでは、十八世紀の啓蒙《けいもう》思想家の流れを引き継ぎ、社会を代弁《だいべん》する詩人、「文人」の社会的な威信《いしん》が高かったから、文学で身を立てることを母親が勧めたとしても不思議ではない。

そして二人の兄とともに、短期間ではあるが、先ほど述べた文芸雑誌を発行した。一八二〇年二月に王族のベリー公が暗殺される事件が起こると、自分たちの雑誌に、ユゴーはベリー公の死を悼《いた》んだ頌歌《しょうか》を掲載し、ルイ十八世(在位一八一四—二四)を喜ばせ、王から五〇〇フランの報奨金《ほうしょうきん》を賜《たま》わることになった。

一八二一年に母を亡くすが、翌年、初めての詩集を出版し、王党派の立場がルイ十八世のお気に召し、一〇〇〇フランの年金を与えられた。そして父の同意を得たうえで、子どものころから好きであったアデル・フーシェ(一八〇三―六八)と同年十月十二日に結婚式を挙げている。若い夫婦は年金で生活を始めることになったが、一〇〇〇フランは省庁の職員の給与とかわらず、その後、額は二〇〇〇フランに増額されたが、出費も増え、暮らしぶりは慎《つつ》ましいものであった。

若い頃、生活が楽ではなかったため、成功してからもユゴーは作家の社会的地位の向上と経済的な独立に尽力《じんりょく》した。一八三八年、バルザック(一七九九―一八五〇)が発案した、著作権擁護《ちょさくけんようご》などを目的とする、文芸家協会の設立に加わり、一八四〇年には会長にもなっている。借金漬《づ》けで苦しんだバルザックとは違い、ユゴーは借金を嫌い、お金には細かかった。

一八二四年にルイ十八世が没し、シャルル十世(在位一八二四―三〇)が即位した。ユゴーとラマルチーヌは一八二五年五月にランスで挙行《きょこう》される戴冠式《たいかんしき》に新王から招待を受けた。ユゴーが式の模様を謳《うた》いあげた詩はいくつもの新聞に取り上げられ、絶賛され、王はユゴーに報奨金と褒美《ほうび》の品をとらせた。まさに王室御用達《ごようたし》の詩人であった。

アデルとの結婚を契機にユゴーは帝国の将軍であった父親と接近していく。前年の一八二一年にはナポレオンが没し、それ以降、王政復古に対抗して、帝政の歴史を再創造し、平等で民主的、民衆的なナポレオンのイメージがふりまかれていった。ユゴーもそれに影響を受け、さらには彼自身がナポレオン神話の積極的な担い手となっていく。

芸術における自由を求めて

ユゴーは戯曲《ぎきょく》『クロムウェル』の序文で、厳格《げんかく》な規則に縛《しば》られた古典主義の演劇を批判し、ロマン主義の演劇論を高々と打ち上げた。だが、『クロムウェル』は長すぎて上演できず、上演されたロマン主義の最初の劇の名誉を得たのは、当時はまだ無名であったアレクサンドル・デュマ〔(父)〕一八〇二—七〇)の最初の戯曲であった。デュマとユゴーは親友であるが、同じ一八〇二年生まれで、父はナポレオンに仕えた将軍であった点も共通していた。

演劇は新聞・雑誌よりも世論を動かす力が大きく、台本の検閲《けんえつ》など厳しい統制のもとにおかれていた。また、作家が演劇から得る収入は詩集の印税《いんぜい》収入よりもはるかに大きかった。一八二九年、ユゴーは『マリヨン・ド・ロルム』を執筆した。しかしながら、劇中のルイ十三世の描き方が問題にされ、政府の検閲を通らなかった。ユゴーをなだめるために、八月七日、シャルル十世はサン゠クルー宮にユゴーを迎え入れた。さらに翌日、内務大臣がユゴーと面会し、上演禁止の代償《だいしょう》として年金を四〇〇〇フラン増額すると約束した。だがユゴーはこの懐柔策《かいじゅうさく》をきっぱりと拒否し、大臣へのユゴーの返書は新聞に掲載されることになった。

ユゴーは、十六世紀のスペインに舞台を移し、満を持してロマン主義の劇の上演に臨んだ。その作品が『エルナニ』である。観客がロマン派と古典派に分かれて野次《やじ》りあうことになった。文学史上、「エルナニ合戦」として知られる事件である。上演初日の一八三〇年二月二五日は大変な騒ぎになったが、興行的には大成功を収め、ユゴーに名声と巨額の収入をもたらした。

『エルナニ』の序文で、ユゴーは「芸術における自由」とともに「社会における自由」を求めた。新聞・雑誌を含め、パリ中を巻き込んだ喧噪《けんそう》は夏まで続き、七月にはパリ民衆が蜂起《ほうき》して革命がおこり、ブルボン王家は亡命《ぼうめい》し、オルレアン家のルイ＝フィリップが王（在位一八三〇―四八）として即位した（七月王政）。「エルナニ合戦」は政治的な革命に先立つ、芸術での革命であった。

だが、七月革命にはユゴーは直接関わっていない。彼はもはや過激王党派ではなかったが、まだブルボン王家には愛着があり、王家の亡命に心を痛めていた。七月王政はフランス革命の原理に立ちかえり、よって立つイデオロギーの上では大きな変化があったが、社会構造に大きな変化があったわけではない。

しかも、一八三二年には彼の戯曲『王は楽しむ』が初演だけで、政府によって無期限禁止になっている。この劇は十六世紀のフランスが舞台であるが、劇のなかでの名門貴族への非難が観客の貴族たちを憤激《ふんげき》させたのである。

死刑廃止を求めて

ユゴーはさまざまな形態の抑圧《よくあつ》、隷属《れいぞく》を告発し、迫害された人々と連帯した。さらに当時はほとんど誰も同情しなかった死刑囚にも手を差し伸べようとした。「エルナニ合戦」と同じ頃に、ユゴーは『ある死刑囚の最後』という小説を出版して、死刑の執行《しっこう》を待っている囚人《しゅうじん》の苦悩《くのう》と恐怖《きょうふ》を描いている。ユゴーがギロチンでの処刑の光景を最初に目にしたのは一八二〇年のことである。死刑囚は、ユゴーが詩の中で極刑《きょっけい》を望んだベリー公の暗殺犯であった。だが、死刑を目の当たりにし、激しく動揺した。社会が罪人に対して、罪人が犯したのと同じ殺人をしていることに驚いたのである。現在でこそ、実験的な小説として高い評価を得ているが、この小説は出版当時、酷評《こくひょう》された。死刑廃止を訴えていることがとくに顰蹙《ひんしゅく》の的になった。当時まだ処刑は公開で行われ、民衆に供される娯楽であり、死刑は社会を支える柱であると信じられていた。

ユゴーは法学部の授業に出席しなかったが、法学が向いていなかったわけではないだろう。『死刑囚最後の日』の一八三二年版序文ではイタリアの有名な法学者ベッカーリアも引用されるなど、法律議論に明るい。ほかの作品の中でも、政治や社会について明晰《めいせき》に論じているし、議会での名演説は有名である。弁護士になっても成功したことであろう。

ユゴーはその後も、死刑制度廃止に尽力した。一八三九年、パリで秘密結社、季節社が起こした蜂起に対する裁判で、指導者のひとりが死刑判決を受けた。真夜中に判決を知ったユゴーは即座に国王に手紙を書いた。このおかげで死刑囚は恩赦《おんしゃ》を受け、死刑を免れている。一八四八年、第二共和政となり、憲法草案《そうあん》に政治犯への死刑廃止が盛り込まれた。ユゴーはさらに政治犯に限定せずに死刑制度そのものを廃止するように求めたが、受け入れられなかった。

第二帝政期に亡命生活を送っている時も、外国の死刑判決に対しても発言している。たとえば、一八六二年にはベルギーでの死刑判決に対して、ベルギー国王に手紙を書き、死刑判決を受けた九人のうち七名の減刑《げんけい》を勝ち取っている。やがてフランスだけでなくヨーロッパの死刑廃止論者は誰しもユゴーに意見を求めるようになった。フランスでの死刑制度の廃止はユゴーの生前には実現せずに、一九八一年のことであり、ユゴーは時代を百数十年も先駆けていたことになる。

七月王政の名士

ユゴーは文化遺産に対する新しいまなざしを創始した一人であり、早くも一八二五年に古い教会やお城など文化財の破壊を激しく批判していた。七月王政になってさらに悪化する文化破壊行為に怒り、三二年に雑誌に掲載された論文では、文化財の買い上げも含め、文化遺産保護に巨額の資金を投じるべきであると論じている。当時、文化財の保護を訴えたのはユゴーだけではなかったが、彼の議論がとりわけ精彩《せいさい》があった。ユゴーらの主張を受けて、七月王政期に文化遺産保護行政が制度化されることになる。ある高名な歴史家が述べているように、文化遺産の設定によって私的所有の絶対的な特権に風穴《かざあな》を開けた点はもっと評価されてよい。

ユゴーは政治家になって社会を変えたいと望んでいた。友人の詩人、ラマルチーヌはすでに一八三三年に代議士に当選していた。ところが、当時の代議士の被選挙資格は大変厳しく、ラマルチーヌのような大地主の高額納税者でなければ立候補できなかった。それに対して、貴族院は、七月革命後に世襲《せしゅうせい》制が廃止され、各界名士から国王が任命する制度に変わっていた。ただし、作家が貴族院議員になるためにはアカデミー・フランセーズ会員になる必要があった。アカデミー・フランセーズは、フランス学士院を構成するアカデミーのひとつであり、フランスで最も権威がある学術機関である。終身会員制で、欠員が出ると会員同士の選挙で新会員が選ばれる。ユゴーは一八三五年、三六年と会員選挙に立候補したが落選した。そこへ、幸いなことに王家と近づきになる機会が訪れた。一八三七年、王太子オルレアン公の結婚式の一か月後、各界名士一五〇〇名を招待して、ヴェルサイユ宮殿で催された祝宴《しゅくえん》にユゴーはデュマらとともに招かれたのである。ドイツのメクレンブルク大公国から来た王太子妃は母国でフランス文学の手ほどきを受け、ユゴーの大ファンであった。憧《あこが》れのユゴーと対面を果たした王太子妃は彼の詩をそらんじて見せた。これをきっかけに、ユゴーと王太子夫妻の交流が始まり、ユゴーは王家の取り巻きの文化人の一人となった。

一八四一年一月、ユゴーはついに念願《ねんがん》のアカデミー・フランセーズ会員に選ばれた。翌年七月十三日、オルレアン公が乗っていた馬車の事故で不慮《ふりょ》の死を遂げると、ユゴーはアカデミー会長として、追悼文《ついとうぶん》を作成し、国王に捧《ささ》げた。ルイ＝フィリップはこの追悼文に感動し、ユゴーと王家の絆《きずな》はいっそう深まった。

一八四〇年代には、ユゴーは四〇代になるが、この頃のユゴーは体制を代表する、大金持ちの文化人であった。劇場では彼の戯曲は相変わらず、口笛《くちぶえ》を吹いて野次られ、新聞で嘲笑《ちょうしょう》されたが、彼を当世第一の詩人であると認める人の数は次第に増えていった。一八四五年四月には「ユゴー子《し》爵《しゃく》」として貴族院議員に列せられている。

ところが、同年七月五日に、二〇代半ばの人妻レオニー・ビヤールと密会《みっかい》している現場を警察に取り押さえられる失態を演じた。当時、フランスにはまだ姦通罪《かんつうざい》が存在していた。ユゴーは議員特権と王の計らいで裁かれることはなかったが、レオニーは数か月間、女子修道院送りとなった。実はユゴーには数年前からジュリエット・ドルエという女優の愛人がいたのである。妻アデルとも別れず、三人の女性とユゴーの関係は複雑で説明しがたい。

そういう不祥事《ふしょうじ》を起こしていながら、一八四六年三月十九日、貴族院で、蜂起を起こしてロシアから過酷な弾圧を受けたポーランドを擁護《ようご》した。姦通事件で貴族院の信用を落としたユゴーに対して同僚の議員たちは冷ややかであったが、それにくじけるようなユゴーではなかった。

激動する政治のなかで

一八四八年二月に革命が起こり、国王が退位した。王太子妃を摂政《せっしょう》にして事態の収拾を図ろうとした王家に協力して、ユゴーはバスティーユ広場で摂政政治への移行を告げた。だが、民衆から一斉に罵声《ばせい》を浴び、身の危険さえ覚えた。その時に民衆の拍手喝さいを受けたのは、共和派のルドリュ＝ロランとユゴーの旧友ラマルチーヌであった。

男性普通選挙で行われた四月の総選挙で、正式な立候補表明をしなかったとはいえ、ユゴーは落選の憂《う》き目を味わった。六月四日の補欠選挙では、共和派としての立場を鮮明にし、当選を果たした。当時のユゴーは共和派の中でも保守派に属し、懸案《けんあん》となっていた国立作業場の閉鎖を支持した。失業対策事業にすぎなかったが、仕事にあぶれていても一定額が支給されたので、地方から失業者がおしよせ、国家財政を圧迫し、保守派から憤激《ふんげき》の的《まと》となっていた。国立作業場の閉鎖が告げられると、六月二三日から三日間、パリで暴動がおこり、政府は戒厳令《かいげんれい》を敷いて徹底的に弾圧した。即時銃殺された者が一五〇〇名、他に逮捕者二万五〇〇〇名を数えた。財産をもつ階級ともたざる階級との、命がけの階級闘争であった。この市街戦《しがいせん》において、ユゴーは財産をもつ階級の側に立っていた。憲法制定国民議会は秩序回復のために六〇人の委員を任命した。その一人がユゴーであり、彼はバリケードに向かって政府の命令を読み上げている。ユゴーの自宅も放火されたが、彼は流血の惨状《さんじょう》を見て慄《おのの》き、議会で、戒厳令の延長に反対し、発行停止になった新聞の即時復刊を求めて議場で演説した。ユゴーは政府を見限り、新聞を創刊して、一八四八年十二月の大統領選挙ではナポレオンの甥のルイ＝ナポレオン(大統領在職一八四八—五二)を宣伝させ、その当選に多大な貢献をした。

一八四九年の立法議会選挙で当選すると、ユゴーは議会で貧困問題を取り上げた。ユゴーは、社会主義に反対であると断りつつ、「私は、貧困を絶滅できると考え、そう主張する者の一人である」と述べたため、右派の議員から激しい抗議を受け、議場は一時騒然となった。この年は、ユゴーが「ヨーロッパ合衆国」構想を打ち出した年でもある。

そして一八五〇年、カトリック教会に公立学校の教育への介入を認める法案をめぐって、ユゴーは反対の論陣を張り、ルイ＝ナポレオンと決定的に袂《たもと》を分かった。さらに一八五一年には議会多数派を占める保守派から出された、有権者数を三分の一減らし普通選挙を廃止する法案に左派とともに反対している。

ユゴーは帝政復活の危険に警鐘《けいしょう》を鳴らし、五一年七月十七日には、大統領の再選を可能にする憲法改正案に反対し、三時間以上続く、歴史に残る熱弁によって法案を葬り去るのに貢献した。

不屈の共和主義者、ユゴー

一八五一年十二月二日、大統領ルイ＝ナポレオンはクーデタを敢行《かんこう》した。ユゴーは市内各所で開かれた集会を駆けずり回り、街頭で民衆に抵抗を呼びかけたが、民衆は動かなかった。ユゴーは身を隠さなければならなかった。友人の名前のパスポートを使ってブリュッセルに逃れた。翌年一月九日の政令でユゴーは六五名の同僚とともに国外追放処分にされた。『小ナポレオン』と題したクーデタを弾劾《だんがい》するパンフレットを書き上げたユゴーは、出版直前にベルギーを去り、八月五日、英仏海峡にある小島、イギリス領の小島、ジャージー島に到着した。ルイ＝ナポレオンは、一八五二年に人民投票で圧倒的多数の支持を得て帝政を復活させ、自らはナポレオン三世(在位一八五二―七〇)を名乗った。

一八五五年、ロンドンに亡命していた共和派の友人たちが、フランスを答礼訪問したヴィクトリア女王(在位一八三七―一九〇一)を批判し、そのためにイギリスから国外追放処分になる事件がおこった。これに抗議したユゴーは、女王によって島からの退去命令を受け、ガーンジー島に移っている。妻のアデルは陰鬱《いんうつ》な島の生活を嫌がり、娘を

ヴィクトル・ユゴー
(フランス国立図書館蔵、Alamy提供)

連れてしばしば島を離れ、パリにも姿を現すことがあった。この島から離れず、ユゴーの浮気に悩まされながら、そばにいて献身的に尽くしたのは愛人のジュリエットであった。

工業成長に支えられ、第二帝政は繁栄《はんえい》を享受《きょうじゅ》していた。一八五九年、ナポレオン三世は国外追放にした者に無条件の全般的な恩赦を告げた。フランスに帰国を希望する亡命者は、体制への忠誠を示す必要ももはやなくなった。多くの人々がガーンジー島を去っていった。だが、『懲罰《ちょうばつ》詩集』(一八五三年)の中で、たとえ一人になっても、亡命生活を続けると誓っていたユゴーは、「自由が戻ってきたときに、私は帰国するだろう」と宣言し、亡命を続けることを選ぶのである。一言付け加えると、ユゴーの大ナポレオンへの称賛の念は衰えなかった。ユゴーにとって、帝政は専制であったが、栄光に輝く専制であった。

ユゴーは一八六〇年になって中断していた『レ・ミゼラブル』の執筆を再開した。一八六二年三月から六月末にかけて大著の各巻が次々と出版され、ヴィクトル・ユゴーを世界的に有名にした。第二帝政前半の厳しい統制のもとで、作家・文学者は闘っても無駄《むだ》だと敗北主義に陥っていた。そのなかにあって、亡命生活をあえて貫き、比類《ひるい》のない名声のおかげで、社会参加の文学を実践できたのはヴィクトル・ユゴーだけであった。『レ・ミゼラブル』は既成の社会秩序を告発する小説であった。十九世紀前半には社会問題を取り上げる小説(社会小説)が流行していたが、ユゴーは、一八五〇年以降、保守派によって迫害されていた社会小説に新たな若々しさを再び与えたのである。

クーデタと『小ナポレオン』出版直後は、フランス国内でのユゴーの人気は最低であった。だが、次第にユゴーの決意は理解されるようになった。学生など、エリート候補生の若者の間で、ユゴーの宣言がひそかに回し読まれ、ユゴーを崇拝する若者が増えていった。そして、迫害された人々や反体制派の人々だけではなく、フランスのジャーナリストが海を越えてガーンジー島に来るようになった。

一八六七年、パリで万博が開かれた年に、ナポレオン三世は『エルナニ』の上演を許可した。アデルはパリ旅行を決意し、彼女と息子のシャルルがコメディ＝フランセーズ劇場に姿を現すと、観客は歓呼の声を上げ、親友デュマは涙を流した。

共和国の偉人

一八七〇年九月、第二帝政が崩壊し、第三共和政が成立した。ユゴーに晴れて帰国する機会が訪れたのである。

ユゴーは一八七一年の国民議会選挙ではイタリア統一運動の指導者、ガリバルディらとともに当選している。だがガリバルディの当選は認められず、これに抗議して議員を辞職し、いったんベルギーに出ている。ふたたびベルギーからパリに戻ってきたとき、ちょうどパリ・コミューン参加者への裁判が行われていた。パリ・コミューンとは、普仏《しんふつ》戦争の敗北を認め、終結の仮講和条約を結んだ政府に反対して、パリ市民が徹底抗戦を掲げて自治政府を組織し、抵抗した事件である。五月末に政府軍は市街戦でパリ市を制圧した。戦闘と裁判抜きの処刑によって蜂起した側は三万人以上が殺害され、七五〇〇人がニューカレドニアなどに流刑《るけい》された。ユゴーはパリ・コミューンには反対であったが、コミューン参加者の減刑を求めて奔走し、死刑判決を受けていた三人の女性の命を救うのに成功している。

一九七二年一月七日の国民議会補欠選挙では対立候補に敗れたものの、一八七六年、間接選挙で選ばれて上院議員に当選すると、五月二二日、押し黙る上院議員を前にして、蜂起したパリを擁護し、有罪判決を受けた者全員に対する完全な大赦《たいしゃ》を求めている。

一八七六年の下院選挙では共和派が勝利した。大統領のマクマオンは王党派であったが、仕方なく共和派のジュール・シモンに組閣させた。だが、翌年五月十六日、シモンを解任して、下院を解散し、総選挙に打って出た。選挙戦に突入すると、ユゴーは『ある犯罪の物語』というパンフレットを出版した。ルイ＝ナポレオンによるクーデタを糾弾《きゅうだん》したパンフレットは、五月十六日の政変と重ね合わされてよく読まれ、数時間で二万二〇〇〇部、数日間は毎日一万部の売れ行きであった。十月十四日の選挙では共和派が再び勝利し、下院で多数派を確保した。そして、一八八〇年にはパリ・コミューン参加者に恩赦が出されるのである。

晩年のユゴーは著作権収入のほか投資も行って富裕《ふゆう》になった。流刑された家族、リヨンの労働者、政治犯、さらには単なる私人にも援助を惜しまなかった。晩年になっても創作意欲は衰えず、次々と作品を発表し、『レ・ミゼラブル』など、彼の小説を原作とする劇が上演された。その人気は自然主義の流行作家エミール・ゾラがやっかむほどであった。

ユゴーの人生は浮き沈みが大きかったが、晩年は、ユゴーとフランス国民世論が最も合致した時期であり、国民から崇拝《すうはい》される存在となった。一八八五年に没した時、国葬にされ、共和国の偉人として、ヴォルテールやルソーらが眠るパンテオンに遺骸《いがい》が移送された。

最後にユゴーの限界についても触れておこう。ユゴーは、フランスで最も早くから奴隷制廃止を唱えた一人とされている。処女小説『ビュグ＝ジャルガル』（一八二六年）は、カリブ海諸島の砂糖植民地、フランス領サン＝ドマング（現在のハイチ共和国）の黒人反乱を描いている。同時にアフリカの植民地化には早くから賛成していた。現代フランスを代表する歴史家が書いているように、ユゴーは「時代のあらゆる矛盾《むじゅん》の木霊《こだま》」であった。

⊙参考文献

アンドレ・モロワ（辻昶・横山正二訳）『ヴィクトール・ユゴーの生涯』（新潮社、一九六九年）

辻昶・丸岡高広『ヴィクトル＝ユゴー』（「清水書院　人と思想」、一九八一年、〔新版〕二〇一八年）

ヴィクトル・ユゴー（小倉孝誠訳）『死刑囚最後の日』（「光文社文庫」、二〇一八年）

ヴィクトル・ユゴー『ヴィクトル・ユゴー文学館』（全十巻）（潮出版社、二〇〇〇〜二〇〇一年）

西永良成『「レ・ミゼラブル」の世界』（「岩波新書」、二〇一七年）

Christophe Charle, *Discordance des temps*, Armand Colin, 2011.

Alain Decaux, *Victor Hugo*, Perrin, 1984, 2011.

戦争に反対し、
凶弾に倒れた社会主義者

ジャン・ジョレス

…Jean Jaurés…

上垣豊

戦争に反対していたジャン・ジョレス(一八五九—一九一四)は一九一四年七月三一日、パリで暗殺された。その直後にフランスは未曽有《みぞう》の被害をもたらした第一次世界大戦に突入していく。社会主義と共和主義の理想を唱え、平和を訴えたジョレスは、今日のフランスでは左派だけでなく、社会主義とは何の関係もない中道右派の政治家からも称賛の的となり、同時代のフランスの政治家の中で、ほとんどただ一人、世界に知られる人物となっている。それはたとえ殺害の脅しを受けても、ジョレスがひるまずに、全力を尽くして平和を守ろうとしたからである。

ジョレスについては、伝記が翻訳《ほんやく》され、日本人の研究者による優れた研究書もある。だが、高校の世界史教科書には一九一四年に暗殺されたことぐらいしか載っておらず、一般の日本人にはその生涯はあまり知られていないのではないだろうか。この稿では、ジョレスの教養や文化的な側面にも目をむけながら、生涯をおってみることにする。

田舎の優等生

ジャン・ジョレスは一八五九年九月三日、フランス南西部のカストルに生まれた。ジョレスの父はさまざまな商業活動を行っていたが、成功せず、収入も多くなかった。母は熱心なカトリック教徒であった。だがジョレス一族は教養のあるブルジョワ階層に属し、陸軍、海軍で出世した者も少なくない。なかでも、父の二人のいとこ、シャルルとバンジャマン・ジョレスは海軍提督であった。バンジャマンはタルン県選出の代議士、上院議員、大使、大臣という輝かしい経歴をもち、ジャン・ジョレスに目をかけて、一家に助言をしてくれていた。ジャン・ジョレスの一歳年下の弟ルイも、海軍に入り、キャリアの最後には提督となっている。

暖かい南国の生まれで、言葉には南フランスの人らしい甘ったるい調子があった。当時の南フランスの民衆の間では、オック語という地方語がつかわれていた。ジョレスの親族は互いの間ではオック語ではなく、学校と同様にフランス語を使っていたが、ジョレスはオック語をよく知っており、オック語を聞いたり話したりするのが好きだった。

ただし、南フランスのプロヴァンス地方でミストラルが始めた、フェリブリージュと呼ばれるオック語擁護運動とは一線を画していた。フェリブリージュはオックの文明と言葉をあまりにもフランス文明と切り離し過ぎていると彼は思っていたのである。

ジョレスはカストルの私立の寄宿学校で最初の教育を受け、そこでラテン語を学んだ。当時のフランスでは立身出世するためには、ギリシア語・ラテン語の古典語を学ぶ必要があった。そこで一八六九年十月にカストルの市立中等学校に入った。

ジョレスはラテン語をすらすらと読むことができ、ギリシア語もよく知っており、ドイツ語も十分な知識があった。パリから視学総監《しがくそうかん》が学校を視察に来た時、ジョレスはその実力を示した。視学総監はジョレスの両親に、息子をパリの学校で教育を受けさせるように説得した。

高校の哲学教師をめざして

一八七六年の新学年、ジャン・ジョレスは奨学金を得てパリの寄宿学校に入学し、そこから名門のルイ＝ル＝グラン校に通うことになった。第三共和政が一八七〇年に成立し、共和派が選挙で躍進し始めた頃のことである。一八七八年には、超難関《ちょうなんかん》の高等師範《しはん》学校ユルム校に首席で合格した。高等師範学校はエリートの中等教員養成機関であるが、同時に一流の研究者も養成しており、今でも学術の面ではフランス最高峰の高等教育機関である。同期に入学した著名人の中には哲学者のベルクソンがいる。同じ年に生まれた社会学者のデュルケームもジョレスより一年遅れて入学を果たしている。

高等師範学校時代のジョレスは、作文の課題が出ると、ノートを作らずに、必要なところを読み終わると、椅子《いす》の上で体を揺り動かしながら、考えを少しずつまとめていき、そして、一気呵成《いっきかせい》に書いていった。ジョレスはホメロスやプラトンの文章を暗記していた。授業でも、学校を卒業した後でも、演説でも、あらかじめ原稿を書いて用意することはしなかった。ただ単に散歩しながらじっくり考えるだけであった。

ジョレスはよく眠り、夕食を終えると早い時間に就寝《しゅうしん》した。金銭にはこだわらなかった。ポケットに一スーでもあれば、王様のように満足し、乗合馬車に乗るお金もしばしばなかった。計算が苦手で、簡単な計算でもすぐに混乱してしまった。身だしなみには気をつけなかった。級友たちはそれを面白がっていたが、心の底では彼の子どものような素朴さが大好きだった。知的な優越性、素晴らしい雄弁《ゆうべん》のおかげで、高等師範学校だけでなく、パリ大学など教育機関が集中するカルチエ・ラタンの地区全体で、ジョレスは人気者であった。

一八八一年春にアグレガシオンというエリート中等教員試験に合格した。哲学のアグレガシオンの口頭《こうとう》試問《しもん》では模擬《もぎ》授業が行われた。ジョレスの番になった時、半円形の教室はあふれんばかりの人だかりであった。彼の口頭試問が終わると会場は突如《とつじょ》空っぽになった。だが、アグレガシオンの結果に誰もが驚いた。ジョレスは合格したが、一位ではなく三位で、ベルクソンも一位になれず、二位だったからである。

アグレガシオンに合格した後、ジョレスは両親の近くにいようと考えて、アルビのリセの哲学教授になることを志望した。リセとは七年制の国立中等学校であり、戦前日本の旧制高校に相当している。授業での話し方は非の打ちどころがなく、生徒を魅了した。一八八三年の新学年に、彼はアルビのリセを去って専任講師としてトゥールーズ大学に着任し、六名の哲学専攻の学生に向かって授業をすることになった。

だが、すでに政治のことが彼の心をとらえて離さなかった。ジョレスの母は、息子が学究の道を捨て、偶然に左右されやすい政治の世界に入るのを見て、心配になった。一八八二年に、ジョレスの父は長い闘病生活の末に亡くなっていた。そこで母は親戚の海軍提督バンジャマン・ジョレスのもとに相談に行った。提督の家は、ジョレスが高等師範学校の生徒であった頃、定期的に通っていた唯一の家であり、ジョレスは提督を「おじさん」と呼んでいた。提督は母親にジョレスの好きなようにさせなさいと助言し、母親は仕方なくそれにしたがった。

政治家へ転身

ジョレスは一八八五年の総選挙で共和派から立候補して当選した。まだ二六歳の若さで、最年少の議員であった。文学部の大学教員が政治家になるのは日本では考えられないかもしれないが、当時のフランスでは珍しいことではなかった。たとえば、この時のタルン県の共和派の候補者のなかにも、現職代議士で同じ大学の文学部教授がいたのである。翌年、彼は地方の名士の娘とカトリック教会で結婚式を挙げている。

彼は議会で雄弁ですぐに知られるようになった。ジョレスは議会では与党の穏健《おんけん》共和派に属していた。当時の穏健共和派は、初等教育の義務化など公教育制度を整備したジュール・フェリー(一八三二―九三)によって率いられていた。だが、フェリーが社会問題に熱心でないことに、ジョレスは失望し、共和派の中にあって居所を見つけられなくなった。とはいっても、あまりに党派的な社会主義者にもついていけなかった。

不況によって社会不安が高まるなか、一八八〇年代末には、ブーランジェ(一八三七—九一)将軍が議会解散、憲法改正を掲げて大衆的な人気をつかんだ。将軍を支持した人々の中には右翼ナショナリスト、王党派だけでなく、急進共和派や社会主義者も含まれていた。ジョレスは、ブーランジェ将軍には同調せず、その排外主義的なデマゴギーに警鐘を鳴らしている。

一八八九年の小選挙区制で戦われた選挙では共和派が大勝し、ブーランジェ派は一掃《いっそう》された。だがジョレス自身は炭鉱会社の経営者の娘婿のソラージュとの一騎《いっき》打《う》ちに敗れて、大学講師に復職することになった。

当時のフランスの大学では一般市民向けの公開講座が開かれていた。ジョレスはそこで、ドイツ社会主義の起源について話している。彼の公開講義には人々が殺到した。常連の聴衆には、地元の名士だけでなく、労働者の姿もあった。その傍らで、彼は毎週一回地方の政治新聞「ラ・デペーシュ・ド・トゥールーズ」に論稿《ろんこう》を寄せ、さまざまな問題を論じた。

一八九〇年七月、トゥールーズ市長に請われて市議会補欠選挙に立候補し、難なく当選した。一八九二年の市議会議員選挙でも当選し、第二助役《じょやく》に指名された。ジョレスは後年、国政で活躍し、与党の一角を担うが、入閣したことはなかった。助役時代の彼の業績はジョレスの行政手腕を示すものとして興味深い。「ばら色の街」の別名のある、フランス南西部のこの美しい都市では、全国的に知られた詩のコンクールを主宰する歴史のある学術協会の活動や演劇など、学術文化活動が盛んであった。ところが、市議会でこうした団体への補助金を全廃せよと言う議員が現れた。ジョレスはこれに反論し、補助金予算を守っている。ほかにもトゥールーズ大学に医学部を新設し、文学部と理学部の建物を拡張し、初等教育の予算も拡充している。

社会主義者ジョレスの誕生

タルン県には、カルモーという炭鉱の町があった。ところが、不況のため、一八八〇年代の中ごろから労使関係は緊張していた。労働条件は過酷で、事故も多く、労働者は厳しく監視され、労働者の不満は募っていた。一八九二年五月に行われた市議会選挙では社会主義派が勝利し、炭鉱労働組合の活動家カルヴィニャックがカルモー市長に選出された。ところが炭鉱会社は、八月に新市長を解雇《かいこ》した。

カルヴィニャック解雇に対して炭鉱労働者はストライキで応えた。三〇〇〇人のスト参加者に対して一五〇〇人もの兵士が送られ、スト参加者は投獄された。ジョレスは早くから労働者を支援し、集会を組織し、新聞記事を書き、労働者の闘争を全国に知らせようと奮闘《ふんとう》した。反響は全国に及び、支持集会が各地で開かれ、議会でも質疑応答が行われた。十週間続いた闘争の後、鉱山労働者は首相から有利な調停を勝ち取り、カルヴィニャックは再雇用された。ジョレスの名前は全国に知られるようになり、彼の支援を得ようとジョレスはフランス各地の労働者から招かれるようになった。

会社側のソラージュは代議士の職を辞職し、補欠選挙が行われることになった。地元の社会主義派の選挙集会でジョレスが候補に選ばれ、ジョレスは快諾した。一八九三年一月の補欠選挙でジョレスは当選した。とくに炭鉱労働者が集中している地域では圧勝であった。カルモー炭鉱労働者のストライキがジョレスの生涯に決定的な影響を与えたのである。

ジョレスは社会主義者として議会に戻ってきた。一八九三年の総選挙では社会主義派は躍進《やくしん》し、四〇名を超える議席を獲得した。しかし、社会主義者はいくつかの派に分かれて相変わらずいがみあっていた。

ドレフュス事件

一八九四年、参謀《さんぼう》本部のドレフュス（一八五九―一九三五）大尉がドイツに軍事機密を流した罪で軍事法廷において終身判決を受ける事件が起こった。ドレフュス大尉はアルザス出身のユダヤ系であったので、有罪判決は反ユダヤ的な偏見《へんけん》に影響されたものであった。ジョレスは当初、多くの国民と同様に大尉の有罪を信じていたが、やがて後輩のレオン・ブルムなど、高等師範学校関係者に感化されて、大尉の無実を確信するようになった。

ジャン・ジョレス（Alamy提供）

事件は、一八九八年一月に作家のエミール・ゾラ(一八四〇―一九〇二)が新聞に「われ弾劾《だんがい》す」という論説を発表して、局面は大きく変わった。だがゾラは、名誉棄損《めいよきそん》で訴追され、ジョレスも裁判で証言にたったものの、禁固刑《きんこけい》の有罪判決を受け、ロンドンに亡命した。ドレフュス擁護派は手詰まり状態になっていた。その時、窮地を救ったのはジョレスであった。

だが、ジョレスは一八九八年五月八日の選挙で、炭鉱会社に支援された右派の候補に敗北した。地方の保守派の新聞はドレフュス事件を利用して、ナショナリズムと反ユダヤ主義をあおった。フランス初のマルクス主義党派であるゲード派が反ジョレスに回ったのも痛かった。選挙区に固有の問題もあったが、社会主義派はドレフュス事件への対応で割れ、ゲード派はブルジョワの内乱に介入する必要はないと考えていた。他方では、反ユダヤ主義は労働者の世界にも広がっていた。それでもジョレスはドレフュス擁護の闘いをやめなかった。

八月から九月にかけて、ジョレスは新聞に次々と論説を掲載し、ドレフュスの無実を論証していき、これらの論説をまとめて『証拠』として出版した。ジョレスの奮闘によって、ようやく再審が行

ドレフュス事件

官位剥奪式《はくだつしき》で剣を折られるドレフュス。
(当時の新聞「Le Petit Journal」紙、
ウォーカーアートライブラリー蔵、Alamy提供)

われることになった。

ところが、一八九九年九月九日に、ドレフュスは再び禁固十年の有罪判決を受けた。首相ワルデック＝ルソーが恩赦《おんしゃ》を出して事件を収束させたが、ドレフュスが無罪判決を勝ち取るのは一九〇六年のことであった。ドレフュス派の多くの人々がこの問題に関心をもたなくなっていた。その間、最も献身的にドレフュスの名誉回復のために尽力したのはジョレスであった。

社会主義者の統一と共和国防衛

「共和国防衛」を掲げ、一八九九年六月に成立したワルデック＝ルソー内閣にはアレクサンドル・ミルランが社会主義者として初めて入閣した。この時、ミルランはブルジョワの代表との一切の妥協を拒絶したゲード派によって、「裏切者」扱いされた。ジョレスは、共和国の防衛を優先させ、入閣を支持した。ジョレスにとって、社会主義は共和国の延長上にあり、その帰結であった。下院の選挙は小選挙区制で、一回目の投票で単純過半数を得た候補がいない場合は、二回目の投票を行い、票数が最多となった候補が当選する仕組みである。ジョレスは急進共和派と同盟を結び、第二回投票では自派の候補の立候補取り下げの犠牲《ぎせい》を払うことを辞さなかった。

実際に、共和国を脅《おびや》かす勢力はまだ強力であった。カトリック教会が隠然《いんぜん》たる敵対勢力になっていたのも大きかった。国家と社会へのカトリック教会の影響力をそぐために、一九〇五年に政教分離法が成立する。この法案の成立にもジョレスは大きな役割を果たした。近年の研究では、ジョレスが王党派議員と水面下で接触していたことが指摘されている。ジョレスの介入のおかげで教会側が受け入れやすい形に法案は改正された。

ジョレスはほかの社会主義者から、ブルジョワ政党に妥協しすぎるとか、あるいは革命を目指さずに改良主義的であるとかの非難を繰り返し受けた。ジョレスは武装蜂起を支持せず、経済的破局によって労働者が目覚め、革命が起こるという議論にも与《くみ》しなかった。そもそも当時の社会主義の理論では革命と改良の関係は未整理であったのである。ジョレスはドイツの社会主義に通暁《つうぎょう》しており、マルクスの『資本論』を読み、資本主義社会の分析を受け入れ、社会革命の必要性を認めていた。同時に、共和国のもっている可能性を信じ、選挙を通じての変革を展望した。

近隣諸国と比べ、フランスの社会主義者の分裂は深刻であった。ジョレスは仲間から激しい非難を浴びながら、フランス社会主義者の統一に多くの精力を割いていく。一九〇二年の総選挙で、ジョレスはカルモーの選挙区で返り咲き、それから連続当選を果たした。

一九〇五年に労働者インターナショナル・フランス支部(SFIO)が設立された。これが一九六九年までの「フランス社会党」の正式名称である。一九〇八年のトゥールーズ大会で、ジョレスの立場が採用され、社会党は基本的に革命政党であるので、最も積極的にそして最も現実的に改良主義的な党であると規定された。勝ち取られた改革のそれぞれがより広い要求とより大胆な成果の始点となるとみなされたのである。党首にはならなかったが、今やジョレスは党内でもっとも影響力のある指導者であった。統一された党は選挙で躍進を遂げた。一五〇万の票を得て、下院議員約一〇〇名を擁《よう》するようになった。

ジョレスは労働運動との関係も必ずしも良好ではなかった。当時の労働運動の最大のナショナルセンターである労働総同盟（CGT）指導部は革命的サンディカリスムという、政党から独立してゼネストによって革命を起こそうと考える潮流が多数派であり、ジョレスを激しく批判していた。

ジョレスは議会活動を行いながら、日刊紙に掲載する記事を執筆していた。午後二時から夕方まで、ジョレスはベンチで、そして廊下で考えていた。夕方になると「ラ・プチット・レピュブリック」、あるいは彼が創刊した「リュマニテ」の編集室に現れ、執筆した。多忙を極めながら、青年時代と同様に読書を続けた。文学、哲学、批評、歴史、書簡集、回想録、学術書、フランス語、ドイツ語、英語で書かれたものも読んだ。しかしながら古典文学を読むのも怠らなかった。親友のレヴィ＝ブリュールは、ジョレスがホメロスを没頭《ぼっとう》して読んでいるところを見たことがある、と書いている。アイスキュロス、ダンテ、ヴィクトル・ユゴーも飽きずに読んだという。

植民地主義と戦争

植民地主義に対するジョレスの態度はしばしば批判されるところである。一八八〇年代、ジュール・フェリーが進めたインドシナ侵略をためらわず支持していた。それから一定の変化はあったものの、一九〇二年に下院に返り咲いてから、左派ブロックを支持し、しばらくの間は下院の議長であった。そのためもあって、当時の彼の発言は煮え切らない。植民地政策をもっと慎重に、より人間的に行うように求めている程度であった。

孫文《そんぶん》を指導者とする中国の運動、青年トルコの運動など、反植民地主義運動にも関心をもつようになったが、ジョレスがフェリーの植民地主義的言説から抜け出ることになったのは、一九〇七年のことである。彼はその年にモロッコでの残虐《ざんぎゃく》な征服、とりわけ八月五日のカサブランカ砲撃を非難している。

一九一〇年には、植民地で活動をしていた一部の将軍たちが黒人兵士の徴集《ちょうしゅう》を提案した時に反対している。奴隷制《どれいせい》と植民地化の後、アフリカの人々に殺人の新たな試練を与えることになると考えたからである。また彼はイスラーム文明を高く評価し、擁護《ようご》して、フランスの大学にイスラームの歴史と法の講座を設けるように要求している。

ジョレスは晩年の数年間、平和のための闘いに没頭した。

当時の社会主義者のなかで軍事に詳しい専門家はほとんどいなかった。そのなかで、二人の「おじ」が海軍提督であったジョレスは例外であった。ジョレスは、一九一一年に出版された『新しい軍隊』のなかで、好戦主義的な軍隊ではなく、国土防衛に専念する民兵組織の軍隊の創出を提案している。

ジョレスは国際的な調停による紛争の解決と、国際的に組織される労働者のゼネストによって、戦争を回避しようと考えた。ジョレスはまた国際会議に熱心に出席し、平和を訴えた。なかでも、一九一二年十一月二四日、バーゼルで開催された第三インターナショナルの大会でのシラーを引用した演説は、歴史に残る名演説である。だが、ドイツとの平和的解決を求めたために、裏切り者扱いされ、一九一〇年代になると、殺害の脅迫《きょうはく》まで行われるようになった。

一九一四年の夏にはナショナリスト右翼はジョレス殺害を扇動《せんどう》するまでになった。まるでジョレスが死ねば、戦争に反対する最後の砦《とりで》がなくなるかのようであった。ジョレスは七月十四日パリで開かれた党の全国大会で国際的な労働者のゼネストを組織するという方針を可決させた。七月二三日にドイツ、オーストリアがセルビアに宣戦《せんせん》を布告し、事態は風雲急を告げた。ジョレスは、七月二九日、ブリュッセルのインターナショナル事務局臨時会議で戦争阻止を訴え、三〇日にパリに戻り、三一日、「リュマニテ」編集部の近くにあるカフェ・デュ・クロワッサンで、新聞の論説を執筆する前に一休みして、夕食をとっていた。夜九時四〇分、至近距離で銃弾が発射され、ジョレスの命は一瞬にして奪われた。ジョレスの死に政敵も含めて多くのフランス人が哀悼《あいとう》の意を表した。八月四日の葬儀では葬列を見送るために集まった群衆で街頭はあふれた。暗殺の翌日に総動員令が発令され、八月二六日に挙国一致の神聖同盟が成立した。ジョレスの喪《も》に服しながらフランスは第一次世界大戦に突入していくのである。

第一次世界大戦とロシア革命の衝撃《しょうげき》はフランス社会党を直撃した。ジョレスの党は大戦後の一九二〇年のトゥール大会で分裂し、左派は翌年フランス共産党を結成し、ジョレスが創設した「リュマニテ」を継承した。この時以来、社会党と共産党は、どちらがジョレスの正統な継承者であるかをめぐって争うことになる。一九二四年、選挙で勝利した急進社会党と社会党を中心にした左派連合が政権についた年に、パンテオンにジョレスの遺骸《いがい》が移送されている。その時の社会党党首はレオン・ブルムであった。他方、ジョレスを暗殺した犯人は、一九一九年に裁判で無罪判決になり、憤激した市民が抗議運動を起こしている。

二〇一四年、ジョレス没後百周年の記念行事が地方で、フランスで、さらに国際規模で数多く催された。第三共和政前半期の同時代の政治家はほとんど忘れ去られてしまったのに、ジョレスの人気は衰えることを知らない。二〇世紀末には、世界で社会主義陣営が崩壊し、西側が勝利したかに見えたが、貧富の差は拡大し、新たな世界戦争こそ起こっていないが、世界のさまざまな地域で紛争や戦争は続いている。人間の顔をした社会主義、戦争のない国際社会、これらをどうしたら実現できるのか。もしジョレスが生きていたら、どのように答えてくれるであろうか。

⊙参考文献

ヴァンサン・デュクレール(大嶋厚訳)『ジャン・ジョレス　一八九五―一九一四――正義と平和をもとめたフランスの社会主義者』(吉田書店、二〇一五年)
横山謙一『ジャン・ジョーレスとフランス社会主義運動――ジャン・ジョーレスの青年時代』(成文堂、二〇一九年)
Vincent Duclert (dir.), *Jaurès contemporain*, Paris, Privat, 2018.
Jean-Paul Rioux, *Jean Jaurès*, Paris, Perrin, 2005.
Lucien Lévy-Bruhl, *Jaurès : Esquisse bibliographique*, Paris, Manucius, 1924, 2016.

女性とともに
世界帝国建設を志した
文明の戦士

シオドア・ローズヴェルト

… Theodore Roosevelt …

中野博文

第二六代アメリカ大統領(在職一九〇一—〇九)シオドア・ローズヴェルトは、一八五八年、ニューヨーク市で植民地時代から続く名門の家に生まれた。コロンビア大学ロー・スクールで学んだ後、一八八一年、ニューヨーク州下院議員に当選。一八八四年、家族を失った傷心《しょうしん》から故郷を離れ、カナダ国境に近いダコタ準州の荒野で牧場を営む。一八八六年、ニューヨーク市長選に出馬、落選するもその善戦で著名となる。一八八九年、ハリソン大統領(在職一八八九—九三)により連邦公務員任用委員会委員を命じられ、一八九五年には腐敗《ふはい》の巣窟《そうくつ》とされたニューヨーク市警を建て直すため、市警本部長に抜擢《ばってき》される。一八九七年、マッキンリー政権で海軍次官。翌年に米西戦争が開戦すると、志願兵部隊を組織してキューバで奮戦《ふんせん》。帰国すると一八九九年にニューヨーク州知事、一九〇一年に副大統領となる。同年、マッキンリー大統領(在職一八九七—一九〇一)の暗殺によって四二歳の若さで大統領に就任した。

一九〇二年、大規模な炭鉱ストライキが起こると、大統領として労働者、消費者に有利な調停を実現。その手法の斬新《ざんしん》さにより、巨大企業の手先とみられていた大統領のイメージを一新する。この争議への調停を手始めに、企業の専横《せんおう》を抑えるための一連の立法を実現。食品衛生の確保や自然環境保護に取り組むなど、米国社会が求めた改革を次々と着手し、革新主義と呼ばれる二〇世紀初頭の時代精神を体現した政治家となる。外交面ではパナマ運河の建設推進、日本からの移民をめぐる日米紳士協定を締結《ていけつ》。一九〇六には日露戦争（一九〇四〜〇五年）の調停など平和への貢献《こうけん》が評価されてノーベル平和賞を受賞した。

一九〇九年に大統領を引退。一九一二年、国政の停滞を憂《うれ》えて大統領選挙に出馬したものの、民主党候補ウィルソンに敗北。第一次世界大戦が勃発《ぼっぱつ》すると国防強化に尽力《じんりょく》し、米西戦争時と同じく志願兵部隊を結成してドイツ帝国打倒を企図《きと》するものの、ウィルソン大統領（在職一九一三―二一）に阻止される。一九一八年、ウィルソンがヴェルサイユ講和条約で取り組んだ平和構想の非を説いて論戦を展開。翌年、急死。

最前線に立つ者の矜持

米西戦争が勃発する前年、私は海軍次官であった。私が属する政党が政権に就くまでの時期、私は持てる限りの信念と情熱を使って、米国の義務を説いた。それは、キューバに介入して西半球からスペインを追い出すというものであった。……そして、はじめから私は、戦端《せんたん》が開かれたならば、何としても前線で戦おうと決意していた。

これはシオドア・ローズヴェルトが記した著作の一節である。

国家指導者の発言は虚偽《きょぎ》と誇張《こちょう》に満ちている。しかし、このローズヴェルトの言葉に嘘《うそ》はない。

米西戦争の開戦時、彼は三九歳である。世界を旅して冒険を繰り返してきた彼の人生で、それは初の戦争経験であった。生死の狭間《はざま》で自らの生きる意味と西洋文明の真価を問い続けてきた男は、望んで死地へと赴いたのである。

英国のグリニッジを通る子午線《しごせん》で地球を半分にしたとき、その東側にはユーラシア大陸、西側には南北アメリカ大陸がある。つまり、西半球とは南北アメリカの世界であった。ローズヴェルトは、そこからスペインの暴虐《ぼうぎゃく》を一掃《いっそう》するために仲間を集め、最前線に立つ。

彼の戦士としての生き様は終生変わらなかった。死を間近にした五〇代後半になったとき、ヨーロッパで第一次世界大戦が勃発《ぼっぱつ》すると、西部戦線でドイツと戦うのを希求したのである。

こうした戦いの人生は北米の伝統である。北米への最初期の植民者とされるのは、トルフィン・トルザルソンである。十一世紀、北ヨーロッパからアメリカ東海岸に植民した彼の異名は、「俠気《カルルセヴニ》のトルフィン」であった。この名からも知れるように、北米大陸にはあまたの苦難を義俠の心で克服《こく ふく》した人々の足跡が刻まれている。また、米国大統領では、初代のワシントンから十九世紀末まで軍人出身者が数多い。植民と開拓が命を賭《か》けた戦いであった以上、戦士が指導者になることは当然なのであった。

ローズヴェルトは自らの人生行路がそうした男たちの系譜《けいふ》に列なっていることを常に意識して生きた人である。そうであるからこそ、彼の生き方を嘲笑《ちょうしゅう》し、心の底から嫌う者も多い。時代が十九世紀から二〇世紀に変わり、都市生活者が米国でも増えていくと、植民者の苦難は過去の歴史となり、開拓時に存在した生き方は野蛮《やばん》であると否定されていった。そうしたなか、彼は旧世代の遺物と見られるようになったのである。

ローズヴェルトが現職大統領のとき、その外交手腕が評価され、ノーベル平和賞授賞が決まった。しかし、この報が入ると、ローズヴェルトの好戦的発言が問題視され、授賞反対の声が沸《わ》き上がった。戦争屋で性格に問題があったとの指摘は今日でも多い。米国外交史研究の第一人者ウォルター・ラフィーバーは、狩猟《しゅりょう》や戦争に命を燃やした彼の性格は、野蛮さにあふれていたと述べている。

ローズヴェルトと同じニューヨーク人であるリチャード・ホフスタッターはもっと手厳しい。ホフスタッターは前世紀の米国を代表する歴史家であるが、彼のローズヴェルト評は二〇世紀知識人の代表としてローズヴェルトを告発する趣さえある。「ローズヴェルトの散文にもっともよく出てくる言葉のうち『男らしく《マンリー》』と『堂々と《マスタブル》』の二つは、他者に対して優越的な態度をとりたいという執拗《しつよう》な欲求を反映している。こうした個人の内面的動機が、公けの事柄に投射《とうしゃ》されて、容易に帝国主義的な衝動となってあらわれた」と断じたのであった。

二一世紀には、戦地で戦う男たちの「男らしさ」、そして愛する男たちを死地へと送り出す「女らしさ」を時代錯誤《さくご》の発想としりぞける風潮がある。そうした風潮に染まった立場から見れば、ローズヴェルトは歪《ゆが》んだ性別役割に縛《しば》られた野蛮人の権化《ごんげ》であろう。ホフスタッターの発言はそうした評価の先駆けであり、今日でもホフスタッターの解釈に追随している歴史研究者は数多い。

しかし、ローズヴェルトの人生を現代人の価値観で一蹴してしまうのは、平和主義や差別反対の考えに凝《こ》り固まっている者か、彼の生きた波乱の時代を知らない者であろう。確かに、彼は戦いを好んだ。しかし、彼は戦いに臨んだとき、常に名誉を重んじた。それは「テディ・ベア」の故事を思うだけでも、よくわかる。

周知の通り、テディ・ベアとは熊の縫《ぬ》いぐるみの名であるが、それが世界に普及したきっかけは「ワシントン・ポスト」紙の報道であった。狩猟を愛したローズヴェルトは、あるとき、一匹も獲物がとれなかったことがある。気を遣った友人が熊を捕《つか》まえて木に縛り、とどめの銃弾を発射するようすすめたが、テディ(シオドアの愛称)は断る。狩りとは猛獣《もうじゅう》と人との命をかけた戦いなのであり、無抵抗で縛《いまし》められた熊を撃つなどスポーツマンシップに反するとしたのであった。

あきらかに、こうした価値観は今日のものではない。ただ、忘れてならないのは、ローズヴェルトの戦士としての誇りは平和な世界の実現を目指し、すべての人の権利を保障する公正な社会を求めたことである。この点で、今日の米国に跋扈《ばっこ》している、私欲しか考えない醜悪《しゅうあく》な差別主義者とは雲泥《うんでい》の違いがある。以下では、若き日のローズヴェルトが身につけた男としての生き方がどのようなものであったのかを、その起源とともに探ることにしよう。

南北戦争で揺れる家族のなかで——苦難に挑む猛き心の芽生え

戦士の人生へとローズヴェルトを駆り立てたものとは、何であったか。その出生から言えば、彼は一生涯、戦争と無縁に暮らせたはずである。

ニューヨーク市の中心部マンハッタンの東二〇番街二八番にあった瀟洒《しょうしゃ》な邸宅が、彼の生家である。ニューヨークの名門のことをニッカボッカと呼ぶ。ローズヴェルト家はその言葉の由来となった植民地期にオランダから移住した人々の末裔《まつえい》である。母は南部のジョージアで裕福な農園を営む家の出身であった。良家の長男として生まれ、多くの奉公人に囲まれて育ったのである。

しかし、彼が誕生したとき、幸せな家庭に暗雲が漂っていた。空前絶後の惨禍《さんか》をもたらすことになる南北戦争（一八六一～六五年）である。

父シオドア・シニア（一八三一―七八）は合衆国の南部に根づいた奴隷制《どれいせい》が全国に拡がるのを反対した人である。しかし、彼の妻マーサは南部の人であった。南部が掲げた戦争の大義に共鳴しており、彼女の兄弟たちも南軍で北部と戦う道を選択する。南部の軍艦アラバマ号はその奮戦で戦時下の北部を震撼《しんかん》させた船である。マーサの兄ジェイムズ・ブロックこそ、その建艦の中心人物、また弟アーヴィンはその士官であった。

父は妻とその親族を思い、兵士にはならず民間人としての戦争協力に徹した。一方、アラバマ号で戦った叔父たちは、南部敗北後、英国へと亡命する。国民が相争った内乱はアメリカという国を引き裂いたのみならず、強い絆《きずな》でむすばれた家庭のなかにも不和と不幸をもち込んだのである。彼の住むマンハッタンが南軍の攻撃にあうことはなかったものの、殺戮《さつりく》の恐怖《きょうふ》に襲われることはあった。一八六三年、徴兵《ちょうへい》に反対した貧しい人々が、ローズヴェルトたち富裕層に敵意をむき出しにして、暴動を起こした。その被害はすさまじく、一〇〇名を越す死者が出たのである。

幼いローズヴェルトの心に、国の団結が家族の幸せのもとであること、そして平和がかけがえのない尊いものであることを、南北戦争は深く刻み込む。

こうした悲しみと恐怖を経験した少年ならば、戦争から遠い職業を選びそうなものである。シオドアの父も、学究の世界を勧めている。ハーヴァード大学の一年生であったとき、自身の内に備わった才能を最も活かす進路なら、たとえ一文も稼《かせ》げない学者であっても、一生の仕事にする価値があると励ましたのであった。

そうした言葉の背後には息子への気遣いがあった。シオドアはぜんそくに苦しみ、ひどい近眼で病弱な少年なのであった。このため、大学入学まで学校に通わなかったほどである。富裕であった両親は最良の医師を探し、健全な身体となるようにあらゆる手段を尽くしたが、病は彼を生涯、悩ませ続ける。大学卒業時でさえ、過激な運動をすれば心臓の負担で早世すると医師から警告される状態であった。

こうした死の恐れが身近にあるとき、人は生まれてきたことの意味を問いがちである。大学卒業を前に父が亡くなると、彼は巨大な財産を相続する。そのとき彼は父の理想を受け継ごうと決意した。その理想とは社会への貢献である。富裕な財産をもつ父は恵まれない人々のために尽くした慈善家で、黒人奴隷の悲惨《ひさん》を救ったリンカン大統領の支持者であった。

進路選択の機会は、すぐに訪れた。一八八一年、大統領ガーフィールド(在職一八八一)が共和党内の利権争いのいざこざから深い恨《うら》みを買って暗殺される。その利権争いの中心であったニューヨークを立て直すため、シオドアに州下院議員への立候補が要請された。賄賂《わいろ》とスキャンダル、暴力が横行する同州の政界に、二三歳の若者が足を踏み入れることに反対する者は多かったが、シオドアは受諾する。それが父の道を引き継ぐことになると信じたからであった。

　この決断を促した背景の一つに、シオドアの病に対する考えがあった。左の写真は少年時代のローズヴェルトである。病弱に見えない姿は、身体の鍛錬《たんれん》をたゆまず続けた成果であり、二〇代には隆々とした筋肉を誇るようになる。

　病を避けるには、いかに苦しくとも厳しい運動を自己に課すしかない。そのことを彼は自らの肉体改造から学んだ。その自叙伝で、人より優れた才能のなかった自分にとって、収めることができた成功のすべては、苦しい努力と最善の判断、そして入念で長い時間をかけた準備の賜物《たまもの》であったと語っている。大統領へのテロを引き起こしてしまうほど、汚職《おしょく》の闇が広がるニューヨークは、重い病にかかっていた。街を破滅《はめつ》から救うには、恵まれた家に生まれて教育と財産のある者が立ち上がる

少年時代のローズヴェルト
上段左がローズヴェルト、右は弟エリオット、下段右は姉アナ、左は妹コリーヌ。
(H. W. Brands, TR: *The Last Romantic*, New York: Basic Books, 1997. より)

しかない。そう考えたのである。

これは、病気がちで内向的な少年が日々、身体を鍛《きた》えるなかで得た信条であった。彼はこの信条を「戦いの人生《ストレニュアス・ライフ》」と呼ぶようになる。一八九九年、シカゴで同名の演説をおこなったほか、彼の演説集のタイトルにもなっている。それは、日露戦争を控えた日本で『奮闘的生活《ふんとうてき》』の題名で翻訳《ほんやく》される。日本の海軍兵学校では米国の理想主義思想を示した教材として英語教育で用いられたこともある。

その内容を一口に言えば、安楽におぼれる人生を否定して、進んで苦難に挑《いど》む勇気の必要を訴えたものである。ローズヴェルトにとり、幸福とは苦難の克服によって勝ち取るものなのであり、挑戦を続ける強靱《きょうじん》な精神こそ男の紋章《もんしょう》なのであった。

大都会ニューヨークから大西部の荒野へ

運命はローズヴェルトに過酷《かこく》な苦難を与える。

「タマニー・ホール」とはニューヨーク市政を支配したニューヨーク民主党組織である。州下院議員となったローズヴェルトは、汚職と犯罪の巣と非難されたタマニー・ホールに果敢《かかん》な戦いを挑む。腐敗政治の実態を明らかにする一方、ニューヨーク市に自治を認めた法律を修正することで、清廉《せいれん》な市政を創ろうとしたのである。若者の奮闘に世間が注目するなか、州議会のある州都オールバニーで働くローズヴェルトのもとに嬉《うれ》しい知らせが届く。

第一子誕生の電報であった。大学時代に知りあったアリス・H・リーと二二歳で彼は結婚していたが、二五歳で娘をもうけたのであった。同僚たちが祝福するなか、新たに届けられた電報は、一瞬でローズヴェルトを凍りつかせる。妻アリス、そして母マーサの危篤《きとく》の知らせであった。列車に飛び乗ってマンハッタンの家に帰り着いたとき、もはや医師には施す術がなかった。出産後に容体が急変したアリスは重い腎臓病《じんぞうびょう》であるとわかった。妊娠で発見が遅れたのである。母はチフスであった。広大な邸宅で妻の最期を看取ったローズヴェルトは、いままた逝《い》こうとしている母の居室に向かわねばならなかった。十九歳で父を失い、その六年後に妻と母も去って、手元には母を亡くした乳飲《ちの》み子が残ることになった。

男とは弱い生き物である。妻アリスはマサチューセッツ州の銀行家の娘で、美貌《びぼう》を謳《うた》われた人である。十九歳で結婚した彼女は夫が家を空けるのを嫌った。しかし、タマニーとの戦いに燃えるローズヴェルトは、出産を控えた妻のために十分な時間を割けなかった。また、妻の出産が近づくなかで、高熱をだした母も心配であったが、家に帰らなかった。悔恨《かいこん》に苦しめられた彼は、娘に妻と同じアリスの名を与えながらも、その名を呼ぶことができなくなる。妻の旧姓をもとに「ベイビー・リー」と言うようになったのである。

傷心のローズヴェルトのもとには巨大な財産が入る。母からの遺産を相続することになったからである。彼はその富をカナダに近いダコタ準州にあるバッドランズに投資した。妻の記憶が残るニューヨークを離れ、未開の自然が色濃く残る荒野に牧場を開いて、一心に働くことで自分を取り戻そうとしたのである。

ちなみに、挫折《ざせつ》を経験すると未開の地に赴《おもむ》き、冒険で自分の生きる意味を探ろうとするのが、ローズヴェルトの特徴である。この二八年後に大統領選挙に敗れたときには、南米探険を敢行《かんこう》したのであった。

もちろん、父として、そして政治家としての務めを放棄できない。馬と銃を頼りにバッドランズで牛飼いの生活をする一方、ニューヨークにも暮らしの拠点を置いた。一八八四年選挙で金権腐敗の巨頭と指弾《しだん》されたジェイムズ・ブレインが大統領となるのを阻止《そし》するため、同じハーヴァード大学出身のヘンリ・C・ロッジとともに共和党全国大会で戦わねばならなかったし、ニューヨークで暮らす姉アナに預けたアリスとの時間も大切にしたかった。

ところで、荒野での暮らしは傷心を癒《い》やすためだけのものではなかった。歴史家キャスリン・ダルトンによれば、人間の無力さをいやと言うほど思い知らされる西部の大地で、ローズヴェルトは死の不安に苛《さいな》まれていた。

彼の父は四六歳で、母は四八歳で亡くなった。このことは、彼自身の余命の短さを暗示しているように思えた。妹コリーヌは彼と同じくぜんそくに苦しみ、姉アナは脊椎《せきつい》に傷を負って幼少期は歩

カウボーイ時代のローズヴェルト
(H. W. Brands, TR: *The Last Romantic*, New York: Basic Books, 1997. より)

くこともできず、弟エリオットは酒におぼれて三四歳で他界する。彼の親兄弟だけでなく、北東部の名家の娘であった妻も早世した。身のまわりを見渡してみると、米国の社会的支柱であるエリート層全体に、人間としての生きる力が衰えている徴候《ちょうこう》が見えた。

十九世紀後半、社会進化論と呼ばれる思想が流行した。それは、活力を喪失《そうしつ》した民族や文明の衰亡《すいぼう》を生物学の知見をもとに語るものであった。ローズヴェルトは自身の家族に照らしあわせながら、腐敗と混乱に苦しむ米国社会の病原を求めた。そして、都市で安楽な暮らしをする文明人が人間としての生命力を失っているのではないかと危惧《きぐ》したのである。

もしそうであれば、生命力を取り戻さねばならない。

彼が荒涼《こうりょう》とした西部で野生動物や家畜とともに暮らしたのは、野生のなかで心と身体を鍛えることで、自己の余命の不安を払いのけるためであった。そして、自身が野生の生命力を身につけられるなら、米国を含む西洋の社会的衰退も教育と訓練によって回復できるかもしれない。そう考えたのである。

スクエア・ディール——国民すべてに権利を保障するための戦い

ローズヴェルトが真に不安を払拭《ふっしょく》するには、生命を燃やす巨大な敵との戦いが必要であった。そして、二〇歳代の彼に、その舞台を与えたのは爆発的に成長する大都市ニューヨークであった。南北戦争以前のニューヨーク市は一八五〇年に人口五二万人であったが、一八九〇年には一五二万人と三倍近くとなる。移民が殺到する大都会の沸騰《ふっとう》するエネルギーが、彼を呼ぶこととなった。

直接のきっかけは「大動乱」とも呼ばれる一八八五年から一八八七年の社会不安である。一八七三年の恐慌《きょうこう》以降、米国を含む世界経済は長期不況に陥る。雇用《こよう》や賃金を守ろうと労働者の運動は高揚《こうよう》した。それを粉砕《ふんさい》しようと、企業経営者は米国各地で私立探偵《たんてい》や警官、軍隊、果ては裁判所までも利用した。ニューヨーク市でも八五年から労働争議が続発しており、八六年三月の路面電車のストライキでは運行の確保のために市警が全面動員された。裁判所も強引に組合員を有罪にして投獄《とうごく》したのであった。

働く人々への弾圧《だんあつ》に街全体が憤《いきどお》るなか、世界的ベストセラーである『進歩と貧困』の著者であるヘンリー・ジョージが、同年のニューヨーク市長選挙に立候補する。それを知った政治家や企業家は驚愕《きょうがく》した。税制改革で所得格差の解消を訴えるジョージは世界の労働運動に大きな影響を与えており、彼が市長になれば革命的変化が起きるのは必定《ひつじょう》であった。

実際、八時間労働制を求めた五月一日の全国デモでは、ニューヨーク市のブロードウェイで二万五〇〇〇人が松明《たいまつ》を持って行進した。労働者の示威《じい》行動は日増しに強まっていたのである。この翌々日のシカゴではスト中の労働者二人が警官に殺害され、これに抗議する集会が四日に同市のヘイマーケット広場で開かれた。このとき、その解散を求めた警官隊を爆弾が襲い、多数の死傷者を出す事態となる。

こうした不穏《ふおん》な情勢下、共和党はジョージを阻止できる人物を求めた。そして二八歳のローズヴェルトに白羽の矢が立ったのである。タマニー・ホールに戦いを挑み、一八八四年の共和党全国大会では政界の実力者ブレインが大統領候補になるのを阻止しようと奮戦《ふんせん》した彼の経歴は、申し分ないものであった。選挙結果は敢闘《かんとう》も及ばず、民主党のエイブラム・ヒューイットが当選し、ローズヴェルトはジョージに及ばぬ三位に終わる。

敗れたものの、世界的有名人であるジョージ、そしてジョージを支持する労働者たちとの戦いは、ローズヴェルトに自らの使命を自覚させることとなる。それは、不正の温床《おんしょう》である企業と政治との癒着を一掃する一方で、労働者の過激な行動も取り締まりながら、社会の秩序ある発展を実現することであった。一八九〇年代末から、彼はこの考えをスクエア・ディール（公正な扱い）という言葉で表現することになる。

市長にはなれなかったものの、この年の大統領選挙で共和党ハリソン候補の勝利に貢献したことで、ローズヴェルトは連邦政府の職を得る。それは官僚制の改革のために設けられた公務員任用委員会委員であった。八九年にはニューヨーク市から警察本部長に任命される。一部の金持ちや企業のためでなく、すべての国民のために公務員や警官が働く社会をつくるために奔走《ほんそう》したのであった。

戦士の栄光を創りあげた人々
——先住民、黒人、そしてローズヴェルト家の女たち

一八九七年、マッキンリー大統領から海軍次官に任じられると、彼の活躍の舞台は世界政治に拡

がる。列強《れっきょう》の対立を背景として、世界戦争の勃発が切実に語られる時代となった。危機が深まるなかでローズヴェルトは錯綜《さくそう》した大国間の利害を調整するには、米国が秩序安定に努めるしかないと確信する。世界経済の中心になりつつあった米国が、イギリスに比肩する世界帝国としての自覚をもち、国際平和の舵取《かじと》りをせねばならないと考えたのである。

一八九八年に発生した米西戦争は米国が新しい一歩を踏み出す好機であった。スペインの植民地として搾取《さくしゅ》に苦しんできたキューバで、同年一月に反乱が発生すると、ローズヴェルトはキューバ独立の支援を決意し、荒馬乗り部隊《ラフ・ライダーズ》と呼ばれる義勇兵《ぎゆうへい》を組織する。米国では一八一二年米英戦争以降、市民が自主的に部隊を組織して戦争をおこなってきた。戦争を士官学校出身の職業軍人に任せることを否定し、戦うべき大義があるなら民間人が結集して軍を組織するのが、米国共和政の本義とされたのであった。

ローズヴェルトの長女アリスは回顧《かいこ》して、父は祖父シオドア・シニアの果たせなかった義務をまっとうしたかったのであろうと述べている。妻マーサを思い南北戦争を戦えなかった父に代わり、キューバ独立の大義を掲げた堂々の戦いに臨もうとしたというのである。

ただ、彼を引き留めるものがあった。それは、彼の二番目の妻イーディスの病である。四男クエンティンを出産した後、前年の冬から病の床にあって、一時は生死が危ぶまれる状態であった。シオドアは先妻アリスのこともあり、一八八六年に結婚して五人の子どもを設けた彼女を残して、死地に赴くことはできなかった。幸い病の原因であった膿瘍《のうよう》の摘出《てきしゅつ》手術が成功したことで、容体の回復を待ってから、キューバでの戦いに出発することができた。姉アナに妻と子どもを託しての旅立ちであった。

戦地に赴くと、彼は伝説をつくる。サンファン・ヒルの戦いで、ローズヴェルトはラフ・ライダーズを率いて、砲弾《ほうだん》や機関銃《きかんじゅう》の弾丸が飛びかうなかで自ら突撃《とつげき》攻撃をおこなう。この戦闘での武勲《ぶくん》がメディアで報じられた結果、彼は英雄となる。そして、前途には大いなる栄光と新たなる試練が用意されたのであった。

九八年四月に始まった米西戦争はわずか八ヶ月でスペインの敗北に終わり、キューバは独立を、米国はフィリピン、プエルトリコ、グアムなどを勝ち取った。太平洋とカリブ海に足場を築くことで、ローズヴェルトの望んだ世界帝国の基盤がつくられたのである。戦争の英雄となることで、彼は戦争終結の三年後には大統領となる。自らの訴えた帝国建設という課題を自身で担うことになったのである。

その成果はめざましかった。米国内においては労働者と消費者の保護とともに自然環境の保全をおこない、国外では日露戦争の調停や第一次モロッコ危機の解決を成功させた。

ただ、これらの功績を彼一人の努力によるものと考えてはならない。ラフ・ライダーズの隊員にはローズヴェルトと同じ富裕層の子息が多かったが、牧童《ぼくどう》もアメリカ先住民もいた。そして、ラフ・ライダーズとくつわを並べて戦った正規軍部隊で勇戦を誇ったのは、バッファロー・ソルジャーと呼ばれる黒人兵部隊であった。一九一三年に誕生した民主党のウィルソン政権は軍隊での人種差別を制度化していくが、ローズヴェルトは階級を越え人種を越えた国民の協働を目指した。この国民の協力があってこそ、彼の政権は成功し得た。

とくに注目すべきなのは、女性の活躍である。米西戦争でローズヴェルトが戦っていたとき、彼の戦士としての活躍をメディアで華々しく取り上げるように働きかけていたのは、彼の姉アナであった。パリに留学し、ヨーロッパの外交官たちと深いつながりをもつアナは海軍士官夫人となって、弟の海軍次官補就任を運動した。州知事、そして副大統領になったのも、アナの米国要人への働きかけが大きく功を奏していた。アナだけでなく、妻イーディスも抜群の対人関係能力を持ち、ファースト・レディを米国社交界の中心にした立役者であった。この二人に娘アリスが加わって、感情のままに動いて軽はずみな行動に走りがちなローズヴェルトに、正確な情報を提供し、熟慮《じゅくりょ》に基づいた行動を取らせた。

ローズヴェルトの人生を振り返ると、彼の侠気は病弱な身に生まれ、戦乱のなかで幼少期を過ごして育まれたものであった。妻と母の死に打ちひしがれるなかで西洋文明再建の使命を見いだし、姉と妻、そして娘に助けられて大統領の職をまっとうした人生は、女性との出会いと別れの人生である。

もし、義侠の誕生を告げるのが、男として生きる覚悟をもったときであったとすれば、ローズヴェルトの場合、その覚悟を与えたのは女性たちである。人は男に生まれるわけではなく、男になる瞬間をもつ。女性の強さと英知を知る彼が一九一二年選挙で、民主・共和の二大政党が反対するなか、女性参政権の確立を訴える先駆《さきが》けとなったのは自然なことであった。

⦿参考文献
中野博文『ヘンリ・アダムズとその時代　世界戦争の危機とたたかった人々の絆』（彩流社、二〇一六年）
三島武之介『「アメリカの世紀」を興したリーダーたち　グローバル化に向けた国家改革』（松籟社、二〇一六年）

西部戦線に散った
アイルランド自治の夢

ウィリー・レドモンド

…William H.K. Redmond…

森ありさ

フランダースの南西部、ロクレからケンメルへの道沿いの緩やかな丘に一基の墓標《ぼひょう》が立つ。ウィリー・レドモンド少佐(下院議員)の墓は、妻エレノアが建てた簡素な石灰岩《せっかいがん》の十字架で、左右には古い修道院からの二つの石が配され、低い常緑樹に囲まれている。

ベルギーのこの地域で、第一次世界大戦で没したブリテン将兵たちは、連邦軍事墓地委員会が丁寧《ていねい》に管理する数百の共同墓地のいずれかに埋葬された。戦場から遺体が回収できなかった戦没者は、その名前が壁面に刻まれて追悼《ついとう》されたのである。

第一次世界大戦期にフランダース地方で戦死したブリテン将兵はおよそ十七万四〇〇〇名。その中でただ一人個別に埋葬されていることが、現職下院議員で、もっとも著名なアイルランド人戦死者であった彼の重要性の証なのである。

ウィリー・レドモンドは、アイルランドの愛国者にして、ブリテンの兵士でもあった。この逆説は、ウィリーが五三歳で入隊した一九一四年十一月当時は、今ほど顕著ではなかったのだが。

（「アイリッシュ・タイムズ紙」二〇一七年五月二二日配信記事より）

政界入り、投獄、結婚

レドモンド家はアイルランド南東部ウェクスフォード州の旧家で、アイルランド行政府高官や下院議員を輩出《はいしゅつ》したカトリックの家系である。

一八七二年にウェクスフォード市選挙区から補欠選挙で当選し、下院議員となったのがウィリアム・アーチャー・レドモンド（一八二五―八〇）である。この時代のアイルランドは、連合法（一八〇一年）でアイルランド議会が廃止され、グレート・ブリテンとともに連合王国（UK）を形成していた。これに対して一八七〇年代にアイルランド自治議会の開設を求める運動がおこると、前述のレドモンドはこの運動を支持した。その長男ジョン・エドワード・レドモンド（一八五六―一九一八、以下「レドモンド」と表記）は、後にアイルランド国民党党首となり、第三次アイルランド自治法案成立に尽力《じんりょく》した著名な政治家である。五歳年下の次男ウィリアム・ホイ・キアニー・レドモンド（一八六一―一九一七、以下同時代の呼称に従い「ウィリー」と表記）も、兄に続いて政界入りし、アイルランドのさまざまな係争問題に取り組んだ民族主義者だった。

ウィリーはイエズス会が創設したクロンゴウズ・カレッジ卒業後、一時は商船業に関心を示していたが、一八七九年末にロイヤル・アイリッシュ連隊に少尉《しょうい》の階級を得て、地元のウェクスフォードで入隊した。後に西部戦線で最期を迎えたとき、ウィリーが所属していた連隊である。しかしこの時のウィリーは軍隊でのキャリアを早々に捨て、政治運動に転身する。その契機となったのは、同年の不作に端《たん》を発する農村部での地主と借地農との対立激化だった。

一八四六年の穀物法《こくもつほう》廃止により、輸入が自由化された穀物の市場価格は下落、低迷する。従来の穀物生産から酪農《らくのう》への転換で農業利益を求めたアイルランドの地主層は、耕作地を大規模放牧地に統合するため、小規模農場からの借地農の立ち退きをはかった。地代不払いは立ち退きを合法的に迫る機会であり、その後も不作の時期には立ち退き件数が増加した。一八七九年の不作でも同様の状況が予測されたが、同年十月、若き国民的指導者チャールズ・スチュアート・パーネルの下でランド・リーグが結成され、借地農の生活権を防衛する運動が組織されていった。土地戦争と呼ばれる時期である。

ランド・リーグによる抵抗運動に加わったウィリーは、一八八二年二月にキルケニー州で借地農を扇動《せんどう》した罪で逮捕され、有罪判決で三ヶ月の投獄《とうごく》を言い渡された。その後も一八八八年と一九〇二年に短期間の投獄を経験しているが、いずれも自らの政治信条を貫いた結果である。

一八八二年五月の釈放後、ウィリーはパーネルから政治資金調達の任務を依頼され、兄レドモンドとともにオーストラリアに向かった。一八八三年二月にアデレードに到着したレドモンド兄弟は、アイルランド系移民たちに母国の政治状況とパーネル指導下の活動支援を訴え、各地を遊説《ゆうぜい》して回った。当初は反発を受けて、集会が混乱に終わった都市もあったが、最終的にこの地で一万五〇〇〇ポンドの資金を集めることに成功したのである。

レドモンド兄弟の遊説を積極的に支援したひとりが、アイルランド移民のジェイムズ・ダルトンである。一八四〇年代後半のジャガイモ飢饉《ききん》で故郷を離れたアイルランド人はおよそ一〇〇万人で、ダルトンもこの時期の移民であった。ニュー・サウス・ウェールズに渡って貿易商として成功をおさめたダルトンは、アイルランドの政治情勢にも通じており、レドモンド兄弟到着直後から便宜《べんぎ》を図った。資金調達のかたわら、レドモンドはダルトンの年の離れた妹ジョアンナと遊説先で結婚した。またウィリーもこの時期に知り合ったダルトンの娘エレノアと、一八八六年二月にロンドンで結婚する。

兄弟がオーストラリア遊説中の一八八三年七月に、ウェクスフォード市選挙区では補欠選挙が公示された。本人不在でこれに立候補したウィリーは、かつての父の選挙区から当選を果たした。すでに一八八一年にニュー・ロス選挙区で当選を果たしていたレドモンドに続き、兄弟で下院議員となったのである。

オーストラリアとニュージーランドでの遊説を終えた兄弟は、一八八四年一月にサンフランシスコに到着し、アメリカ合衆国でもさらに一万五〇〇〇ポンド相当の資金を得た。彼らがアイルランドに持ち帰った政治資金は、一八八二年にパーネル指導下でランド・リーグに代わって新たに結成されていたナショナル・リーグの活動を支えた。

アイルランド自治法案と南北問題

ナショナル・リーグは各地に支部を拡大し、アイルランド国民党(以下「国民党」と表記)の選挙母体の役割も担った。党首パーネルが自治政策を進める契機となったのは一八八五年末の連合王国総選挙である。ブリテンの二大政党は、自由党の三一九議席に対して保守党が二四七議席で、自由党が第一党となった。しかし無所属議員等が十八議席、国民党が八六議席を獲得しており、国民党の協力次第で政権与党が決まる数でもあった。

キングメーカー的立場に立ったパーネルは、保守党の少数派政権を容認することで、第一党の自由党党首グラッドストンに対して、アイルランド自治法案(以下「自治法案」と表記)を具体化する交渉を迫ったのである。一八八六年二月、パーネルは自由党との協力関係に転じ、第三次グラッドストン内閣が成立する。同内閣が上程《じょうてい》した第一次自治法案は、一定数のアイルランド議員を連合王国議会に残しつつ、アイルランドには内政問題に限定した立法府を新設するというものであった。しかしこの自治議会構想は深刻な対立を引き起こすこととなる。

アイルランドにおけるキリスト教徒の宗派構成は、宗教改革後もカトリックが多数だった。プロテスタント諸派はチューダー期に入植したイングランド国教徒や、スチュアート期の長老派(プレスビテリアン)入植者の子孫を中心とする。地域的にみると、スチュアート期の植民政策でスコットランドからアイルランド北部(アルスター地方)への植民が行なわれた結果、とくにこの地方で長老派をはじめとするプロテスタント諸派が多数を占めるコミュニティが形成されてきた。

ブリテン諸島の宗派対立の歴史は、カトリック弾圧の歴史でもあった。公職からカトリックを排除する目的で制定された審査法(一六七三年)に始まり、名誉革命以降はカトリックの市民権が否定される時代が続いた。しかし連合王国成立後には段階的に改革が実現されていく。カトリック解放法(一八二九年)によって、法律上の宗派差別はほぼ解消された。また三度の選挙法改正(一八三二年、一八六七年、一八八四年)の結果、かつては国教徒の少数有産者が独占していた有権者資格が、宗派を問わず都市および農村の男性労働者にも拡大されていったのである。

平等な市民社会に向かって徐々に変化しつつあった時代に、自治法案は強硬《きょうこう》な反発を招いた。反対派の「自治はカトリック支配だ」というスローガンが示すように、自治議会構想はアイルランドにおける宗派間のパワーバランスを逆転させる試みとみなされたのである。ランドルフ・チャーチルをはじめ、連合王国の国制維持を主張するユニオニスト勢力は、アイルランドへの分権化に猛反発した。またアルスター地方のプロテスタント勢力も、自治議会がカトリック多数派となることを警戒し、抵抗の姿勢を明らかにした。自治法案は旧来の宗派対立と、アイルランドの南北問題を顕在化させたのである。

第一次自治法案は、これに反対する保守党に加え自由党からの造反議員によって、下院で否決された。やがてパーネル失脚の後、一八九三年に第四次グラッドストン内閣が第二次自治法案を上程した。同法案は下院を通過したが、上院では圧倒的大差で否決された。上院議員たちは終身議席を有しており、アイルランドに経済利害をもつ彼らの強硬な反対姿勢は、国民党とその支持勢力に自治を諦めさせたかに思われた。

しかし一九〇九年の予算案に端を発する議会の危機で、状況は一変する。国防に加え福祉予算を確保するため、アスキス自由党内閣は各種増税を盛り込んだ通称「国民予算」を提出したが、富裕層への増税が重いこの予算案を上院が圧倒的大差で否決したのである。上下両院が対立するこの危機は、国王ジョージ五世(在位一九一〇―三六)の介入で上院が妥協し、予算案は可決された。しかしこうした危機の再発防止のために議会法(一九一一年)が制定されたのである。以後上院は予算案への否決権を失い、その他の法案についても同一法案への否決は二度までと制限された。これによって自治法案の新たな可能性が浮上したのである。

一九〇〇年に国民党党首に就任していたレドモンドは、この機会を捉えて自由党に接近した。その結果、一九一二年に第三次自治法案が自由党内閣によって上程された。上院による二度の否決を考慮しても、この法案は一九一四年の会期中に下院の三度目の投票で可決、成立の見通しとなったのである。

無論この法案は南北問題を再び激化させた。一九一三年一月に北部アルスター地方で、自治には「あらゆる手段で抵抗する」ことを目的にアルスター義勇軍《ぎゆうぐん》が結成された。他方同年十一月には自治の早期実現を掲げてアイルランド義勇軍が結成され、南部を中心に自治主義者を取り込む組織となっていく。自治を求めるアイルランド義勇軍に対して、レドモンドが慎重に距離を保つなか、両義勇軍は武器の密輸を決行し、それぞれに準軍事組織化していった。またアイルランド義勇軍には、自治ではなくブリテンからの完全独立を目指す共和主義秘密結社メンバーが加わり、次第に幹部ポストに就《つ》きはじめていたのである。

世界大戦勃発とイースター蜂起の衝撃

一九一四年五月に第三次自治法案は下院で三度目となる票決で可決され、国王の裁可を待つのみとなった。しかし自治をめぐる南北対立は、二つの義勇軍による武力衝突が危惧《きぐ》されるまでに高まっていた。このためアルスター地方を除外する自治施行が議論され、修正法案の審議も進められていた。アルスターのプロテスタント勢力を代表するエドワード・カーソンが自治からの北部除外を求める一方、レドモンドは全島での自治実施を主張し、自治法施行の方向性は定まらないままだった。そして世界大戦が勃発《ぼっぱつ》する。

六月二八日のサライェヴォ事件を引き金に、ヨーロッパ各国は軍の動員を開始し、戦火が急速に拡大した。八月四日、ブリテンがドイツに宣戦布告して交戦状態に入ると、アスキス内閣は懸案《けんあん》の自治法施行を戦争終結まで延期する方針を示した。

下院での自治法案可決を受けて、レドモンドは執行部ポストの半数を条件にアイルランド義勇軍を「公認」し、その掌握《しょうあく》に動いていた。大戦勃発の直後、レドモンドはアイルランド義勇軍による国土防衛を提案したが、アスキス内閣はこれを却下《きゃっか》し、南北の義勇軍には大規模な海外派兵に向けて編制が始まった新陸軍への従軍を求めた。結局自治法は九月十八日に国王の裁可《さいか》を得て法律として成立したが、施行は延期とされた。大戦終結が自治の条件となったのである。レドモンドは九月二〇日にウィックロウ州のウッデンブリッジで、アイルランド義勇軍に新陸軍への従軍を呼びかけた。多くの義勇兵がこれに応じたが、少数の共和主義勢力は「外国の戦争」への加担を拒否し、独自の武力闘争の準備を進めたのである。

ウィリーはレドモンドの方針を支持した。十一月二二日にコーク州でアイルランド義勇軍を閲兵《えっぺい》したウィリーは、「諸君だけで行くな。私とともに行こう」と、自らの入隊意思を明らかにした。世界大戦を通じて国民党からは現役下院議員五名と元議員一名が従軍している。現役議員のうち二名がウィリーと、レドモンドの長男ウィリアム・アーチャーで、党首レドモンドの自治政策を支える一族の覚悟が示されていた。

新陸軍の第十六(アイルランド)師団を編制するロイヤル・アイリッシュ第六連隊に、大尉《たいい》として復帰したウィリーは五三歳だった。銀髪の現役下院議員の従軍は、陸軍局をはじめ関係者を当惑させた。しかし数か月の訓練を経てウィリーは、一九一五年末に連隊とともにル・アーブルに到着し、西部戦線のイープル近くで軍務に就いた。

一九一六年三月の聖パトリック祭に初の休暇を得たウィリーは、下院で前線の実情と兵員や物資補給の緊急性を語り、注目を集めた。しかしこの休暇中に、ドイツからの武器密輸船がアイルランド沖で拿捕《だほ》され、直後の四月二四日に首都ダブリンで「アイルランド共和国宣言」発布《はっぷ》に始まる武装蜂起《ほうき》がおこったのである。イースターの連休中であったことからイースター蜂起と呼ばれる。おりしも西部戦線ではアイルランド師団が最初の毒ガス攻撃を受けた週であった。

蜂起軍の中心はレドモンドの呼びかけを拒否した少数派のアイルランド義勇軍で、市内各所に立てこもり抵抗した。敵国ドイツからの支援を前提としたこの蜂起に、アイルランドでは戒厳令《かいげんれい》が宣言された。想定外の政情不安のなか、国民党議員たちはウィリーにアイルランドに行くよう求めた。西部戦線での軍務を経験していたウィリーにとって、敵国ドイツと結託《けったく》した蜂起が衝撃的《しょうげきてき》だったことはいうまでもない。しかしウィリーは自らがいるべき場所は所属部隊が軍務に就いている前線と決断し、フランスに戻ったのである。

ブリテンからの分離独立を求めた蜂起軍は、一週間で無条件降伏に追い込まれ、アイルランドでは指導者たちの処罰《しょばつ》が始まった。当初は軍法会議で九〇名近くに死刑判決が下されていたが、連日の銃殺刑執行《じゅうさつけいしっこう》にアイルランドの世論は蜂起に同情的になっていく。これを警戒した当局は、十五名で処刑を中止した。変化が起こり始めていた。

自治実現への障壁《しょうへき》となった大戦を早期に終結させることが、国民党にとって唯一の選択肢《せんたくし》となっていた。しかしドイツと共謀《きょうぼう》した武装蜂起と、これに同情的になっていくアイルランド世論はウィリーを打ちのめした。その上さらに自治実現の見通しが悲観視される問題があった。師団のアイデンティティである。

新陸軍の編制が開始されると、第三六師団はアルスター地方で、第十師団は南部アイルランドで募兵《ぼへい》が行われた。続いて第十六師団の募兵がこれも南部で始まり、レドモンドは自治派の義勇兵たちに同師団への志願を促したのだった。この募兵の地域性は各師団のアイデンティティともなった。アルスター義勇軍は第三六師団に従軍したが、そこにはこの戦争で国王への忠誠心を示し、自治からアルスターの除外を求める動機もあった。一方南部の二個師団には、終戦後の自治法施行という政治目的が託されていたのである。

しかし一九一五年春から第十師団は、地中海東方のオスマン帝国との戦線に配置され、困難なスヴラ湾上陸作戦の結果、兵員の四分の三を失った。西部戦線では一九一六年七月、ソンムの戦い初日に先陣を切った第三六師団が甚大《じんだい》な死傷者をだした。両師団にはブリテンからの入隊者が補充されることとなり、師団の地域的アイデンティティは失われていく。七月下旬にソンムに移動した第十六師団も多くの将兵を失い、同様の危機にあった。

十月、アイルランドやブリテンの主要各紙にウィリーの前線からの投書が掲載された。

> 第十六師団は即時の増員を必要としている。もしもアイルランドの名を担《にな》ったこの誉《ほま》れ高い師団がアイルランドの師団でなくなったならば、それは慙愧《ざんき》に堪《た》えないことであり、勇敢《ゆうかん》な戦死者たちへの裏切りにも等しい。しかしアイルランドからの増員が得られなければ、そうした事態が避けられなくなるのだ。

アイルランドの三個師団は前線にあっても、自治法をめぐる政治的対立の文脈に置かれていた。

そしてウィリーにとって自治実現への最後の希望は、第十六師団をアイルランド兵で補充し、終戦まで師団のアイリッシュ・アイデンティティを守ることだったのである。しかしイースター蜂起以降、アイルランドからの新たな志願兵は減少が続いていた。

メッシーンスの戦い、そして民族運動の行方

ウィリーは休暇のたびに下院で前線の実情を訴えた。一九一七年三月のスピーチで語られたのは、南北アイルランドの歩み寄りとアイルランド全島の自治だった。国民党の悲願ともいえる政策実現のために自らも従軍した下院議員ウィリーの、議場における最後の訴えであった。

一方アイルランドの政治情勢は大きく変わりつつあった。イースター蜂起鎮圧《ちんあつ》の後、「共和国」のレガシーを取り込んだのは新しい政治勢力シン・フェインだった。一九一七年には補欠選挙でシン・フェイン候補が国民党の公認候補を破る事例が続いた。この時期ウィリーは西部のクレア州から選出されていたが、五月には州都エニスの議会が世論を問い直すため、ウィリーの議員辞職を求めるにいたった。国民党への逆風は強まる一方だったのである。

西部戦線では連合軍による大規模な攻撃計画が進んでいた。第三次イープル戦の緒戦《しょせん》となったメッシーンス攻略戦が始まったのは一九一七年六月七日である。前年に少佐に昇進していたウィリーは、これまで後方救護所より前線に近づくことを上官から禁じられていた。しかしこのときは戦闘参加を強く訴え、根負けした上官はこれを許可した。

同日未明、ウィリーは所属連隊の将兵とともに塹壕《ざんごう》を越えた。ほどなく榴散弾《りゅうさんだん》を腕と脚に受けて倒れたウィリーは、第十六師団と隣り合って配置されていた第三六師団の救護兵に発見された。夕刻救護所で看取《みと》ったプロテスタント牧師に、妻エレノアへの愛と感謝、そして来世での再会の言葉を託《たく》して、ウィリーは息を引き取った。アイルランドでは国民党への逆風が吹き、前線では第十六師団のアイリッシュ・アイデンティティも危機に瀕《ひん》するなか、自治の夢を追うウィリー最後の訴えが「塹壕を越える」ことだったのだろう。

ウィリー戦死の報を受けて、エレノアのもとには、ローマ教皇ベネディクトゥス十五世やブリテン国王ジョージ五世をはじめ、各界、各国から多数の弔電《ちょうでん》が寄せられた。同時に議席が空白となったクレア州では補欠選挙が公示される。

クレア補欠選挙では、国民党が地元出身で法律家のパトリック・リンチを擁立したのに対して、シン・フェインはイースター蜂起の指揮官だったエイモン・デ・ヴァレラを候補とした。結果は二〇三五対五〇一〇と倍以上の票差でデ・ヴァレラが勝利した。後にアイルランド自由国首相やアイルランド共和国大統領を歴任する人物である。ウィリー戦死による補欠選挙で、クレア州の民意はウィリーが命懸けで希求した自治ではなく、イースター蜂起で宣言された「共和国」へと移っていたことが示されたのである。

世界大戦休戦直後の一九一八年十二月総選挙では、国民党が惨敗《ざんぱい》し、シン・フェインがアイルランド選挙区の七割の議席を南部で獲得した。一方北部では自治に抵抗するアルスター・ユニオニスト党が勝利し、南北対立の構図はより鮮明になっていく。選出されたシン・フェイン議員たちは、ダブリンで独自にアイルランド国民議会を招集し、ここから対ブリテン独立戦争が開始された。その結果一九二二年に南部二六州でアイルランド自由国が成立し、北部六州は連合王国にとどまった。自由国は一九三七年の新憲法でエールへと国号を変え、これが今日のアイルランド共和国に至る。そして南北分離も続いている。

未曽有《みぞう》の犠牲を出した世界大戦の後、旧西部戦線ではベルギー、フランス両国から用地提供を受けて、共同墓地が建設され、戦没者の改葬が進められていく。しかしエレノアはウィリーの墓所の移動を拒み、政府も関係当局もこの例外を認めたのである。

アイルランド民族運動のダイナミズムは、ウィリーの従軍中に、連合王国内での自治から「共和国」へと転換していった。ブリテンからの分離独立による現代アイルランド建国の過程で、両国は別の主権国家を形成し、民族的アイデンティティも分離されていった。「アイルランドの愛国者にして、ブリテンの兵士」というウィリーの存在は次第に忘却《ぼうきゃく》されていったのである。しかし唯一の例外的墓碑が許され、尊重された事実は、戦中、戦後の時期にはウィリーの特別な存在と役割が理解されていたことを意味している。

結びにかえて

自治をめぐって政局が混乱を続けた時期、西部戦線では国の未来に異なる希望を担ったアイルランドの師団が、文字通り隣り合ってともに戦っていた。イースター蜂起の後、前線に戻ったウィリーのエッセイには、その心情を物語る言葉が残されている。

今日もヨーロッパに長く延びた戦線の随所に、アイルランド兵が永眠する。もし同胞への敵意や恨みを抱いている者がアイルランドにいるならば、一瞬でもフランスのこの地に立って、共同墓地の碑文を読むがいい。これらの魂は勇敢なプロテスタントとカトリックの、南北アイルランド人の魂の、栄光ある永遠の団結を物語っているのだから。

第一次世界大戦一〇〇年期が近づいた二〇一三年十二月、アイルランドのケニー首相とブリテンのキャメロン首相が、フランダース各所の軍事墓地やメモリアルをともに訪問した。この際、両首相はウィリーの墓所にも足を運んだのである。一九六〇年代からの長い紛争の後、北アイルランドでは和平プロセスでテロ組織の武装解除が進む一方、暴動が再発し始めていた時期でもある。南北アイルランドの融和を訴えた「アイルランドの愛国者にして、ブリテンの兵士」ウィリーの墓所は、新たな文脈で和平や友好の巡礼地とされていくのかもしれない。

⊙参考文献

森ありさ「自治から共和主義への転換点――ウィリー・レドモンド従軍からクレア補欠選挙へ――」

（後藤浩子編『アイルランドの経験』法政大学出版局、二〇〇九年三月、所収）
小関隆『アイルランド革命一九一三―二三』（岩波書店、二〇一八年）
上野格・森ありさ・勝田俊輔編『世界歴史大系　アイルランド史』（山川出版社、二〇一八年）
Terence Denman, *A lonely grave: The life and death of William Redmond*, Dublin, 1995.

ローザ・ルクセンブルク

…Rosa Luxemburg…

恐れを知らぬ、しかし人間愛に満ちた革命家

長沼宗昭

ローザ・ルクセンブルク（一八七〇／七一―一九一九）は、十九世紀末から二〇世紀初頭にかけて活躍したポーランド出身の女性革命運動家、経済学者、そしてドイツ共産党の創設メンバーであり、革命運動においても民主主義の原則を常に追求し続けた。

生い立ち

ポーランドの南東部にあって、首都ワルシャワからおよそ二五〇キロほどのところにザモシチという町がある。旧市街には、ルネサンス期の建築が見事なまでに残っており、現在では世界遺産に登録されている。

この町で、一八七〇年三月五日、ローザ・ルクセンブルクは生まれた（七一年同日の誕生とする記録もあり、現時点では確定できない）。材木商であったルクセンブルク家に、五番目に生まれた女の子であった。ルクセンブルク家はユダヤ系であったが、祖父の代でポーランド人社会にほとんど溶け込んでおり、

ザモシチのユダヤ人コミュニティとの関係はむしろ疎遠《そえん》だった。十九世紀後半のザモシチでは、住民のほぼ半数がユダヤ人であったとされているが、十八世紀以来中・東欧ユダヤ人社会に広がっていた啓蒙《けいもう》主義の運動、つまりハスカラー運動の影響が当地にも及んでおり、ユダヤ系住民一人一人の「ユダヤ人」意識の自覚の仕方にも濃淡《のうたん》の差が広がっていた。ユダヤ教の考え方では、ユダヤ教を信仰しているか、あるいはユダヤ人の母親から生まれれば「ユダヤ人」なので、ローザ・ルクセンブルクはユダヤ人ということになる。しかし彼女は、後年、ユダヤ人であることに何らの意味や価値を見出さなかった。したがって、ローザ・ルクセンブルクをことさらユダヤ人として描こうとすれば、それは実像を見誤ることになるだろう。

ルクセンブルク家は、一八八〇年にワルシャワに引っ越した。ザモシチは古都であり地域の文化的中心でもあったが、父エリアシュは、商売上のさらなる活動の場を求めるとともに、子どもたちに十分な教育を与えるためにワルシャワの方が好都合であると考えたようである。しかしこの当時、ザモシチもワルシャワも事実上ロシア領であった。というより、ポーランドという地域やポーランド人は存在したが、独立国家としてのポーランドは存在しなかったのである。十八世紀後半に三度にわたって行われた「ポーランド分割」によって、かつてのポーランドは、ロシア・オーストリア・プロイセンに併合《へいごう》され、それぞれの国の植民地に等しかった。行政の実権も、当然ロシア人官僚が握っていた。学校でも、そうしたロシア人官僚の子どもが優等生になる決まりであった。

同じころ、スクウォドーフスキー家もやはりワルシャワの街に住んでいた。そこにはローザよりも三つほど年長のマリアがいた。同じワルシャワの街で、同じ時代の空気を吸ったこの二人は、ことによったら街角ですれ違っていたかもしれない。二人は後に、活躍した世界はまったく違ったもののの、たぐいまれな傑出した女性として、世界中の多くの人びとにその名を記憶されることになる。一人は科学者キュリー夫人(一八六七—一九三四)として、一人は革命運動家ローザ・ルクセンブルクとして。

ローザの生まれ育った家庭では、周囲のユダヤ人の多くが使っていたイディッシュ語ではなく、もっぱらポーランド語やドイツ語が話され、ポーランドやドイツの文化があふれていた。父親エリアシュは自由な考え方のもち主だったし、母親リーネはゲーテやシラー、あるいはポーランドの国民的詩人ミツキェヴィッチを愛誦《あいしょう》するなど、ドイツやポーランドの古典文学に深くなじんでいた。こうした家庭の雰囲気《ふんいき》は当然幼いローザにも受け継がれ、やがて優れた教養を身に着けた、聡明《そうめい》で活発な、また自意識も強い少女が育っていった。

一八八四年には、ワルシャワでも評判の女子ギムナジウムに入学したが、入学者の大半はロシア人であった。ポーランド人の入学は少なく、ましてユダヤ系ポーランド人であったローザの入学は例外的なことだった。しかもギムナジウムでは、一八六三年のロシア帝国に対する武装蜂起が失敗したこともあってロシア化が進み、授業はもちろん、生徒同士のおしゃべりにさえロシア語が強制されていたのである。そのような環境であったので、ローザにとっては勉強はまったく苦にならなかったが、学校に対しては反抗的にならざるを得なかった。ギムナジウムの外では、反ロシア的な感情や行動が拡がっていたし、ワルシャワでも社会主義的な革命運動が進んでいた。そうした動きは当然若者たちの耳にも届いていた。抑圧《よくあつ》を憎み、何よりも自由と独立を尊重する精神を備えていたローザは、水が流れるように革命運動に接近していった。のちのキュリー夫人も秘密の読書会に参加していたように、当時のポーランドの若者にとっては、そうした傾向は決して特別なものではなかった。そして八七年、ローザはギムナジウムを首席で卒業した。ただし、首席であれば金メダルで表彰されるはずであったのに、在学中からロシア支配に反対する社会主義運動に参加し、「学校当局に対する反抗的な態度」のために金メダルはもらえなかった。

チューリヒのローザ・ルクセンブルク

卒業後のローザは、革命組織のメンバーとなって秘密活動に一層従事するとともに、当時のポーランドでは非合法扱いであったマルクスやエンゲルスなどの社会主義文献に本格的に取り組み始めた。しかし、やがて彼女の活動が警察にも知れわたることになり、シベリア流刑《るけい》の危険も迫ってきたので、スイスのチューリヒに亡命することになった。その頃のチューリヒは、ポーランドやロシアからの亡命者のたまり場であったし、何といっても女性が学べる唯一の大学があったからである。

ローザ・ルクセンブルク（Alamy提供）

チューリヒ大学哲学部に入学したローザは、最初自然科学を勉強することにした。数学や動物学、植物学などに興味をもっていたが、次第に、それだけでは満足できなくなっていった。やがて法学部に転じ、政治学や経済学などの社会科学分野に没頭《ぼっとう》するようになった。チューリヒ大学でローザの先生であったある経済学者は、後年、彼女の優秀さを回想している。その一方で、学外の、ゲオルギー・プレハーノフなどのロシアからの亡命者グループとも親しい関係を保っていた。そうした日々のなかで、終生の友となる優れた同志たちにもめぐりあえた。とりわけ、同じ亡命ポーランド人のレオン・ヨギヘス(一八六七—一九一九)との出会いが非常に重要な意味をもっている。

レオンは、この頃はロシア領であり、現在はリトアニアの首都であるヴィルニュス出身のユダヤ系ポーランド人で、ポーランドとドイツの革命運動にとってきわめて重要な人物であった。またローザにとっては、パートナーとなり、やがて生涯にわたって政治的戦友となる人物であった。ただレオンは、論文などはほとんど書かず、表舞台に立つことも少なかった。とはいえ、優れた組織力を備えたポーランド社会主義運動の開拓者の一人でもあった。しかし、ロシア当局もまたレオンを危険視していた。懲罰《ちょうばつ》の意味を込めてツァーリの軍隊に徴集《ちょうしゅう》し、中央アジアに送り込もうとしたのである。だがレオンは、新兵《しんぺい》の集会所から巧みに脱走し、かろうじてスイスまで逃げ延びた。一八九〇年冬のことであった。

スイス亡命後間もなくレオン・ヨギヘスは、ローザ・ルクセンブルクと知り合うことになった。ところが彼には、法律上の結婚に必要な身分証明書がなかった。またスイスでは別名で行動していた。

そのような事情があったので、ローザとレオンは法律婚《ほうりつこん》という形をとらなかったが、まぎれもなく夫婦として過ごした。ローザは、良い意味で一種の「手紙魔」であり、旅行などでレオンと離れている場合もほとんど毎日、ときには一日に二通も手紙を出している。彼女がレオンに宛てた膨大《ぼうだい》な手紙類は書簡集としてまとめられており、そのなかでローザは自らを妻と認め、レオンを夫として表現し、豊かな愛情をあふれさせている。またときには、感情を率直に表現できないレオンに対して嘆《なげ》いたり、憤《いきどお》ったりしている。実際、小柄でやせたブロンド髪の、このローザの夫は、相当に偏《へん》屈《くつ》なところのある人物だったようだ。後年、獄中からある女友だちに宛てた手紙のなかで、ローザはゲーテの詩を引用しながら、「レオンは『いかに愛すべきや』を知らない」とぼやいている。やがて、社会主義運動や革命運動を敵視する立場から、ローザ・ルクセンブルクを貶《おとし》めて「血のローザ」とか「ゲヴァルト(暴力の意)・ローザ」といった表現も使われることになるが、実際のローザは、愛情豊かな、そしてきわめて細やかな感性をもった女性であった。レオンとの私的な関係は一九〇七年に決定的な破局を迎えるが、革命運動の同志としての二人の信頼関係は一九一九年の彼女の死に至るまで終生変わらなかった。

ローザとレオンは、一八九二年に結成されたポーランド社会党の在外亡命組織に一時参加していた。しかし同党が民族主義的偏向《へんこう》を強めたために離れ、翌九三年には「スプラヴァ・ロボトニツァ(労働者の問題)」という新聞をパリで創刊し、マルクス主義と国際主義を原則に掲げる新しい組織の結成をめざした。そしてローザは、この新しいグループを代表して、同年八月の第二インターナショナルのチューリヒ大会に参加した。そこでポーランド社会党批判の一大論陣を繰り広げた彼女は、一躍《いちやく》国際社会主義運動の舞台に躍り出たのである。さらに一八九四年、ローザやレオンらは、ポーランド王国社会民主党（のちのポーランド共産党の前身）を結成した。その一方でローザは、主に経済学分野での研究も着実に進め、九七年には『ポーランドの産業的発展』と題する論文を完成させ、チューリヒ大学から、〈優等〉の評価とともに国家学博士号を授与された。当時女性で学位を得ている者はきわめてまれであった。同年、彼女はドイツの市民権を獲得するために、ドイツ国籍をもっていた寄宿先《きしゅくさき》の息子と形式だけの結婚をした（一九〇三年解消）。何といってもヨーロッパの社会主義運動の中心はドイツであり、外国人の政治活動を禁じていたドイツでこそ活動したかったからである。次いで一八九八年、ベルリンに移住してドイツ社会民主党の一員になり、ただちに同党指導部のメンバーになった。ローザ・ルクセンブルクの修業・遍歴《へんれき》時代は終わったのである。以後二〇年間、彼女はドイツ社会主義運動のなかで大活躍することになる。

革命の理論家ローザ・ルクセンブルクの登場

一八九八年五月にローザが入党したころのドイツ社会民主党では、エドゥアルト・ベルンシュタイン（一八五〇—一九三二）が多大な影響力を誇っていた。ベルリン出身の古参党員であった彼は、一八七八年に社会主義者鎮圧法が成立するとドイツからの亡命を余儀《よぎ》なくされ、十九世紀末にはロンドンで暮らしていた。晩年のエンゲルスとも親しくつきあう一方、ドイツやオーストリアの社会民主党指導部とも緊密《きんみつ》な関係を保っていた。そして九〇年代半ばに、ドイツの党の理論機関誌に「社会主義の諸問題」と題する一連の論文を発表した。それは、マルクスや社会民主党綱領《こうりょう》の主張はもはや時代遅れであり、資本主義が発達した現状では、労働者の生活改善運動や議会活動を通じて日々の改良を行っていけば自ずと社会主義への道が開けるのであるから、革命を目指す必要はない、と主張するものであった。つまり、修正主義のプロトタイプが打ち出されたのである。

これに対して真正面から批判を展開したのが、党内でもあまり知られておらず、三〇歳にも満たない女性だったのである。ジェンダー差別が当たり前だった時代にあって、ローザは一気に注目を浴びることになった。彼女の主張は『社会改良か革命か？』と題して一八九九年に刊行された。それは、資本主義の発達にともなって顕在化《けんざいか》してきた現象の数々はむしろ資本主義の矛盾《むじゅん》が深まった結果の反映であり、そこから社会主義革命不要説を唱えるのは間違いであって、社会改良だけを目標とすると社会の根源的な改良はかえって達成できないこと、ただし社会改良の努力そのものを全面的に否定する必要もないことを説き（実際、入党後ただちにドイツ領ポーランド地域でのドイツ帝国議会議員選挙の運動に取り組む）、社会主義陣営内に大きな反響を呼んだ。ここに、支配体制との妥協《だきょう》を図る修正主義・日和見《ひよりみ》主義を、力強い文体で鋭く批判する左派の新しい理論家の登場を見たのである。

しかも、十九世紀末から二〇世紀初頭にかけては各地で局地戦争や紛争が頻発《ひんぱつ》しており、資本主義体制の仕組みが急速に変化していることが見てとれた。極東では日清戦争（一八九四～九五年）、義和団事件（一八九九～一九〇〇年）、日露戦争（一九〇四～〇五年）と続き、アフリカでは南アフリカ戦争（ボーア戦争とも、一八九九〜一九〇二年)、ヘレロ・ナマ蜂起(一九〇四〜〇七年、南西アフリカでの対独蜂起)があり、キューバとフィリピンで行われた米西戦争(一八九八年)もあった。これらは列強間の対立であったり、列強による植民地・半植民地支配に対する抵抗であった。こうした事態に対して、ローザは、帝国主義反動の強まりと捉《とら》え、近い将来における世界戦争の勃発《ぼっぱつ》を予知し、西欧各地で開かれた第二インターナショナルの大会ごとに、帝国主義との戦いを訴え続けた。また、こうした実践活動を支える理論的分析の所産として、帝国主義の経済的基礎を理論的に解明した、ローザの主著『資本蓄積論』(一九一三年)がもたらされたのである。

しかしローザは、決して机上《きじょう》の理論家でもなければ、単なる言論人でもなかった。この間ロシアで第一次ロシア革命がおこると、ローザ自身そこに深く関わっていった。

一九〇五年一月、サンクト・ペテルブルクで「血の日曜日」事件がおこった。労働者やその家族六〜七万人がツァーリに対する請願行動を行ったところ、軍隊の一斉射撃《いっせいしゃげき》によって一〇〇〇人以上の死者が出た。この事件をきっかけに、ロシア民衆のあいだに見られたツァーリ信仰は消え去り、全土に革命運動が拡がっていった。各地でストライキが続発し、労働者の評議会であるソヴィエトが結成され、軍隊さえも革命化していった。黒海の軍港オデッサでは、戦艦ポチョムキン号の水兵が反乱をおこし、労働者のストライキに合流していった。ツァーリの政府も追い込まれ、前年来の日露戦争をやめざるを得なくなった。

ドイツの地から、事態の推移を歓喜《かんき》しながらも注意深く見つめていたローザは、この革命運動の経過のなかに、労働者が政治権力を奪取《だっしゅ》していく展望を見いだしていた。さらに折に触れ、ポーランドの同志たちにも運動を進める指示を送っていた。やがてワルシャワにまで労働者・兵士ソヴィエトが設立されると、ローザは直接革命の息吹《いぶき》に触れるべく、一九〇五年十二月、偽造《ぎぞう》パスポートでワルシャワに潜入《せんにゅう》し、同地にとどまっていたレオン・ヨギヘスと合流した。そして革命運動を直接指導しながら、その体験に裏づけられた組織論をまとめあげ、パンフレットとして刊行した。ところが彼らの活動はワルシャワ警察に探知され、レオンともども〇六年三月に逮捕され、ワルシャワの要塞監獄《ようさいかんごく》に収監《しゅうかん》されてしまった。しばらく過酷《かこく》な環境に置かれたためにローザの健康は損なわれ、これ以上の拘禁《こうきん》は無理であるとする医師の診断書を得ることができたので、同年六月に釈放されることになった。レオンは獄中《ごくちゅう》に残されたままだったが、ローザはフィンランドに脱出した。

フィンランドでは、ローザは初めてレーニン(一八七〇―一九二四)と会い、ロシア革命について意見をかわすことができた。その討議に支えられたローザは、ロシア革命の教訓から、来るべきドイツ革命についての重要な指針が得られると確信し、その後いっそう理論化していくことになる。しかしこうしたローザの考え方は、遅れた辺境ロシアでの革命運動は特殊なものであり、先進ドイツにとっては参考にならないとする、当時のドイツ社会民主党指導部とのあいだに、次第に理論的亀《き》裂《れつ》を深めていくことにもなる。

またレーニンとは、さまざまな点で意見の一致を見、終生変わらぬ深い信頼関係を築くことができた。実践面でも、第二インターナショナルの一九〇七年や一二年の大会で、不十分な主流派の決議案に対抗して修正案を共同して起草・可決させたり、反戦のための国際闘争の必要を連携《れんけい》して訴えたりしている。それでも二人のあいだには、いくつかの重要な意見の違いがあり、それらは二一世紀の今日でもなお深められるべき理論上の課題として残っている。その争点は、大きく分けて前《ぜん》衛党《えいとう》の問題と民族問題の二つについてである。

前衛党の問題に関しては、やや単純化せざるを得ないが、レーニンは組織の団結を固守《こしゅ》するために、中央指導部の役割を強調する。しかしローザは、それでは前衛党のなかに官僚制が機能することになり、大衆の自発性・創造性を尊重し、自由な論争を保証しなければ腐敗《ふはい》する、と鋭く批判したのであった。のちにロシア革命が成功したときも、その成功を讃《たた》えつつ、実際に進行していた事態のなかに民主主義の抑圧《よくあつ》を見てとり、批判の筆をまげることはなかった。

民族問題をめぐっては、ローザ・ルクセンブルクとレーニンは、長期にわたる、そしてかなり激しい論争を繰り広げた。ただし、この論争が、単に観念的になされたのではなく、刻々と変化する歴史的条件のなかで、ときには時間の経過とともに変化することもあり得る、実践的に解決していくべき具体的な政治課題と結びつけてなされたこと、そのことに常に留意しなければならない。したがって、二人のそれぞれの主張を固定的に、あるいは教条的にとらえるべきではない。その上でなお、力点の置き方が違っていたことも認めなければならない。レーニンは、民族自決権を強調し、階級的な運動への道を切り開くためにも民族的問題の解決を図るべきである、と主張した。対するローザは、民族にとって常に絶対的な自決の権利があるわけでなく、民族の自決は社会主義の成立なしには本来的にあり得ず、むしろ社会主義運動を分裂させることにもなる、とまで言い切ったのである。また民族問題との関連で、ローザがユダヤ人として発言することはなかった、という事実にも留意すべきである。一八九七年にヴィルニュスで結成された、在リトアニア＝ポーランド＝ロシア・ユダヤ人労働者総同盟（「ブンド」と略称される）や、同年にスイスのバーゼルで第一回大会を開いたシオニズムの運動とも、彼女は完全に距離を置いていた。

第一次世界大戦期のローザ

一九一四年八月一日、ドイツはロシアに宣戦布告《せんせんふこく》した。次いで八月三日、四日に、フランス、イギリスにも宣戦布告した。第一次世界大戦が勃発した。

ドイツ社会民主党は、これまで軍国主義を批判し反戦平和を主張してきたが、現実に戦争がはじまると、「非常時には社会主義者も祖国に殉《じゅん》じ、愛国主義者になるべきだ」との理由で、従来の方針を百八十度転換させ戦争を認めてしまった。八月三日の党国会議員団会議では、七八対一四の多数決で戦争公債《こうさい》に賛成することが決まった。最有力だったドイツの社会主義者の党が、このように戦争賛成の立場をとるようになると、第二インターナショナルもまた方針を変え崩壊《ほうかい》していくこともやむを得なかった。そして、イギリス、フランス、オーストリアなどでも同様の状況になっていった。

しかしローザには、社会主義者が戦争を肯定し、協力するなどということには到底耐えられなかった。一時は深い絶望にとらわれた彼女だったが、気を取り直して、カール・リープクネヒトら少数の同志とともに反戦活動に取り組んでいった。

ところがローザは、開戦前の一九一三年に行った反軍国主義の演説が兵士扇動罪《せんどうざい》にあたるとされ、一五年二月にベルリンの監獄《かんごく》に収監《しゅうかん》されてしまった。それでも、獄中で書き上げた社会民主党批判の原稿をひそかに送り出しもした。その後一時釈放されたが、改めて一六年七月に、保護拘禁の名目で元の監獄に送り戻された。反戦運動の中心人物として危険視されたローザは、結局、一八年十一月のドイツ敗北と同時に起こったドイツ革命で出獄《しゅつごく》するまで、四年余りの戦争期間中の大半の時期を獄中で過ごさねばならなかったのである。それでもローザは、獄中から手紙を出し続け、同志たちを励ましていた。

ローザの最期

一九一七年十一月のロシア革命(旧暦で「十月革命」とも呼ばれる)の知らせを、ブレスラウ(現在はポーランドのヴロツワフ)の監獄で耳にしたローザは、狂喜《きょうき》しつつ、ドイツでの革命についても確信を深めていた。その一年後、ようやく自由の身になったローザを迎えた人びとは、めっきり老《ふ》け込み、髪も白くなっていた彼女を見て心を痛めた。彼女に必要なものは、何よりも休養だった。しかし、それは許されなかった。

一九一八年末、ローザらによってドイツ共産党が結成された。明けて一九年一月、ベルリンで市街戦がおこった。共産党も武装蜂起《ほうき》に引き込まれ、リープクネヒトが先行してしまった。「新聞社街」とも呼ばれていた市内中心部では、激しい銃撃戦《じゅうげきせん》が繰り広げられた。ローザは情勢不利と判断し、武装蜂起が成功する見込みについては懐疑的《かいぎてき》であったが、敢《あ》えてベルリンにとどまった。権力を握っていた社会民主党は、当初から革命の急進化を嫌い、秩序維持を優先させていた。そして旧勢力と妥協し、共産党の武力弾圧を決定した。社会民主党政権黙認の下、一九一九年一月十五日、ローザとリープクネヒトは右翼将校によって虐殺《ぎゃくさつ》され、ローザの死体はベルリン市内を流れる運河に投げ込まれた。遺体が収容されたのは何週間もあとのことだった。レオン・ヨギヘスも、この犯罪の目撃者証言を資料として公表し、さらにローザの遺稿を救おうとしたが、二ヶ月後に殺害された。たぐいまれな知性は、虐殺によって、五〇年にも満たない生涯を閉ざされてしまった。しかし、ローザの思想と、ローザについての記憶は、永遠に消えることはないであろう。

⦿**参考文献**

ルイーゼ・カウツキー編（川口浩・松井圭子訳）『ローザ・ルクセンブルクの手紙』（「岩波文庫」、一九三二年）

ローザ・ルクセンブルク（丸山敬一訳）『マルクス主義と民族問題』（未来社、一九七四年）

ローザ・ルクセンブルク（伊藤成彦・丸山敬一訳）『ロシア革命論』（論創社、一九八五年）

パウル・フレーリヒ（伊藤成彦訳）『ローザ・ルクセンブルク　その思想と生涯』（御茶の水書房、一九八七年）

伊藤成彦『ローザ・ルクセンブルクの世界』（社会評論社、一九九一年）

ローザ・ルクセンブルク（大島かおり編訳）『獄中からの手紙』（みすず書房、二〇一一年）

革命に裏切られた革命家

サパタ

…Zapata…

川上英

メキシコは、一八六七年から一九一一年まで三五年もの間、ポルフィリオ・ディアス(一八三〇―一九一五)の独裁下にあった。この時期、独立後初めての長期にわたる政治的安定に支えられ、急激な経済発展が見られたが、同時にさまざまな社会矛盾《むじゅん》も生まれた。とくに、経済発展を支える農産物や森林資源の輸出のために、農村共同体の土地が投資の対象となり、農村共同体からの土地の収奪と少数者による大土地所有化が急速に進展した。そうした社会矛盾に対する不満が爆発して一九一〇年に始まったのがメキシコ革命であり、その革命のなかで最も農民のために闘ったとされる革命家が、サパタである。

サパタは生きている

私が初めてメキシコに行った二〇〇一年のことだったと思う。チアパス州の先住民が主体となって一九九四年に蜂起《ほうき》したサパティスタ民族解放軍(EZLN)がメキシコ全国を回って連帯を訴えていて、同州サンクリストバルでの集会を観に行った。まだ大学生でスペイン語もほとんどできなかった私は、指導者たちの演説の内容などわかるはずもなく、ただ有名なマルコス副司令官が集会の間じゅうずっとパイプを燻《くゆ》らしながら立っているのを、アイドルでも見るように眺めていただけだった。しかし、その集会の終わりに、サパティスタたちだったかその支持者たちだったかは覚えていないが、次のように叫んだのは理解できた。

「サパータ、ビベ！ラルーチャ、スィゲ！（サパタは生きている！戦いは続いている！）」

生い立ち

エミリアノ・サパタ（Emiliano Zapata、一八七九―一九一九）は、一八七九年八月八日、メキシコシティの中心部から七〇キロ余り南方にある、モレロス州アネネクイルコ村で生まれた。日干し煉瓦《れんが》の壁と草葺《くさぶ》きの屋根でできた部屋二つの家に、メスティソ（混血）の農民であった両親の、九人目の子供として。農民とは言っても、父親は、村の共有地を耕作するかたわら、家畜や馬を所有し、近隣のアシエンダ（農園）から土地を借りて耕作したり現場監督的な仕事を任されることもあったようであり、裕福とまでは言えないものの、村の中では比較的恵まれた境遇にあった。

そのせいか、当時の村では子供に学校教育を受けさせることは一般的ではなかったが、サパタは七歳頃から学校に通い、読み書きも覚えている。マーロン・ブランドが（もちろん英語で）サパタを演じるハリウッド映画『革命児サパタ（原題：Viva Zapata!）』（一九五二年）では、サパタは字が読めず、そのことにコンプレックスを抱いていたように描かれているが、それは史実とは異なるわけだ。ブランドのサパタは本物の物憂《ものう》げな感じをうまく出していて悪くないのだが、映画の中には史実と合わない部分も多くあり、これはその一例である。

とはいえ、サパタは、他の子供と同じように、八歳か九歳の頃から畑仕事や家畜の世話など家族の手伝いを始め、学校通いは不規則になる。そして、五月には農地を耕し、六月にはトウモロコシを植え付け、数回の草取り期を経て十一月・十二月に収穫するという農耕サイクルが、サパタの体に染み付いていった。と同時に、馬の乗り方や銃の使い方といった、土地の男にとって必須の能力も父親や叔父から教わっていく。サパタはその後の人生で州都クエルナバカや首都メキシコシティに何度も赴くことになるが、終生、都市の豪華な生活を好きになれなかった。馬や家畜がいて、土の匂いのする生活こそが、彼の心のふるさとだったのである。

ディアス独裁期に農村共同体からの土地の収奪と少数者による大土地所有化が進んだのは、世界的に有数なサトウキビ生産地だったモレロス州でも同じであり、村と大規模農園との争いは絶えなかった。例えば一九〇二年頃、アネネクイルコから十五キロほどのヤウテペック村では、州知事の家族が所有する農園が一四〇〇ヘクタールの土地を一方的にフェンスで囲い込んだ。その中には、村人が昔から家畜の放牧地としてきた土地も含まれていたため、村人の牛がその囲いを破って入ってくると、農園側はその牛を捕まえ、牛の返還を求める村人には罰金の支払いを要求した。州の裁判所に申し立てをしても聞き入れてもらえなかった村人たちは、メキシコシティに七〇人の使節を送ってディアス大統領に直接請願した。映画『革命児サパタ』のオープニング・シーンは、この使節の中にサパタがいたという言い伝えに基づいてサパタとディアスの出会いを描いている。

ヤウテペックの件でサパタがディアスと実際に会っていた可能性は低いのだが、アネネクイルコでも、隣接する「オスピタル農園」との土地争いが起こっており、例えば一九〇七年に州知事立会いのもとでおこなわれたアネネクイルコの村人とオスピタル農園代表との話し合いには確かにサパタも参加していた。一九〇九年にサパタは三〇歳の若さでアネネクイルコの村長に選ばれ、土地問題解決のために弁護士を探しにメキシコシティに赴いている。そして翌一九一〇年の春、アネネクイルコとオスピタル農園の係争地では、すでにアネネクイルコの村人が耕作を始めていたが、植え付けの時期になって突然、農園が別の村の者を呼び込んで植え付けをさせようとしたため、サパタは村人八〇人を引き連れて農園の者や別の村の者を追い払い、農園から賃料の支払いを求められても応じなかった。このできごとはサパタの名を州全体で広く知らしめることになったという。

革命の首領への幻滅

折しも、メキシコの他の地域、特に北部では、ディアスの大統領再選に反対する運動が盛んになっていた。運動を始めたフランシスコ・マデロ(一八七三―一九一三)は、北部コアウイラ州の裕福な農園主で、はじめはあくまでもディアスに憲法を遵守《じゅんしゅ》させることを目指していたが、同年十月にディアスが不正選挙によって自らの再選を宣言すると、亡命中の米国テキサス州サンアントニオから「サンルイスポトシ綱領」を発表し、ディアス政権に対する武装蜂起《ぶそうほうき》を呼びかけた。メキシコ革命の始まりである。マデロが蜂起の日として設定し、現在でも「革命の日」として祝われる十一月二〇日には、蜂起の多くは政府によって潰《つぶ》され、十二月にはディアスが七度目の大統領職に就くものの、その後、北部諸州、そしてモレロスを含む南部で革命勢力は拡大していく。

サパタも、翌一九一一年三月に友人や従兄弟たちとともに蜂起し、マデロとも連絡を取って、その後、モレロス州における革命軍の首領に任命される。首都のすぐ近くのモレロスにおけるサパタ軍の存在は、政府軍が北部諸州の革命軍との戦闘に集中することを妨げ、ディアス政府の打倒に重要な役割を果たした。五月にはディアスは辞任してヨーロッパに亡命。翌月、サパタは、マデロが解放者として首都にやってくるのに合わせて首都へ赴《おもむ》き、国立宮殿までの凱旋《がいせん》パレードに同行した。

しかし、マデロとの話し合いでサパタは厳しい現実を突きつけられることになる。農園主階層のマデロが目指したのは、あくまでもディアスの打倒と憲法的秩序の回復であり、彼は戦乱の拡大を望んでおらず、当然のようにサパタに武装解除を求めた。しかし、サパタにとって、革命はモレロスの農民が長年にわたって奪われてきた土地を取り戻すためのものであり、それが実現するまでは武器を捨てることはできなかった。

農園主階層の「革命家」が集まった優雅な昼食会のなかで、食事中もカービン銃を手放さなかったサパタは、「武器で戦う時代は終わった」と言うマデロに対して次のように迫ったという。もし自分がいま武器を持っていることを利用して彼から時計を奪い、しばらく時が経ってから、二人とも武器を持った状態で再会したとしたら、彼は時計を返すよう要求する権利があるかどうか。マデロが、取られた時計だけでなく賠償金《ばいしょうきん》を要求する権利もあるだろうと答えると、サパタは、まさにそれがモレロスで起こったことなのだと訴えた。つまり、モレロスの人民は複数の農園主から力ずくで土地を奪われたのであり、武装しているのはその返還を求めてのことなのだと。

モレロスの現状を知ってもらうためにサパタがマデロをモレロスに招待すると、マデロはモレロスに行くことを約束し、革命に貢献した報償《ほうしょう》としてサパタが良い農園を手に入れられるように計らうと言って、サパタのさらなる怒りを買ってしまう。一歩下がってカービン銃で床を叩いたサパタは、その場にいる誰もが聞こえる大きな声で言った。

> マデロさん、私はアセンダード(農園主)になるために革命に参加したわけではない。私に何か価値があるとしたら、それは田舎の者たちが私に置いてくれた信頼のためです。彼らは私たちを信じている。彼らに約束したことを私たちが守ると思っているのです。だからもし私たちがあの革命を成し遂げた人民を見捨てるとしたら、今度は約束を忘れてしまった者たちに彼らが武器を向けたとしてもおかしくないでしょう。

サパタ自身による革命

両者はモレロスで再会することを約束して別れたものの、サパタの忠告は半年も経たないうち

サパタ　1911年、メキシコシティにて。(Archivo Histórico de la Universidad Nacional Autónoma de Méxicoより)

に現実となる。マデロは、改めて大統領選挙が実施されるまでの間、憲法の規定に従ってディアス政権の外務大臣を臨時大統領とした。その間、マデロとサパタはモレロスとメキシコシティでたびたび話し合い、一度はサパタも武装解除を受け入れるが、その臨時大統領の命令を受けた連邦軍司令官ビクトリアノ・ウエルタ(一八五〇―一九一六)が、マデロの意向を無視してモレロスに侵入し、むしろ戦闘は激化してしまう。それでもサパタは政府に表立って反対することはせず、和解の道を探っていた。しかし、十一月に大統領に就任したマデロが、農民への土地返還に取り組むというサパタの要求に応じず、それどころかサパタにしばらくの間モレロスから離れるよう求めるに至って、ついにサパタはマデロへの反対を表明する。それが、有名な「アヤラ綱領」である。

アヤラ綱領は、マデロ自身がディアス打倒を掲げた時の「サンルイスポトシ綱領」を引き継ぐ形をとり、旧体制を打破するという約束を完遂《かんすい》していないマデロを「祖国に対する裏切り者」と断罪したうえで、マデロの綱領にはなかった農地改革を明文化した。綱領の第六条から第八条にかけてまとめられたその内容は以下のようなものだ。

アセンダードたちが不当に力ずくで奪った土地は、その土地への権利をもつ村や個人に返還される。自分に権利があると思うアセンダードは革命が成就《じょうじゅ》した暁に開かれる特別裁判所でそのことを訴え出ればいい。少数の所有者の手に集中している大規模な土地は、一定の補償をしたうえで、その三分の一を接収し、それを必要とする村か個人に分配する。この綱領に反対する者の土地はすべて接収され、本来彼らの手に残るべき三分の二は、戦争による被害への補償と、革命に命を捧げた者の未亡人や孤児の手当てに充てられる。

サパティスモと呼ばれるサパタの運動や思想は、メキシコ革命の過程で生まれたさまざまな運動や思想のなかでも急進的なものとして位置付けられるのが普通であるが、私有財産制や資本主義自体を否定するものではなかった。サパタの陣営には共産主義者や無政府主義者が確かにいたが、サパタが発表した農地改革の提案は、そうしたイデオロギーに基づいたものというよりも、現実のモレロス社会の不平等の実態から導き出されたものだったのである。サパタは、自分よりも高度な教育を受けた者が運動のために必要であることは自覚し、綱領や法令の作成にもそうした知識人の手を借りたが、彼らの語る共産主義や無政府主義といったできあいの思想は普通の人の感覚からかけ離れているとも考えていた。のちにモレロスで実際に農地分配を実行した時、サパタは、農地の測量を担当した技師にこう言ったという。

村の人たちはこの石垣が境界線だと言っている。だから君たちはそれに沿って線を引くんだ。君たち技師はまっすぐな線を引くことにこだわりすぎるきらいがあるけど、境界線はあくまでも石垣だ。全部を正確に測量するのに六ヶ月かかったとしても。

一方で、アヤラ綱領には、サパタが直面した問題も浮き彫りになっている。サパタの運動はモレロスの不平等を変革することを目指す地域的な運動だったが、その実現のためには全国レベルでの協力者が必要だった。だからサパタはマデロに期待し、そして近づいたのだったが、マデロには裏切られてしまった。そこでサパタが次に期待したのが、対ディアス戦においてマデロ軍の最も有力な指揮官でありながら、今やマデロとの不和が噂されていた北部チワワ州出身のパスクアル・オロスコ（一八八二―一九一五）だった。オロスコはまだマデロに反旗を翻《ひるがえ》したわけではなかったが、サパタはオロスコを名指してアヤラ綱領の標榜《ひょうぼう》する革命の首領に任命した。しかし、オロスコは翌一九一二年三月に実際に蜂起するものの、オロスコとの同盟はサパタが期待したような効果をもたらさなかった。結局、一九一三年五月、サパタはアヤラ綱領の修正版を発表し、オロスコを何の価値もない「社会的ゼロの存在」と批判し、自らが革命の首領となることを宣言する。

「民衆派」革命家との同盟の現実

その時すでに、マデロはウエルタのクーデターによって暗殺されてこの世になく、革命諸派は今度は打倒ウエルタを目指して各地で戦っていた。その戦いを主導したのが、「立憲軍」を組織した北部コアウイラ州知事のベヌスティアノ・カランサ（一八五九―一九二〇）である。カランサは、サパタがマデロに対して銃を床に突き立てて怒ったあの会席にも参加していた。マデロと同じように農園主階層の人間であり、マデロよりもなお社会改革に対する関心は薄く、サパタとは全くそりが合わなかった。両派のあいだで連合の試みが何度もなされたが、合意には至らないままに、一九一四年七月にウエルタが辞任。翌月にはカランサ派が先に首都に入城した。

一方で、立憲軍の中でも、ウエルタ打倒が近づいた頃から、とくに最大の軍隊を率いていたチワワ州出身のフランシスコ・ビジャ(パンチョ・ビジャ、一八七八―一九二三)とカランサとの間で、不和が生じていた。十月に今後の政府のあり方を議論するための会議が開かれた頃には、ビジャの影響力が強くなっており、その会議の場所も、メキシコシティから、ビジャの拠点に少し近づけてアグアスカリエンテスに移された。そこにはサパタ派も招待され、投票によって「アヤラ綱領」の農地改革関連条項が承認されている。会議ではさらにカランサの「首領」としての地位が否認され、翌月、暫定《ざんてい》大統領としてエウラリオ・グティエレス(一八八一―一九三九)が選ばれる。それに対してカランサが表立って会議に反対の意を示すと、ビジャ派以外の革命家の多くはカランサ側につき、十一月半ばには、サパタも含んだ「会議派」とカランサ派との間の戦いが始まる。

戦いは規模で上回る「会議派」が優勢で、サパタは十一月末、ついにカランサ派の撤退したメキシコシティを占領。そして十二月初頭、ビジャと正式な同盟について話し合うべく、首都郊外のソチミルコで会うことになった。ビジャはもともと匪賊《ひぞく》上がりで、土地を失った農民の多くを兵士として抱え、カランサに比べればサパタと境遇は近かった。それゆえ、サパタとビジャは民衆派の革命家として同列に扱われることが多い。しかし、実際の二人はあまりにも違っていた。

会談に同席した米国の諜報員《ちょうほういん》によれば、二人は外見からして「決定的な対照」を成していた。「背が高く、たくましく、体重一八〇ポンドぐらいで、肌の色はほとんどドイツ人のように赤らんでいて、ヘルメット帽をかぶり、重い茶色のセーターとカーキ色のズボンを身につけ、ゲートルと重い乗馬用の靴を履いた」ビジャに対し、サパタは別の国から来たかのようだった。背はビジャよりもかなり低く、「体重はおそらく一三〇ポンドぐらい」で、暗く「ほそおもて」であり、「巨大なソンブレロがときどき彼の目を隠して人から見られないようにしていた。……彼は、黒の短い上着と、大きな薄青色の絹のネッカチーフ、それから目立つラベンダー色のシャツを見にまとい、緑色に縁どられた白いハンカチとカラフルな花柄のハンカチとを交互に使った。ズボンは黒くタイトなメキシコ特有のもので、両足の外側の縫い目に上から下まで銀のボタンが付いていた」。

サパタは田舎《いなか》での生活を愛し、都市での豪華な生活を嫌ったと言われる。諜報員の描いたサパタの格好は、まさに田舎の伊《だ》達《て》男《おとこ》が一張羅《いっちょうら》を着ているという感じである。また、彼がトレードマークであるつばの広いソンブレロをメキシコシティでも手放さなかったのは、彼にとっては不快な都市の人間の視線から、自分を守るためだったのかもしれない。メキシコ映画の創始者とされるサルバドル・トスカノのフィルムを集めたドキュメンタリー映画『あるメキシコ人の回想録』(一九五〇年)では、この時の会食の映像を実際に見ることができる。カメラを気にしながらも料理をがつがつ食べ続けるビジャと

ソチミルコでの会食　前列中央、上目遣いにこちらを見ているのがサパタ。前列左から2人目に座っているのがビジャ。
(Archivo Histórico de la Universidad Nacional Autónoma de Méxicoより)

は対照的に、サパタは誰と話すこともなく、料理にも手をつけず、神経質に鼻を触り、上目遣いに隣のグティエレス大統領とその隣のビジャのほうを見ていて、いかにも居心地《いごこち》が悪そうだ。

その二日後、二人は首都に入り、正式な凱旋パレードをおこなった。大統領の部屋に皆で入った時、ビジャは嬉々《きき》として大統領の椅子に座り、次はお前だと言ってサパタに座るよう促した。それに対してサパタは、「私はそのために戦ったのではない。土地のために戦ったのだ。土地が返されるように。私は政治には興味はない」と言って断ったという。ともに民衆を支持基盤にしてはいたが、あまりにも異なる二人だった。彼はこの時、ビジャとの同盟関係も、マデロやオロスコの時と同じように失敗することを予感したかもしれない。

サパタにとってビジャと同盟することの意味は、ひとつには、ビジャが米国からの武器の輸入ルートをもっていたことにあったが、約束されたはずのビジャからの武器の援助は滞った。そして、はもともとメキシコシティが好きではないサパタは、「会議派」政府を置いてモレロスに帰ってしまう。それに乗じたカランサ派が首都に迫り、グティエレス大統領は逃亡。一九一五年一月末には、首都は再びカランサ派の手に落ち、「会議派」政府はモレロス州都クエルナバカに移り、ビジャはビジャでチワワ州に独自の政府を打ち立ててしまった。その後もビジャとサパタの緩い協力関係は続き、カランサ派から何度か首都を奪い返すものの、十月には、それまでビジャをひいきにしていた米国政府がついにカランサ臨時政府を承認し、ビジャとサパタは劣勢に追い込まれてしまう。

戦闘が続くなか、翌一九一六年十月には、カランサが招集した新憲法制定会議のための議員選挙が実施され、一九一七年二月に公布された新憲法には、これはカランサの意思に反して、サパタが「アヤラ綱領」で訴えたような包括的な農地改革の必要性を謳《うた》う条項が含まれた。言わばサパタの運動のトレードマークである農地改革が敵によって使われてしまったのである。五月一日、新憲法は施行され、選挙で選ばれたカランサが大統領に就任した。

ふるさとでの暮らし、そして裏切り

ビジャと別れてモレロスに戻ってからのサパタは、故郷のアネネクイルコから十五キロほど南西にある、トラルティサパンという人口二〇〇〇ほどの小さな町に拠点を構えた。鉄道沿いの、昔は精米所だったところに作られたサパタの司令部には、彼を救世主のように崇《あが》める人々がいつも贈り物を持ってやって来た。人々は八月の彼の誕生日を盛大に祝い、近隣の村も祭りがあるごとに彼を招待した。モレロスの田舎には、サパタの大好きな闘鶏《とうけい》や闘牛《とうぎゅう》、ハリペオと呼ばれるロデオのような競技会、そして酒や音楽があった。彼はいつも多くの女性と関係をもっていたとされるが、トラルティサパンでも少なくとも二人の子供が生まれた。首都での農園主層との昼食会とはかけ離れたふるさとでの暮らしを、彼は楽しんだことだろう。

とはいえ、彼がモレロスに戻ったのはただ安穏《あんのん》に田舎の暮らしを満喫《まんきつ》するためではなかった。サパタの司令部には、贈り物を抱えた人だけでなく、モレロスやその周辺の州のサパタ派の村々から、いろいろな問題を抱えた人々がやってきた。革命が始まる前には絶対的な存在だったアシエンダは、この地域ではほぼ一掃されていたが、今度はアセンダードのいない状況下で新しい問題が生まれていた。あるところでは隣接する村同士が土地争いを始め、あるところではアシエンダを接収したサパタ派の指揮官がそれを我がものにしてしまっていた。また、何度も政府軍の侵略を受けた結果として土地は荒廃していたし、もともとアシエンダを核にして経済が回っていたため、それがなくなった今、新たに経済を作り直さなければならなかった。サパタは、司令部に届いた請願に対応するだけでなく、自ら村々を回って人々の声を聞いた。アヤラ綱領で約束された農地改革の実現のために、首都で学んだ若き技師たちが派遣され、土地の測量や争議の解決にあたったが、先のエピソードにあるように、「まっすぐな線を引くことにこだわりすぎる」技師たちでは解決できない問題も多く、しばしば、土地の事情に通じ、人々からも信頼のあるサパタ自身が赴いて解決した。モレロス州にはまだ知事が別にいたものの、ほとんど実権を持っておらず、各村にはサパタ派組織の支部が置かれていたから、事実上モレロスを統治していたのはサパタだったのである。

サパタが一度はビジャとともに首都を手中に入れながら国政を握りきれずにモレロスに戻ったことをもって、サパタはローカルな指導者にすぎず、一つの国をまとめるような器量はなかったとか、国政には関心がなかったと言う歴史家もいる。しかし、サパタは国政の重要性を知らなかったわけではない。モレロスを改革するために国政とのつながりが必要であることはわかっていたし、また、彼がモレロスで実行していた農地改革を全国レベルに広げることも目指していた。ただ、彼にとって、モレロスの人々の信用に応えることこそが最優先であり、彼はあくまでも、モレロスのローカルな問題を一つ一つ解決していく、いわば下からの革命にこだわったのだ。

カランサが大統領に就任して以降も、サパタはカランサ派の要人を味方につけようと交渉したり、自分の統治するモレロスを承認すれば自分もカランサ政府を承認すると言ってカランサ自身との和解の道を探ろうともした。しかし、好きではない農園主階層の人間とも交渉する柔軟な姿勢を見せたサパタよりも、頑《かたく》なのはむしろカランサのほうだった。そして、一九一九年四月十日、サパタは、カランサ派の大佐によるだまし討ちにあって惨殺《ざんさつ》されてしまう。大量の武器を携えて、カランサ派からサパタ派に寝返りたいと言ってやって来た大佐の言葉を信じたのか、あるいは、それに賭けざるをえないほどの苦境に追い込まれていたのか。いずれにしても、それまで何人もの「革命家」に裏切られてきたサパタの革命人生を象徴するような死だった。

サパタの死からちょうど五年後、カランサも暗殺されてすでにこの世になく、大統領職は元カランサ派のアルバロ・オブレゴン(一八八〇―一九二八)からプルタルコ・エリアス・カジェス(一八七七―一九四五)の手へと移ろうとしていた。この時、サパタを追悼《ついとう》するセレモニーを政府が大々的に組織し、かつては敵として戦っていたはずの次期大統領カジェスがサパタの墓前で「サパタの農地改革は私のものだ」と宣言した。政府によるサパタ・イメージの利用は、それ以来、現在まで続いている。メキシコの大統領はみな、その思想や政策にかかわらず、サパタの追悼セレモニーに毎年参加する。メキシコ革命で最も農民のために戦ったサパタのイメージを使えば、農民や先住民を味方につけやすいという思惑からだ。これも、サパタにとっては一つの裏切りではないだろうか。

しかし、サパタのイメージがつねに政府の意のままになるわけでもない。チアパスの先住民のために立ち上がった人々が自らを「サパティスタ」(サパタ派またはサパタ主義者)と名付けたように、サパタは、メキシコの虐《しいた》げられた人々の間にも確かに生き続けているのである。

サパータ、ビベ!

⊙参考文献

Bethell, Leslie (ed.), *The Cambridge History of Latin America*, Vol. 5, Cambridge: Cambridge University Press, 1986.

Brunk, Samuel, *Emiliano Zapata: Revolution and Betrayal in Mexico*, Albuquerque: University of New Mexico Press, 1995.

———, "Remembering Emiliano Zapata: Three Moments in the Posthumous Career of the Martyr of Chinameca", *Hispanic American Historical Review* 78(3), 1998.

Knight, Alan, *The Mexican Revolution*, 2 volumes, Lincoln and London: University of Nebraska Press, 1990.

Krauze, Enrique, *Biografía del poder: caudillos de la Revolución mexicana (1910-1940)*, México: Tusques Editores, 2002.

Magaña, Gildardo, *Emiliano Zapata y el agrarismo en México*, 5 tomos, México: Secretaría de Cultura / INEHRM, 2019.

Womack Jr., John, *Zapata and the Mexican Revolution*, New York: Vintage Books, 1968.

ヒトラーに言葉で抗《あらが》った
儚《はかな》くも勇ましき
一輪の白いバラ

ゾフィー・ショル
…Sophia Magdalena Scholl…

金田敏昌

少なからぬドイツの若き人びとがナチスに立ち向かった。なかでもゾフィー・ショル（一九二一―四三）の言動は並々ならぬ個性を放つ。その代償は死であった。しかし、彼女の「侠気」は今もなお文書史料のなかに生き生きと宿りつづけている。

発覚

一九四三年二月十八日の木曜日、午前十一時目前、舞台はドイツ南部のミュンヘン大学。若き兄妹が静寂《せいじゃく》の廊下をひそかに駆け巡る。ビラが撒《ま》かれていく。「女子学友諸君！　男子学友諸君」と題されたビラは、独ソ戦におけるドイツ軍の壊滅的《かいめつてき》状況をふまえた力強い反戦と反ヒトラーのメッセージで埋め尽くされている。歴史に残る大事件は直後に起きた。講義終了のブザーが鳴り響く寸前、講堂の吹き抜けホールを一群のビラが舞い降りたのである。この刹那《せつな》、上階に居合《いあわ》せた兄妹を用務員ヤーコプ・シュミットが目撃していた。ふたりはミュンヘンのゲシュタポ（秘密警察）本部へと連行されてしまう。

二二日の午後五時。たったの四日しか経っていない。ミュンヘンのシュターデルハイム刑務所においてギロチンの刃が次々と落とされた。罪状はいわゆる国家反逆罪。同昼に民族裁判所が下した判決をうけて三名が断頭台《だんとうだい》の露《つゆ》と消えた。ビラを撒いたゾフィー・マクダレーナ・ショル（以下享年、二一歳）と兄ハンス・フリッツ・ショル（二四歳）、新たなビラ草稿を手掛けたクリストフ・プロープスト（二三歳）、すべてミュンヘン大学の学生である。ゾフィーは足取りもしっかりと、ハンスは「自由万歳」と叫び、プロープストはカトリックの洗礼を受け執行《しっこう》に臨んだという。

一同は現地大学生を中心とする反ナチ運動グループ「白バラ」の一員であった。撒かれたビラは白バラによる第六作となる。それまでも、数千部を優に超える反ナチのビラがミュンヘンをこえて各地へ郵送され、時に市街にばら撒かれていた。ビラにはユダヤ人虐殺《ぎゃくさつ》を糾弾《きゅうだん》する叙述も見受けられる。事件間近の大学附近では、夜陰《やいん》に紛れて「自由」、「打倒ヒトラー」といったスローガンが建物の壁に書きつけられていく。しかし、官憲《かんけん》サイドにとって、首謀者《しゅぼうしゃ》は謎のベールに包まれたままであった。怪文書の出処と白バラの実態がまさしくこの数日間で初めて明るみにでたのである。

事態の発覚《はっかく》に当局は衝撃《しょうげき》を受けた。というのも、事件が少数の若者によって、ひいてはナチス台頭の地ミュンヘンで引き起こされていたからだ。そのため、ゲシュタポによる捜査と尋問《じんもん》の強化が図られる一方で、民族裁判所が本件を扱うに至る。同裁判所は、一九八五年一月二五日ドイツ連邦議会決議文の語を借りるならば、「ナチの恣意的《しいてき》支配を行使するためのテロ手段」として猛威《もうい》を振るった。裁判長はベルリンから駆けつけたローラント・フライスラー、数千名に死刑判決を下した人物である。彼は、一九四四年七月二〇日のヒトラー暗殺未遂事件も裁いた。記録映像には、被告に罵声《ばせい》をあびせながら、俗的にいえば「出来《でき》レース」を進めていく様子が一目瞭然《りょうぜん》である。

ショル兄妹らにたいする裁判の記録映像は存在しない。しかし、荒れ狂って叫び、わめき、ののしるフライスラーの姿を司法実習生として公判に居合わせたレオ・ザムベルガー(のちに弁護士)が目撃している。被告三名の「身体上に現れる兆候《ちょうこう》に過度の緊張が認められ」ながらも、兄妹は堂々と、プロープストは寡黙《かもく》だがくじけることなく裁判長に立ち向かったという。「自らの理想に貫かれ自由と名誉を勝ち取るべく闘うことを正しいと確信している人たちが明らかにそこにいた」とザムベルガーは報告している。

白バラをめぐる民族裁判所の審理は、上記三名にたいする第一次裁判から、一九四四年十月十三日の第五次裁判に至るまで一年半以上にわたってつづく。総計二四名が起訴《きそ》され、七名が死刑判決を受けた。本稿において被告すべての個性的な活動を紹介することはできない。刑死者のみ挙げておく。三名のほか、四三年七月十三日にアレクサンダー・シュモレル(二五歳)とクルト・フーバー教授(四九歳)、同年十月十二日にヴィリ・グラーフ(二五歳)、終戦を待つことなく四五年一月二九日にハンス・ライペルト(二三歳)がテロルの犠牲《ぎせい》となった。教授をのぞきすべて現地大学生である。

仮にショル兄妹がシュミット用務員に見つからなければ、終戦まで白バラの実態は発覚しなかったかもしれない。今となっては巻き戻せない歴史の一コマである。しかし、自由と平和を訴える白バラの闘いは強烈な印象をわたしたちに与えつづけてきた。とりわけ、二〇歳を過ぎたばかりの女学生であるにもかかわらず、毅然《きぜん》として極刑《きょっけい》を受け容れたゾフィーの人となりは、ひときわ異彩を放っているともいえよう。彼女の人物像はフィクションの産物でもない。すくなからず、一次史料にもとづき事実として特定しうるという点が彼女の魅力をいっそう引き立てているのではないだろうか。

ゾフィーは言葉を武器にナチスに闘いを挑んだ。だからこそ彼女が発する生きた言葉も文書に留まりつづける。そこに浮かび上がる命を賭《と》した覚悟が永遠に私たちの心を育んでいく。本稿の執筆にあたり「侠」なるテーマワードを授かった筆者の心に蘇《よみがえ》ってきた人物こそが、切なくも大胆かつ誠実に生き抜いた一輪の白いバラであった。はたして、今日にいたるまで紡《つむ》がれてきた彼女をめぐる記憶は如何《いか》なる記録に依拠《いきょ》しているのか。つづけて整理してみよう。そのうえで、筆者なりに彼女の遺産を継承したい。

なお、本稿における引用および事実関係にもとづく叙述は、文末に掲載した参考資料を主な典拠としている。ぜひ図書館やウェブで探索していただきたい。本稿で詳述できなかった彼女の来歴やプロフィールにかんして、たとえば、一九五二年に出版された姉のインゲ・アイヒャー・ショルによる回想録をとおして詳しく知ることができる。

記憶

ゾフィー・ショルをはじめ白バラといえば今や国際的に知れ渡っているだろうか。ドイツではいうまでもない。戦争をめぐる記憶において、白バラの反ナチ運動はきわめて重要な契機を担ってきた。それは同時に、ドイツにおけるナショナル・アイデンティティ形成の要《かなめ》としても機能している。このことは、ミュンヘン大学で恒例《こうれい》の「白バラ追悼《ついとう》記念講義」中、歴代大統領の講義内容にも顕著《けんちょ》といえよう。各時期の社会的文脈や政治的意図に影響されながらも白バラを主人公とする「国民物語」が紡がれつづけてきた。

日常の生活世界に目を向けると、白バラ、とくにショル兄妹は、いたって身近な存在である。学校の名称に「ショル兄妹」が冠されてもきた。およそ二〇〇近く存在していることになる「ショル兄妹学校」はドイツにおける教育機関の名称として最も多い。一方、十九世紀半ばに建設されたヴァルハラ神殿の「称賛に値する著名なドイツ人」を祀《まつ》る「偉人の殿堂《でんどう》」には、今世紀を迎えてゾフィーの胸像も設置された。現代に生まれた人物中、女性として初の殿堂入りである。胸像のキャプションには「第三帝国の不法、暴力、テロに勇ましく抗《あらが》った」と刻まれた。戦争をめぐる記憶のなかで、ますます彼女は存在感を強めていく。

『白バラは散らず』表紙
原題を直訳すると単に「白バラ」。
「散らず」や副題の「ドイツの良心」は
邦訳独自の文言。
表紙写真の人物はゾフィー本人。

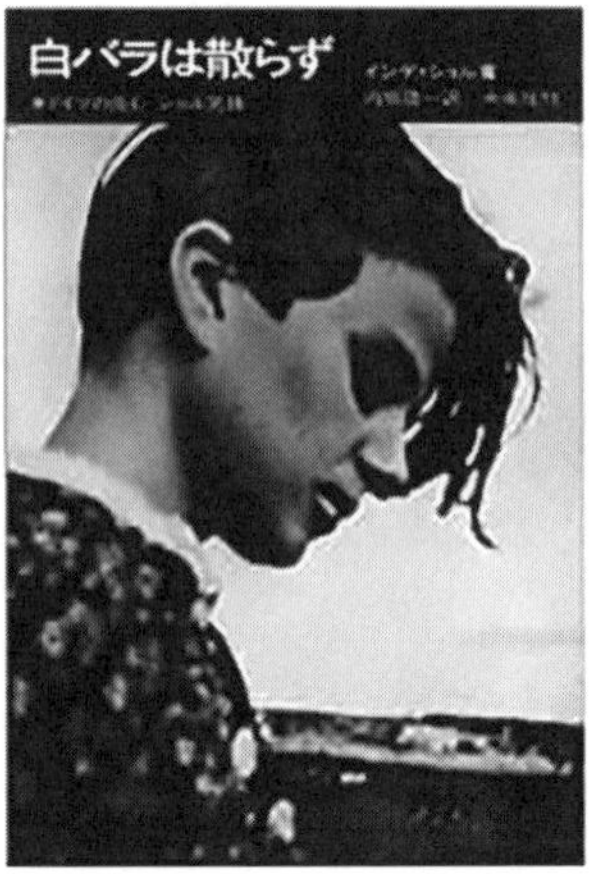

こうした記憶の継承は、一九八六年に設立された「白バラ財団」の啓蒙《けいもう》活動にあずかるところも大きい。設立者は一九二四年生まれのフランツ・ヨーゼフ・ミュラー、白バラの一員としてビラ用紙、封筒、切手の調達に携《たずさ》わった。彼は、四三年四月十九日の第二次裁判において国家反逆罪の廉《かど》で禁錮《きんこ》五年の判決を受けている。同財団の目的は、まさに「ナチズムに抗った『白バラ』の記憶と遺産を守りつづける」ことであり、世界中にメッセージが発信されつづけてきた。日本における一例として、執筆時点で早稲田大学人間科学学術院の村上公子研究室が主催するパネル展「白バラ――ヒトラーに抗した学生」を挙げておく。所狭しと並ぶ立派な白地のパネルは同財団によって制作されている。

殊《こと》にゾフィーは日本でも、ありありとイメージされるようになった。映画作品の公開が果たした役割は見逃せない。ユリア・イェンチが彼女を演じた『白バラの祈り ゾフィー・ショル、最期の日々』(邦題)である。本作品は二〇〇五年にドイツで封切られ、翌年に本邦初公開を迎えた。筆者が手にするDVDには本編のほか、証言者トーク、本邦で開催されたシンポジウム、関係者による記者会見、くわえて短時間にカットされているもののヒトラー暗殺未遂事件を裁いた法廷の記録映像が収録されている。フランツ・ミュラーの語りに耳を傾けることもできた。ドキュメンタリー性の高い特典映像が本編にたいする深い理解を促している。なお、書籍としてもオリジナル・シナリオの邦訳が出版された。

同時期の「ナチス映画」と耳にすれば、ブルーノ・ガンツがヒトラーに扮した『ヒトラー～最後の十二日間～』(邦題)を思い浮かべる読者も多いのではないだろうか。私見のかぎりで、両作品には独特な趣の異なりが認められる。ヒトラーの「最後」は幾度《いくど》となくとどろく砲声や爆撃音が現場の雰囲気をリアルに伝えてくる一方、ゾフィーの「最期」では一発の銃声もしない。ただ、時に注意深く、時に激しく繰り出される数々の言葉が刑死へといたる数日間を描き出していく。取調室では、事態の急転に戸《と》惑《まど》いながらも、彼女は誇り高くナチ体制を非難する。法廷でも、「私たちは言葉で闘っているのです」と言い放ち、けして理念を曲げようとしない。こうして、「ヒトラーの手先」に堂々と立ち向かっていく彼女の姿が筆者の心に深く刻み込まれていった。

記録

映画『白バラの祈り』は、等身大の「ゾフィー像」を描き出す。しかし、留意すべき点もある。制作関係者の意図、すなわち第三者のフィルターが彼女の「記憶のされ方」に介在《かいざい》せざるをえない。たとえば、事件前夜から刑死へと至る五日間と「彼女の視点」に特化したシナリオ展開である。監督による

『白バラの祈り』

右は映画作品。ミュンヘン・ゲシュタポ本部地階の獄窓から空を覗くユリア・イェンチ演じるゾフィー。法廷に立つ姿がジャケット写真とされている版もある。

左はオリジナルシナリオ。ラフカットは180分に及ぶとのこと。

映画作品に収録しきれなかった場面や会話を知ることができる。

と、低予算で質の高い作品に仕上げることが悩みの種であった。まず、一九八〇年代初頭に制作された『白バラは死なず』（邦題）と『最期の五日間』（タイトル訳、筆者）で扱われていない場面にスポットを当てることで質の問題がクリアされる。さらに、彼女が居合わせた空間にのみ舞台の数を減らすことでコストも節約された。

カメラは絶えず彼女もしくはその周辺を捉えている。したがって、厳密を期すならば彼女の「視点」ではなく「五感の及ぶ範囲」が映像化されたというべきか。いずれにせよ、制作関係者が語るには、そうしてゾフィーが極限状態のなかで成長を遂げていく過程を描き出し、視聴者がともに体験していくことを目論《もくろ》んでシナリオが設定された。だからこそ、彼女の言動が作品の鍵《かぎ》を握る。ただし、台詞《せりふ》のすべてが確固たる記録にもとづいて構成されているわけでもない。とくに裁判に目を向けると、速記録は存在せず、起訴事由や判決といった断片的な情報と、関係者のメモや証言が遺されているといった程度である。彼女の肉声も生まれてこのかた録音されていない。ゆえに、フライスラー裁判長との一騎《いっき》打《う》ちは、「言葉で闘っているのです」の台詞も然り、制作者が慎重を期したとはいえ、ありのまま再現できるほどの素材に恵まれているわけではなかった。

しかしながら、実質的に「言葉の闘い」は繰り広げられていたのである。きわめて確かな証拠がゲシュタポによって作成された尋問調書である。事件関係者は、主にヴィッテルスバッハ宮殿に置かれたミュンヘン・ゲシュタポ本部で取り調べを受けることとなった。そうして蓄積《ちくせき》された一連の記録が一九八九年から翌年にかけて連邦公文書館で公開されたのである。ここに至るまでの道のりは紆余曲折《うよきょくせつ》をともなった。そもそも、敗戦間近にゲシュタポは各地で膨大な量の記録を焼却《しょうきゃく》する。けれども、「白バラ」調書はベルリン中央に送られていた。さらに、赤軍により接収されモスクワを経て、ふたたびベルリンの地を踏むも、長年にわたり東ドイツでお蔵入りとされていたのである。

東ドイツにおいて一連の資料は特別なケースをのぞき一般公開されてこなかった。「白バラ」の強烈なプレゼンスによって、共産党員の抵抗運動を見劣りさせてしまうことにたいする危惧《きぐ》がはたらいたからとも推察される。事実として、とくに西側のジャーナリストや研究者は、東ドイツ幹部による口利きや国家評議会議長エーリッヒ・ホーネッカー（一九一二―九四）の許可を取り付けないことには関係資料にアクセスできなかった。閲覧《えつらん》にこぎつけても、西側の出版物には掲載しえなかったという。ドイツ統一が転機となり「言葉の闘い」は、ようやく陽の目を見た。一部につき邦訳が出版されている。

『白バラ尋問調書』
カバーを外すと、
表紙には横顔、裏表紙には正面向きで
ゾフィー本人の写真が並んでいた。
まさしく尋問の際に鑑識用として撮影された写真である。

とはいえ、史料それ自体は、ありのままの事実を私たちに語りかけてくれるわけでもない。書き

手のフィルターがかかってくる。史料の奥底に潜む核心へと到達するうえでテクスト批判が欠かせない。とくに警察の尋問調書にこそ冷静な読みが求められてくる。なぜなら、調書は速記録ではないからだ。一般的に、担当者が取り調べの内容を事後的に整理、吟味《ぎんみ》したうえで、当時ならばタイプ係が浄書《じょうしょ》し、容疑者が確認して署名する。「話し言葉」は「書き言葉」へと変換された。容疑者による生の語りも、追及する側、すなわちゲシュタポの解釈によって再言語化されていく。そこは、「ゾフィーの言葉」と「ナチの言葉」がせめぎあう場として成立する。

だからこそ、細心の注意を払って調書の分析は進められなければならない。その成果が映画『白バラの祈り』の尋問シーンに盛り込まれている。実のところ本作品の目玉は、まさしくここにあった。というのも、調書が一般公開されていない一九八〇年初頭の作品にとって未知の領域だったからである。取り調べ初日、ゾフィーは徹底的に白を切った。自身はノンポリであること。講堂三階の手すりに載っていたビラが気になり、思いがけず落としてしまうという馬鹿をしでかしてしまったこと。所持していた空の大きなトランクをめぐっては、洗濯物《せんたくもの》を詰めて両親宅へ出かけるべく持ち歩いていたこと。取調官は納得《なっとく》する。保釈間近であった。

事態は急転する。ゲシュタポも捜査を怠らなかった。フランツ・ヨーゼフ通りのショル兄妹宅より大量の切手をはじめ次々と証拠物が発見されてしまう。とくにプロープストがハンスに宛てた手紙が決め手となる。事件の発覚直後にハンスは、所持していた新たなビラの草稿《そうこう》を破り捨てようとした。しかし、その仕草《しぐさ》が用務員シュミットに見破られてしまう。没収された草稿と、発見された手紙との間に揺るぎない筆跡の一致が確認された。兄妹に遅れてプロープストも逮捕されるに至る。ハンスは自白を始めた。

兄の自白およびプロープストの逮捕という事態を知ったゾフィーも腹をくくる。三児の父になったばかりのプロープストに極刑が科されることと、芋づる式に検挙が拡大することを可能なかぎり避けようとしつつも、すべてを打ち明けていく。クライマックスは調書の末尾に記されている。「丸二日間」における取り調べのなか、話題は彼女の政治観や世界観にも及んだ。まさに国家反逆罪として厳しく咎《とが》められて当然ではないかと迫られて、彼女は答えた。「否と答えざるをえません。(中略、筆者)国民のために今自分にできる最善のことをしたと思っていますし、その考えは変わりません。ですから、私は自分がしたことを後悔していませんし、自分の行動から生じた結果を受け入れるつもりです」。核心に近づいてきた。

ただし、この返答が調書に印字されるまでのプロセスを完全無欠に再現することはできない。ゾフィーが流暢《りゅうちょう》に語ったのか、拷問《ごうもん》といった圧迫的な措置が介在したのか、調書からすべてを理解しようとすることは早計といえよう。ゾフィーの取り調べを担当した人物は、ローベルト・モーア刑事高等事務官である。子息の提供する証言と記録によれば、彼はヴァイマル・ドイツ以来の警察官であり、公務員としていちはやくナチ党に名を連ね、熱狂的にヒトラーを支持していた。一方、長年にわたる経験から取り調べの腕は確かであり、とくに女性容疑者の「オトシ」を得意としていたとされている。

戦後のモーアは、ナチ党関係者を追及する非ナチ化裁判にかけられることを想定して、自らに有利な証拠を集めていたという。その過程で彼は、ゾフィーの父ローベルト・ショルに事件以来ふたたび接触している。目的は、いっさい拷問による自白の強要はなされていないという事実を明らかにしておくことにあった。実のところ両親は、処刑直前に叶《かな》った面会でショル兄妹から直接、「ゲシュタポにまともに扱われ、拷問されたことはなかった」と告げられているのである。そうして、一九五一年二月二九日、モーアは事件の顚末《てんまつ》にかんする報告を仕上げた。

同報告は「在ウルム元市長ローベルト・ショル氏の依頼により」作成されたとのことである。ゾフィーの姉インゲが回想録を上梓《じょうし》したのと同時期であった。遺族は、モーアの記述内容を受け容れたと考えられている。その根拠として、実際に拷問はなかったことにくわえ、父親自身が彼に救われていたこともあった。兄妹の刑死後、近親者一同が取り調べを受けた際、父親も「反国家的発言」を放ったが、彼は一切を調書に採用せずに済ませたという。

以上の経緯によって、モーアの報告につき一定の信憑性《しんぴょうせい》が得られている。報告によると、ゾフィーの取り調べ中、彼は二度にわたって彼女を極刑《きょっけい》から救うべく助け舟を繰り出す。条件は、彼女が従前《じゅうぜん》の主張を撤回してしまうことである。しかし、拒絶された。この過程が調書の末尾に結実しているのである。初志を貫く「彼女の言葉」は史料に刻み付けられた。読みかた次第で史料の重みは倍増する。

継承

一九四三年末、連合軍の爆撃機がドイツ上空に飛来した。落とされたのは爆弾ではない。白バラの第六号ビラが羽ばたいたのである。事件後、このビラは法律家ヘルムート・イェームス・フォン・モルトケ(三七歳)によってイギリスへと届けられていた。彼も反ナチ運動に参加し四五年一月二三日、絞首刑《こうしゅけい》に臨んだ人物である。数十万枚にものぼるビラが舞い降りていく。二月十八日のような光景だったのだろうか。実に象徴的なトピックである。

ゾフィーは自らの理想を曲げることなく、若くして斃《たお》れた。強烈な印象によって記憶されていく白バラのなかで彼女はひときわ独自の輝きを放ってもいる。執筆にあたって、多種多様な素材のなかへと彼女を探索していくうちに、「非暴力で抵抗した」という文言がプロフィールとして盛り込まれている記述に幾度も出くわした。力に屈せず誇り高く立ち向かう彼女の姿は今後も語り継がれていくことであろう。

筆者はゾフィーから何を継承すべきか。自身は広い意味でいう「アーカイブ」の分野で仕事をつづけてきた。彼女が「言葉で闘った」ことに立ちかえっておきたい。ゲシュタポの尋問調書にも窺《うかが》い知れるとおり、史料は「個人の言葉」と「権力の言葉」が対峙する決闘の場でもあった。決着は後世の読みにも委ねられる。そこまで彼女自身が意図していたかどうかは知りえない。しかし、結果として彼女は史料の奥底へと生きた言葉を留まらせることに成功し、後世の人びとが蘇らせている。

ゾフィー・ショルの遺産をとおして私たちは歴史を知り、歴史に学んでいる。この点で彼女は圧倒的な権力との「言葉の闘い」に勝利を収めた。そこには閲覧利用を前提として、史料を適切に管理し公開し、事実を蘇らせていくという後世の取り組みも大いにかかわっている。関連するところで国の記録と、そのありかたをめぐって、日本においてもようやく意識が高まってきた。記憶に値する誉れ高き出来事の主人公としてだけでなく、かけがえのない貴重な歴史的事実が潜む史料を未来へと受け継いでいく営みにおいても、一輪の白いバラに宿った侠気は示唆《しさ》に富んでいる。

◉参考資料（翻訳および本邦公開作品につき、ドイツ語原題を省略する。）

（文献）

インゲ・ショル（内垣啓一訳）『（改訳版）白バラは散らず』（未来社、一九六四年〔第一刷〕、二〇一六年〔第四七刷〕）

フレート・ブライナースドルファー（瀬川裕司・渡辺徳美訳）『白バラの祈り――ゾフィー・ショル、最期の日々［オリジナル・シナリオ］』（未来社、二〇〇六年）

フレート・ブライナースドルファー（石田勇治・田中美由紀訳）『「白バラ」尋問調書』（未来社、二〇〇七年）

古川裕朗「大統領『白バラ』追悼記念講義と戦後ドイツの国民物語：ヴァイツゼッカー/ラウ/ガウク」（『広島修大論集』〔五六―一〕二〇一五年九月、一〇七―一二一頁）

Mattthias Kalle, "Gedenkenschulen", *Die Zeit*, 4. November 2010.

（映画作品）

パーシー・アドロン監督『最期の五日間（タイトル訳、筆者）』（本邦未公開）

ミヒャエル・フェアヘーフェン『白バラは死なず』（本邦一九八五年公開）

オリヴァー・ヒルシュビーゲル監督『ヒトラー～最後の十二日間～』（本邦二〇〇五年公開）

マルク・ローテムント監督『白バラの祈り ゾフィー・ショル、最期の日々』（本邦二〇〇六年公開）

（ウェブサイト）

白バラ財団ウェブサイト：https://www.weisse-rose-stiftung.de/white-rose-foundation/（二〇二〇年五月一九日）

ヒトラーとスターリンに抗《あらが》った頑固爺《がんこじい》

ユリウ・マニウ

…Iuliu Maniu…

高草木邦人

ユリウ・マニウ（一八七三—一九五三）はルーマニアでは歴史上の人物として著名な政治家であるが、日本では馴《な》染《じ》みのない人物であろう。マニウを日本の政治家で敢《あ》えて例えるなら、浜口雄幸《はまぐちおさち》（一八七〇—一九三一）とイメージが重なるのではないか。浜口が所属していた憲政会は、戦前の大政党である立憲政友会に対抗するため、一九二七年に政友本党と合併し、立憲民政党を結成した。浜口は民政党の初代総裁となり、一九二九（昭和四）年に大命降下《たいめいこうか》をうけ、翌年の総選挙で政友会に勝利した。一方、マニウは、戦間期ルーマニアの大政党である自由党に対抗するため、彼が率いた民族党と農民党とを合併させ、一九二六年に民族農民党を結成した。マニウは同党の初代党首となり、一九二八年に大命降下をうけ、同年の総選挙で自由党に勝利した。

また、この二人は、人々が抱いていた政治家としてのイメージも近い。「ライオン宰相《さいしょう》」と呼ばれた浜口は謹厳実直《きんげんじっちょく》な印象を与える政治家だが、一方、マニウも「スフィンクス」というあだ名をもち、清廉潔白《せいれんけっぱく》な政治家として認識されていた。さらに、二人の政権が躓《つまず》いた問題も類似する。世界恐慌《せかいきょうこう》である。金解禁《きんかいきん》を断行した浜口は、世界恐慌に直面して大不況を引き起こしてしまった。一方、マニウは農民向けの経済政策を進めていたが、世界恐慌によって農産物価格が暴落し、その政策は失敗に終わった。

このように、マニウと浜口の人生は写し鏡のようなのだが、しかし、その結末が異なる。両者はともに、一八七〇年代の生まれだが、浜口は六一歳で、マニウは八〇歳でその生涯を閉じた。周知のとおり、浜口は一九三〇（昭和五）年の狙撃《そげき》事件で負った傷がきっかけで、翌年に亡くなった。悲劇の死といえる。一方、マニウは浜口よりも二〇年近くも長く生きるが、浜口以上の悲劇を経験し、最後には非業《ひごう》の死を遂げる。ここでは、マニウの長い人生のうちで、その後半部分にスポットライトをあて、彼の辛く厳しい戦いをみていこう。戦った相手はヒトラー（一八八九―一九四五）とスターリン（一八七九―一九五三）である。特に、スターリンとの戦いは絶望の連続であった。しかし、マニウは不屈の精神をもち、戦ったのである。

民族の権利と議会制民主主義のために

さて、本論に入る前に、当時のルーマニアについて簡単に説明しながら、マニウの半生をみていこう。まず、確認しておきたい点は、十九世紀のルーマニアのかたちが現在のそれと異なることである。地図の斜線の部分は、第一次世界大戦後にルーマニアに含まれた地域である。大戦以前、北東の斜線のベッサラビアはロシア帝国領であり、西部の斜線のトランシルヴァニアはオーストリア＝ハンガリー帝国領（正確に言えばハンガリー王国領）であった。

このトランシルヴァニアのシムレウ・シルヴァニエイという町に、

第二次世界大戦後のルーマニア

マニウは一八七三年一月八日に生まれた。つまり、彼はハンガリー領に住むルーマニア人として生を受けたのであった。この当時、トランシルヴァニアのルーマニア人は不遇であった。というのも、彼らはこの地に住む諸民族の中で最も多い人口にもかかわらず、それに応じた政治的権利を保持していなかったからである。さらに、支配民族であるハンガリー人の圧迫により、トランシルヴァニアでは、ルーマニア語が行政語としてみなされていなかった。そのため、ルーマニア人たちは民族の権利を獲得するために、皇帝への直談判、一八四八年の革命、ルーマニア民族党（以下、民族党と略記）の結成など、さまざまなかたちで民族運動を展開していった。

この民族運動という点において、マニウはサラブレッドであった。彼の父方の大伯父《おおおじ》は一八四八年革命の指導者シミオン・バルヌチウ（一八〇八—六四）であり、母方の親族には民族党党首ヨアン・ラツィウ（一八二八—一九〇二）がいた。あえて日本史で例えるなら、高杉晋作《たかすぎしんさく》を大叔父にもち、立憲改進党総理大隈重信《おおくましげのぶ》を親族にもつといった感じだろうか。マニウはウィーンなどで法律を学び、一八九八年にブラージュという町で弁護士になったが、その生まれた環境のためか、彼は大学生の頃から政治の世界に踏み込んでいた。一九〇六年、つまり三三歳の時に、マニウはハンガリーの総選挙に、民族党から立候補し、みごと当選を果たした。これ以降、マニウは国会議員として、ルーマニア民族のために身をささげていくことになる。その信念の深さを象徴するエピソードがある。マニウは青年時代にクララという女性と恋に落ちた。しかし、彼女はハンガリー人であった。そのため、ハンガリー王国政府と戦う民族党の指導者として期待されていたマニウはこの恋を諦《あきら》めたのであった。

ルーマニア人の権利獲得のために邁進《まいしん》するマニウに転機が訪れたのが、第一次世界大戦(一九一四〜一九一八年)であった。この大戦において、オーストリア＝ハンガリー帝国の一部であるハンガリー王国は独墺《どくおう》側につき、ルーマニア王国はやや遅れて英仏側についた。つまり、ルーマニア人同士が銃を向けあう状態になったのである。しかし、独墺側の敗戦が濃厚となった大戦末期において、オーストリア＝ハンガリー帝国内の諸民族が独立の動きを見せ、帝国は崩壊へと向かっていく。この状況をマニウら民族党も好機ととらえ、運動を活発化させた。最終的に、トランシルヴァニアのルーマニア人たちは、一九一八年十二月一日に、アルバ・ユリアという町で大集会を開催し、ルーマニア王国との統合を決議した。また、同集会では、当面の政治運営が統治評議会に委ねられたが、マニウはその議長に選出された。ルーマニア民族のために戦い、四六歳を迎えようとしていたマニウにとって、その悲願がかなったわけである。

トランシルヴァニアとルーマニア王国との統合に大きく寄与したマニウに待ち構えていたのが、自由党、そして国王との戦いであった。自由党は大戦以前から権勢をふるっていた大政党であり、その政策はルーマニアの工業化と中央集権化を目指すものであった。一方、当時のルーマニアは、国民の多数が農民であり、また新たに王国に編入されたトランシルヴァニアなどからは地方分権化を望む声が強かった。しかし、自由党はこれらの声を無視した。そのため、地方分権化を主張していたマニウら民族党は、自由党と対抗するために、工業化政策に不満を抱いていた農民党と合併し、一九二六年十月に民族農民党を結党し、党勢を拡大した。その結果、一九二八年十一月には、マニウが首相に任命され、翌月の総選挙で民族農民党は七八パーセントの票を得て、国会において圧倒的な議席を獲得したのであった。

また、マニウは議会制民主主義を守るために、一九三〇年に即位したカロル二世（在位一九三〇―四〇）とも戦った。これまでの国王は政党間の勢力関係を踏まえて首相を任命し、政治そのものは議会や政党に委ねていた。しかし、カロル二世は政治に積極的に介入し、自身に都合の良い人物を幾度となく首相に選んでいった。このような独裁的な傾向に対抗するため、マニウは大胆な策を講じた。一九三七年十二月の総選挙の際に、マニウは、これまで政敵であったファシズム政党の軍団運動（いわゆる鉄衛団《てつえいだん》）と選挙不可侵協定を結び、当時の政権政党を敗北に追い込んだ。議会選挙ではマニウたちに勝てないことを悟ったカロル二世は一九三八年二月に憲法を改悪し、さらに全政党を解散させた。しかしながら、カロル二世の独裁は長続きしなかった。カロル二世は、独裁に抗するマニウらを十分に抑えることができず、さらに外交政策を失敗した。一九四〇年に、彼はソ連とドイツの圧力に屈して、ベッサラビアと北トランシルヴァニアを割譲《かつじょう》してしまった。そのため、カロル二世は息子のミハイに王位を譲り、亡命したのであった。マニウが六七歳の時であった。

圧し掛かるドイツと迫りくるソ連

新たに即位した十九歳の国王ミハイ一世（在位一九二七―三〇、四〇―四七）は、ヨン・アントネスク

(一八八二―一九四六)将軍に「国家指導者」という肩書を与え、全権を付与した。軍隊からの支持も厚く、諸政党との関係をもつアントネスクには、その剛腕《ごうわん》で国家の難局を切り抜けることが期待された。アントネスクが新たな体制を模索するなか、マニウは国王独裁に代わる体制として、複数政党制に基づく議会政治の復活を以下のように主張した。

私の信念は議会主義と立憲主義である。議会主義を廃止した国王独裁体制の崩壊は、諸問題の公的な議論や政府・行政に対する自由な批判がルーマニアにおいて完全に必要であると証明した。最近のルーマニアにおける政治にみられた深刻な不道徳と嫌悪《けんお》すべき苛政《かせい》は、議会と諸政党の活動の欠如《けつじょ》のためである。つまり、権力を監視する手段である出版と集会の自由が欠如していたからである。

しかし、この宣言を掲載した党機関紙は検閲《けんえつ》のために出版することができなかった。なぜなら、政党政治家の腐敗と危機に対する議会の無力さを実感したアントネスクはこの国難を脱するためには、強力な独裁体制しかないと考えたからであった。そのため、彼の体制に協力しない政党に対して政治活動を禁止した。

マニウとアントネスクの見解の相違は、国家統治のあり方だけでなく、対外政策にも表れた。一九三九年の第二次世界大戦の勃発《ぼっぱつ》以降、ヨーロッパにおけるドイツの支配が強まるなかで、アントネスクはヒトラーとの結びつきを強化した。彼はカロル二世が失った領土をヒトラーに対する貢献度によって、回復できると信じていた。しかし、その結果、ルーマニアはドイツに対して政治的・経済的・軍事的に従属《じゅうぞく》していくことになった。一方、マニウはイギリスの最終的な勝利を信じ、国家の再建は民主主義国家の英米の力を借りなければならないと考えていた。そのため、アントネスク体制のなかで、マニウは議会制民主主義の復活と枢軸国陣営《すうじくこくじんえい》からの離脱という二つの目的のために活動を展開していった。例えば、かつての政敵であった自由党と連携し、アントネスクにたびたび、政治体制の在り方への抗議を行なった。また、マニウは英米との交渉ルートを独自に構築して、ルーマニアがドイツの同盟国ではなく、占領国とみなしてもらえるよう働きかけていた。

このようなマニウの親英米的・反独的姿勢は、一九四一年六月から始まった独ソ戦以降、より鮮明となっていった。ドイツの同盟国として参戦したルーマニアはその緒戦《しょせん》において、ソ連に奪われたベッサラビアなどを奪還したが、独軍とともに、ソ連領内へさらに攻め入ることになった。これに対してマニウは反発した。彼は、「おそらく勝利者となるイギリスの同盟国であるソ連に対する侵略者になるべきではない」として、連合国に対してこれ以上の刺激を与えないようにアントネスクに警告した。一方、枢軸国に対して、彼は「枢軸国は、不当なやり方で、何の承認もなく、我が国の重要な部分を奪い、我らの領土を、そして民族の誇りと名誉を傷つけた」と批判した。

次第に、ヒトラーは、こうしたマニウの主張や行動がルーマニアを枢軸国陣営から離脱させるのではないかと恐れ始めた。当初、ドイツはマニウの懐柔《かいじゅう》を検討していたが、マニウはドイツとの直接的な接触を避け続けていた。また、マニウはイギリスの諜報《ちょうほう》組織である特殊作戦執行部との関係を秘密裏《ひみつり》に維持し、連合国軍との戦争停止のために工作を続けていた。そのため、ヒトラーはゲシュタポにマニウの動向を探らせ、またアントネスクに対してマニウの逮捕《たいほ》をもとめるようになった。ただ、アントネスク自身もルーマニアの諜報部によってマニウを監視していたのだが、逮捕には踏み切らなかった。むしろ、マニウを庇《かば》うことすらもした。しかし、両者の思いはすれ違ったままであった。一九四一年十二月、マニウの努力とは裏腹に、アントネスクは英米との戦争に突入していった。

連合国との戦争が本格化した後も、マニウは英米との接触を継続した。彼は、ルーマニア国民が戦争を望んでおらず、アントネスク政権が国民の意志ではないと主張した。英米もマニウを反アントネスク体制のリーダーとみなし、彼による亡命政権や武装蜂起《ほうき》の可能性を模索《もさく》していた。しかし、一九四三年以降、ルーマニアとマニウは厳しい状況となった。一九四三年一月、英米はカサブランカ会議で、枢軸国とその同盟諸国に無条件降伏を要求することを確認した。また、スターリングラードの戦い以降、攻勢に出はじめたソ連がルーマニアに迫る勢いになった。そのため、一九四四年三月にマニウは自由党党首と連名で、アントネスクに決断を迫った。

戦争の初めから、我々は、ルーマニアが世界的な紛争に関与するべきだという貴殿《きでん》の態度に対して忠告してきた。貴殿は我々の指摘を考慮せず、貴殿が行なった行動の政治的な結果に対して何ら責任を負っていない。今日、戦争の結果から生じた膨大な損失の後で、我が国はかつてない危機に晒《さら》されている。……ドイツ軍とのさらなる協力は、我が軍の残存兵力を無駄《むだ》に犠牲《ぎせい》にして、ソ連軍から無責任な報復と破壊を引き起こすだろう。……我々は、ドイツに対して、ソ連で展開している我が軍の残存部隊を撤退させ、今後、軍事的な援助を与えず、ルーマニアが戦争を継続できない状態にあると示さなければならない。このことを考慮しなければ、貴殿は、国王に対して、自らがこれ以上政治を指導できないこと、そして新政府を認めることを示すしかない。

しかし、マニウの「助言」は聞き入れられなかった。一九四四年四月に出されたソ連からの戦争停止の勧告《かんこく》を、アントネスクは拒否した。そのため、これ以降、連合国はルーマニアに対して空爆を始めた。ソ連軍が侵攻するなか、反アントネスク体制のリーダーとして、マニウは決断に迫られていた。ソ連軍を敵としてではなく、同盟国として迎えるために、マニウは国王ミハイを説得し、休戦協定締結に向けてアントネスクを解任する決意をさせた。また、アントネスク打倒後の政権の準備のために、主要政党による協力体制も築いた。なお、ソ連との関係を考慮して、この中に共産党も加えられた。一九四四年八月二三日、謁見《えっけん》に訪れたアントネスクは解任され、その場で逮捕された。同日、国王は枢軸国陣営からの離脱、休戦協定の受諾《じゅだく》、連合国との戦争停止を宣言した。この時、マニウは七一歳であった。

スターリンと共産党に対する戦い

枢軸国陣営から離脱したルーマニア軍は、ソ連軍とともに独軍を攻撃する作戦に組み込まれた。しかしながら、ルーマニアそのものは、ソ連によって敗戦国のように扱われた。また、ルーマニアは、当面の間、米英ソの代表からなる連合国管理理事会の下におかれたが、その理事会は事実上、ソ連が牛耳《ぎゅうじ》っていた。英米が弱腰であったのには理由があった。一九四四年十月に、英首相チャーチル(在職一九四〇—四五、五一—五五)はスターリンと会談し、ギリシアにおけるイギリスの優位を保証するために、ソ連にルーマニアにおける優位を保証した。また、対日戦争の早期終了を目指す米大統領ローズベルト(在職一九三三—四五)は、スターリンの要求に妥協的であった。そのため、マニウが構想していた議会制民主主義に基づく戦後体制は崩された。当初、共産党はマニウらとともに挙国《きょこく》一致《いっち》内閣に参加していたが、そこから離脱して、一九四四年九月から十月にかけて衛星政党や弱小政党などと国民民主戦線という政治グループを形成した。共産党はこのグループが多様な政党からなる民主主義組織であると主張し、他方、かつて鉄衛団と手を組んだマニウをファシストと罵《ののし》った。さらに、ソ連のテコ入れも加わった。ソ連は国王ミハイに対して、国民民主戦線に参加しているペトル・グローザ(一八八四—一九五八)を首相に任命するよう圧力をかけた。その結果、一九四五年三月にグローザ政権が成立した。グローザ自身は共産党員ではないが、内務大臣など重要閣僚を共産党員が担い、事実上の共産党政権が誕生した。

ところが、一九四五年四月に、トルーマンが米大統領に就任(在職一九四五—五三)すると状況が変化した。彼は東欧におけるソ連の影響力を減ずることを模索していた。この動向に希望をもち、マニウは国王を説得し、同年八月十九日にグローザを解任させた。しかし、グローザらはこれを無視して、権力を手放さなかった。さらに、ソ連外務大臣モロトフ(一八九〇—一九八六)もグローザ政権の正当性を主張した。そのため、マニウは外国メディアの取材において、「一九四四年三月に、モロトフ氏は、ルーマニアが枢軸国陣営から離脱し、連合国陣営に加われば、ソ連と他の連合国はルーマニアの独立を尊重し、国内問題に干渉しないと宣言した」と、ソ連の内政干渉に対して牽制《けんせい》を入れつつ、以下のように、モロトフの主張に反論した。

ルーマニアに民主主義政府が存在し、その政府は国民の圧倒的支持を得ているというモロトフ氏の主張は完全に根拠がない。グローザ政権は民主主義的な政府ではない。この政府が権力の座にあるのは、民主主義的な原理や慣例に基づいていない。……グローザ政権の統治手段は独裁的である。同政権は、武力や検閲、さらに歴史上比類のない恐怖によって維持されている。……したがって、国王は、ほぼ全国民の感情に一致して、このような政府を憲法的手続きで解任したのである。

このような状況のなかで、一九四五年十一月八日に、民族農民党系の青年団が中心となり、反共産党デモが組織された。グローザ政権はこれを武力で弾圧《だんあつ》し、多数の死傷者を出した。さらに、共産党はマニウたちを有罪にするため、拷問《ごうもん》などによって、逮捕者に偽《にせ》の自白を強要した。一方、マニウはグローザ政権に対してこの流血事件の責任を問い、連合国管理理事会に調査を要求した。そのため、同年十二月に、米英ソはモスクワ会議を開催した。しかし、マニウらがファシストであると強硬に主張するソ連に対して、英米は妥協して、グローザ政権を事実上認めた。ただし、その代わりに、民族農民党と自由党から一名ずつ大臣を出すこと、自由な選挙を実施することが取り決められた。こうして、政権崩壊の危機を乗り越えたグローザ政権は大規模なテロルを開始した。一九四六年八月二三日にスターリンに宛てたマニウの書簡には、その横暴《おうぼう》ぶりが如実《にょじつ》に表れている。

現在、民族農民党は不当な攻撃の対象となり、その指導者たちは虐殺《ぎゃくさつ》されたり、重傷を負わされている。同党の全ての政治活動に対して、様々な規制が設けられている。……政府はモスクワ会談の決定を守っていない。つまり、我々の機関紙は半ば禁止され、権利と自由は抑圧され、刑務所は我が党の支持者で溢《あふ》れている。我々の集会は禁止されるか、準軍事組織によって攻撃されている。思想の自由が存在していない。国民の意志を偽造するための選挙法が準備され、殺人鬼・暗殺者・犯罪者が罰せられず、反対にその不正行為に対して報酬《ほうしゅう》をもらい、犯罪と拷問が政府の保護のもとで行われている。政府関係者は、厚顔無恥《こうがんむち》にも、これらの暴力と弾圧がソ連の意志に基づき行なっているという噂を流している。……全ての政敵を抑圧《よくあつ》するために、政府はファシスト的手段を採用し、その恐怖と野蛮にルーマニアは苦しんでいる。民族農民党は政府によって作り出されたこの無秩序に抗議し、スターリン殿には、休戦協定の諸条件とモスクワ会議の決議を順守するよう、監督を願いたい。

このようにマニウが不屈に抵抗する一方で、米ソ関係の緊張化により、東欧問題に対してアメリカが本格的に介入する可能性が生じた。一九四六年十月に、トルーマンがルーマニアにおける共産党独裁の樹立に反対し、マニウらを支持する宣言を行なった。アメリカの外交的介入の実現まで、時間稼ぎとしてマニウたちは政府に総選挙を延期させる必要があった。しかし、共産党も自身が有利な状態での開催を目指し、十一月十九日に総選挙は実施されることになった。この総選挙において、グローザ政権は恐喝《きょうかつ》・暴行・妨害・偽造・虚言《きょげん》・ばら撒《ま》きなど、あらゆる選挙不正を行なった。その結果、共産党率いる国民民主戦線が四一四議席中三四七議席を獲得し、民族農民党は、マニウは当選したものの、三三議席しか得られず、大敗した。なお、近年の研究によれば、本当の選挙結果は民族農民党が勝利していたが、共産党がこれを不正にすり替えたとされている。いずれにせよ、この選挙結果によって、グローザ政権は国際的に承認され、議会に基づく政府になった。巻き返しを狙うマニウにとって最後の頼りはアメリカであった。しかし、一九四七年四月に開催されたモスクワ会議で米ソの対立は先鋭化《せんえいか》し、ソ連を硬化させただけで、アメリカは何の成果を得られなかった。

こうして、最後の希望が潰《つい》えたマニウは最後の足掻《あが》きを試みた。もはや国内において抵抗運動は不可能であると考え、その拠点を国外に移し、可能性を模索していくというものである。当時、政府の許可のない出国は禁止されていたので、秘密裏の計画であった。民族農民党内での協議の結果、マニウは国内に留まり、副党首ミハラケ（一八八二―一九六三）など主要幹部が渡米することになった。しかし、この試みは発案段階から情報が洩《も》れており、共産党はあえてマニウたちを泳がせていた。一九四七年七月十四日、ミハラケらが首都近郊のタマダウ村で用意していた飛行機に乗り込もうとしたその瞬間、彼らは秘密警察に逮捕された。同日、マニウも逮捕された。共産党はこの逃亡劇を最大限に利用し、内乱を企てた罪で民族農民党の全組織を解体し、その財産も没収した。さらに、マニウらは国会議員としての権利も剥奪《はくだつ》された。十月三一日には、マニウを被告とする裁判が行われた。裁判でマニウは、「ミハラケと他の友人たちの出国に対するモラル的・政治的責任は全て私にある」と述べたうえで、その目的が亡命政府の樹立ではなく、ルーマニアの状況を諸外国に知らせるためだと主張した。また、マニウは、破壊的活動の組織や暴力による政府打倒についても否定した。しかし、こうしたマニウの弁明は退けられた。マニウには、国家反逆罪・騒乱罪《そうらんざい》・内乱罪・不正国境通過陰謀罪《いんぼうざい》・憲法破壊陰謀罪などが確定し、終身刑・十年

裁判で供述するマニウ　1947年。
（Fotografia # T019, Fototeca online a comunismului românesc, [15.03.2020], ANIC, fond ISISP, Maniu-ultimul cuvant, 19. より）

間の市民権剥奪・罰金の支払いなどが言い渡された。マニウ、七四歳の時であった。

おわりに――肉体の死、精神の再評価

マニウの戦いは、共産党に対する敗北で終わった。彼は、ルーマニア東部の町ガラチの刑務所で四年間収監《しゅうかん》された。その後、北西部の町シゲトの刑務所に移送され、一九五三年二月五日に獄死《ごくし》した。享年八〇であった。マニウには自らの信念を貫き通す頑固《がんこ》さがあった。例えば、ルーマニア民族の権利を獲得するために恋愛を諦めたり、議会制民主主義を守るために政治理念の異なる勢力と手を組んだり、またソ連と共産党に対抗するために英米に一縷《いちる》の望みをかけ続けていた。しかし、その一途《いちず》さがマニウの魅力ともいえる。

一九八九年の東欧革命によって共産党の一党独裁が崩壊した現在、共産党時代以前の政治家が再評価されている。その中でも、マニウはひときわ大きな場所を占めている。彼が獄死した旧シゲト刑務所は、現在、「共産主義の犠牲と抵抗の記念館」になっている。その中には、「ユリウ・マニウ、民主主義の父」と題した展示室があり、彼は民主主義の擁護者《ようごしゃ》として表象されている。そして、何よ

マニウの像
ブカレストの革命広場（旧共産党本部前）におかれている。（筆者撮影）

りも、マニウの像が建てられた場所が印象的である。そこは、首都ブカレストにある旧共産党本部の目の前、一九八九年の革命の舞台となった場所である。あたかもマニウの頑固さが共産党に勝利したことを意味するかのようである。

⊙参考文献

小沢弘明『ヤルタ会談と鉄のカーテン―何が東欧の運命を決めたのか』（岩波書店、一九九一年）

高草木邦人「叩き上げの共産主義者チャウシェスク」（堀越孝一編『悪の歴史　西洋編〔下〕』（清水書院、二〇一八年）

藤嶋亮『国王カロル対大天使ミカエル軍団――ルーマニアの政治宗教と政治暴力』（彩流社　二〇一二年）

ジェセフ・ロスチャイルド（大津留厚　監訳）『大戦間期の東欧――民族国家の幻影』（刀水書房　一九九四年）

Istoria Partidului Naţonal Ţărănescu.Documente.1926-1947, Editura Arc, 1994.

Iuliu Maniu in faţa istoriei, Editura Gandirea Romanească,1993.

Iuliu Maniu.Un creator de istorie, Fundaţia Academia Civică,2008.

Apostol Stan, *Iuliu Maniu:Biografia unui mare roman*, Saeculum I.O.,1997.

社会主義と民主主義の両立を最期まで信じ続けた男

アジェンデ

…Salvador Allende Gossens…

安井 伸

南米チリに、世界で初めて自由で競争的な選挙で社会主義政権が誕生してから、今年で半世紀を迎える。しかし、その政権を率いたアジェンデ(一九〇八—七三)大統領の名を知る日本人は必ずしも多くないだろう。

一九七〇年十一月四日に誕生したチリ人民連合政権は、米系資本の所有する銅鉱山の接収と国有化、農地改革の拡大による大土地所有の一掃《いっそう》、銀行及び基幹産業の国有化、一連の所得再分配政策等、選挙綱領に掲げた諸政策を矢継《やつぎ》ぎ早に実行に移した。これらの政策は、国内外からの強い抵抗に遭いながらも、当初は有効需要の拡大による経済成長をもたらした。しかし、主要輸出品である銅価格の低下やアメリカ中央情報局(CIA)の支援するトラックストを背景に、徐々に物資の不足が広まり、深刻な財政赤字とインフレの進行に悩まされることとなった。一方、七三年四月の総選挙で人民連合は支持を拡大するも過半数には届かず、政治的行き詰まりから、同年九月十一日、軍のクーデタによりアジェンデ政権は崩壊した。

「私を銃弾で蜂《はち》の巣にしない限り、人民連合綱領の実現を止めることはできないだろう」と、かねてより警告していたアジェンデは、その約束通り最後まで大統領府に残り闘い続けた。アジェンデ一人を打倒するために空軍が何度も大統領府を爆撃する光景はあまりに異様であった。しかしそれにもまして人々の心を捉えたのは、アジェンデが大統領府から国民を鼓舞した最後の演説であり、これは現代史上もっとも偉大な演説の一つに数えられている。

チリの「民主主義的伝統」

一九七二年十二月、アジェンデ大統領は国連総会での演説に臨みこう切り出した。

私はチリという小さな国から参りました。小さな国ですが、今日、すべての国民が心の赴くままに自由に意見を表明でき、文化・宗教・イデオロギーが制限なく尊重され、人種差別は存在しません。労働階級が一つの統一組織に団結し、秘密投票による普通選挙の実施が複数政党制の基盤となり、議会は一六〇年前の創設以来途切れることなく活動し、司法は行政から独立し、憲法は一八三三年から一度書き換えられたにすぎません。

ここからも見て取れるように、チリが平和的手段により社会主義に到達できるとのアジェンデの信念を支えたのは、ラテンアメリカでは例外的とされた、チリの「民主主義的伝統」への強い信頼感であったことは間違いない。

ラテンアメリカ諸国の多くは十九世紀初頭に独立を果たしたが、その後も地域間の対立やカウディージョと呼ばれる軍事的・政治的指導者間の権力闘争が続き、国家統合への道は多難を極めたことが知られている。これに対しチリでは、早くも一八三〇年代には中央低地の大土地所有層を中心とする寡頭《かとう》勢力による中央集権的な政治支配体制が確立され、それ以来約一四〇年間にわたり南米でも最も政治的に安定した国の一つとされていた。

実際、一八三〇年から一九七三年までの約一世紀半の間に、一部の例外を除き、ほとんどの政権が合憲的な政権交代を果たした。とりわけ一九三二年から一九七三年にはすべて選挙を通じた合憲的な政権交代が行われたが、これは世界的に見ても、極めて稀なケースであった。

チリの「民主主義の伝統」については、様々な要因が挙げられてきたが、ここでは特にチリ特有の地理的要因に注目しておきたい。チリは南北が四〇〇〇キロメートルを超える一方、東西の幅は平均二〇〇キロメートルほどの極端に細長い国土を有し、北は砂漠地帯、東は峻険《しゅんけん》なアンデス山脈、南は氷河地帯、西は広大な太平洋に囲まれた事実上の「島国」としての特徴を有し、首都サンティアゴを中心とする中央低地は温暖な地中海性気候で肥沃な農業地帯として早くから栄えてきた。

「民主主義の伝統」の第一の側面は、まさに独立後比較的早期にこの中央低地の寡頭勢力による中央集権体制が確立されたことにあった。これら寡頭勢力は、大土地所有制を基盤とした中央集権体制の確立に成功するとともに、新たな社会変化に対応して、新興勢力を既存の体制に巧みに取り込みつつ、二〇世紀の初頭に至るまで、相対的に安定した政治体制を保った。

チリの「民主主義の伝統」のもう一つの側面は、独立性の強い左派政党の存在である。アルゼンチンのペロニスタ党やメキシコの制度的革命党（ＰＲＩ）に代表されるポピュリスト政党が幅を利かせてきたラテンアメリカ諸国では、ポピュリスト政党に労働者の支持が集まり、独立した階級的左派政党の発展を妨げがちであった。これに対しチリでは、寡頭政治が展開する首都サンティアゴから遥か遠い、北部の鉱山地帯の労働者を中心に早くから労働者階級の組織化が進んだことが、欧州にみられるような自律的な階級政党の発達に繋《つな》がったと考えられている。一九一二年には労働者社会主義党が結成され、一九二二年に共産党と改名し、早くも一九二六年の議会選挙で五名の下院議員と一名の上院議員の選出に成功、全国政党として定着した。他方、一九三三年にはアジェンデも結党に加わり社会党が結成された。両党は時にライバル、時に味方として、二〇世紀チリ政治の重要な一角を占め続けた。労働組合と左派政党が、時の政権による度重なる「上からの」取り込みの試みにもかかわらず強い独立性を保った要因の一つは、チリの労働運動の起源が、政治権力の中枢《ちゅうすう》であるサンティアゴとその周辺の肥沃《ひよく》な中央低地から遙か北に離れたアタカマ砂漠の人口希薄な鉱山地帯にあったという地理的要因に求められるだろう。ちなみに、チリの国富の源となってきた北部鉱山地帯は、一八七九年に始まる太平洋戦争の勝利によりペルー・ボリビアから確保した領土であった。

このように、チリの「民主主義の伝統」には、十九世紀的な中央低地の寡頭層による「上からの」伝統と北部鉱山地帯に起源をもつ左派政党による「下からの」より新しい伝統という二つの側面があった。これに加えて、チリの軍の伝統として、「政治への不介入の原則」がまことしやかに信じられていたのも事実であった。このような「民主主義の伝統」を象徴する歴史的できごととして、一九三八年の人民戦線政権の誕生と一九七〇年のアジェンデ人民連合政権の誕生が挙げられる。中でもアジェンデ政権の誕生と崩壊は、チリの「民主主義の伝統」の到達点と限界を明らかに象徴するできごとでもあった。

アジェンデはいかにして民主主義的革命家になったのか

民主主義的革命家アジェンデはどのようにして生まれたのか、その生い立ちから辿《たど》ってみよう。サルバドール・アジェンデ・ゴッセンスは、一九〇八年チリの首都サンティアゴから西に一五〇キロメートルほどに位置する港町バルパライソで誕生した（一説にはサンティアゴ生まれ）。父は弁護士で母は公証人という比較的裕福な中産階級出身であった。アジェンデの政治的立場には、その家系、とりわけ父方の影響が大きかったとみられる。アジェンデの曽祖父は独立戦争で活躍した従軍医であり、祖父のラモン・アジェンデ・パディン（一八四五―八四）をはじめとする父方の家系には急進党の議員を務めた者が多かった。祖父のパディンは、医師でもあり、またチリ最初の非教会系の学校を創設した人物で、その政治的立場から通称「赤のアジェンデ」と呼ばれるなど、後のアジェンデに少なからぬ影響を与えた。ちなみに父方と母方の家系は、一八九一年の内戦では敵同士であったことが、アジェンデの平和主義に影響を与えたとの見方もある。

十二歳で再びバルパライソに戻ってくるまでに、アジェンデ家は何度か地方への引越を繰り返しており、少年時代から地方の現実をつぶさに観察したことが、後の政治家アジェンデの財産になったことは想像に難くない。

幼いころのアジェンデは、飛び切り「おませ」な少年だったようで、明らかに周りの子供たちとは違う洗練された格好をし、そのせいもあってか女の子にもよくもてていたらしい。「三つ子の魂百まで」と言うが、大人になってからもアジェンデには身だしなみには人一倍気を遣う、おしゃれな一面があった。当然女性からの人気もあり、プレイボーイな一面があったことについては、伝記等でもしばしば触れられているところである。また、少年時代から聡明であったアジェンデであるが、スポーツに秀でていたことでも知られている。後日の黒縁メガネの印象からすると意外な気もするが、水泳と十種競技では全国一位になったこともあるというから筋金入りである。

青年時代のアジェンデに最も思想的影響を与えたのは、イタリア出身の靴職人でアナーキストのファン・ディマルチという人物であった。当時アジェンデは十四、五歳、一方のディマルチは六〇歳を過ぎていたというが、学校帰りに彼のところに行って本を借りては、社会主義の理論的手ほどきを受けたという。後のアジェンデが、決して教条的な社会主義者ではなく柔軟で現実主義的なスタンスをもっていた一因はこのあたりに見出し得るかもしれない。

その後、自ら志願をして兵役に参加している。平和主義者でありながら、軍や軍人に対してアレルギーがなく、むしろ、(結果的に)過剰とも思える信頼を寄せていたのは、この時の経験が大きかったようだ。またさまざまな階級出身者との共同生活は、社会問題への関心を深める結果となった。兵役を終えると、チリ大学の医学部に入学するが、当時は医学部が最も「政治的に進んでいた」らしく、アジェンデも例にもれず学生運動に身を投じ、一九三〇年にはチリ学生連盟の副代表に選ばれている。それでもまだ足りなかったのか、学業と学生運動の傍ら、ボクシングとレスリングにもいそしんだ。政治活動が原因で一時的に大学を追放されたり、成績優秀であったために復学を許されたりと目まぐるしい大学生活であったようだ。しかし一度、警察に捕まっている間に父親が亡くなってしまったときには、相当堪えたらしく、父親の墓前で「一生社会闘争に身を捧げる」と誓ったと後年話している。

医学部を卒業した一九三三年には、二五歳の若さで社会党の結党に参加した。三七年には下院議員に選出、翌三八年フランス、スペインに次いでチリに人民戦線政権が誕生すると、アジェンデは三一歳にして厚生大臣に抜擢《ばってき》された。その後も四五年に上院議員に選出され、六六年からは上院議長を務めた。その間、五二年には初めて大統領選挙に出馬し、以後五八年、六四年、七〇年と連続四度にわたり大統領選挙に立候補し、遂に一九七〇年の大統領選で勝利を収めた。

人民戦線から人民連合へ——四度目の正直

一九三八年、人民戦線のアギーレ・セルダ(一八七九—一九四一)政権が誕生すると、アジェンデは厚生大臣に任命された。チリの人民戦線は、コミンテルンが反ファシズム統一戦線の結成へと路線転換したのを受けて、一九三六年に共産党の呼びかけで社会党と中道の急進党が参加して結成されたが、あくまで急進党主導の政権であり、政策的には当時南米を席巻したポピュリスト政権との共通点が多くみられた。

アギーレ・セルダ大統領は、「統治することは教育することである」をキャッチフレーズに、公教育の充実に力を注ぎ、同時に工業化の推進、社会保障政策・労働法制の整備等に努めた。アジェンデも厚生相として健康保険制度の基盤作りに足跡を残した。しかし、アギーレ・セルダは四一年に任期半ばで病に倒れ、前後して人民戦線も解消し、その後には、ファン・アントニオ・リオス(一八八八―一九四六)、ゴンサレス・ビデラ(一八九八―一九八〇)の二人の急進党出身の大統領が続いた。

人民戦線の挫折《ざせつ》から人民連合が勝利するまでの約三〇年間は、まさに信念の人アジェンデの本領が発揮された三〇年であった。この間アジェンデは下院議員から、上院議員、そして最後には上院議長として議会運営に携わり、労働者の権利の増進や貧困層の生活改善等に関する数々の重要法案の法制化に尽力した。その傍ら、左派勢力の結集による政権の奪取にも力を注いだ。そのための必要条件は、一にも二にも、共産党と社会党の左派二政党の共闘であったことは言うまでもない。一九五二年に初めて大統領選に出馬し、その後連続して四度の大統領選に出馬したアジェンデであったが、その道は決して平坦ではなかった。とりわけ、所属する社会党は、人民戦線以後も、分裂と路線対立を繰り返し、アジェンデを悩ませ続けた。しかし、アジェンデは不屈の精神で常に逆境を乗り越え、粘り強く政権獲得のチャンスを待ち続けた。

人民戦線が四一年に早々と解消してしまった後も、共産党は急進党政権への協力を維持し、四六年にゴンサレス・ビデラ政権が誕生した際には、初めて同党出身の閣僚が誕生した。ところが四八年、同政権は一転して共産党を非合法化する法案を提出した。この時に議会でもっとも激しくこの法案を糾弾《きゅうだん》したのが当時上院議員だったアジェンデだった。しかし、社会党の中には法案に賛成する者も多く、この問題をめぐり党は分裂し、アジェンデは新たに結成された人民社会党(以後、PSP)に所属することになった。こうして共産党は、その後十年間の「冬の時代」を迎えたが、同時に、共産党の非合法化は副作用として社会党の分裂をもたらし、チリの左派勢力にとって大きな打撃となった。

それでもアジェンデは、諦《あきら》めなかった。議会で共産党を擁護《ようご》した縁もあり同党からの強い信頼を得ていたアジェンデであったが、彼自身、同党の掲げる「平和路線」に対する強いシンパシーを抱いていた。五一年、PSPが翌年の大統領選で元軍人のイバニェス(一八七七―一九六〇)への支持を決めると、それに反対したアジェンデは今度はPSPを抜けて、弱小政党化していた社会党に復帰し非合法下にあった共産党とともに「人民の戦線」を結成した。これが、以後一九七三年のクーデタに至るまで崩れることがなかった、両党間、とりわけ共産党とアジェンデの間の共闘関係の始まりとなった。五二年の大統領選に当たり、「人民の戦線」はアジェンデを候補に擁立したが、わずか五・四%の得票にとどまり、ほろ苦いデビュー戦となった(**表1**)。

五二年の大統領選にまつわるエピソードとして、アジェンデがチリの歴史上最後と言われる公開決闘をおこなったことにも触れておこう。決闘の相手はラウル・レティグ(一九〇九―二〇〇〇)。急進党の上院議員で、二人は中学時代の悪友でもあったが、鉱山労働者の賃上げに関する法案をめぐる議会での議論が白熱し、罵《のの》り合いから最後にはレティグが決闘を申し入れるに至った。当日、二人の放った銃弾はお互いを掠《かす》めることなく事なきを得たという落ちであるが、後にアジェンデはレティグをブラジル大使に任命しているので関係は修復したものと思われる。実はある女性をめぐる争いが背景にあったとの噂もあるが、真相は定かでない。むしろ大統領選に向けての宣伝効果はあったかもしれない。ちなみにレティグは、一九九〇年にチリが民政移管を果たしたときに、エイルウィン大統領から真実和解委員会の委員長に任命され、俗にレティグ報告と呼ばれる報告書をまとめたことで知られている正義漢であった。同委員会は、後の南アフリカなどでの和解委員会の前例となったことでも知られている。

さて五二年の選挙では惨敗を喫したアジェンデであったが、六年後、五八年の大統領選では、「あわや当選」という躍進をみせた。躍進の一番の要因は、同年の選挙法改革により、特に農村部で横行していた票の買収・操作が困難になったことであったが、左派勢力側の変化も重要であった。まずイバニェス政権に見切りをつけたPSPが、「人民の戦線」への合流を決め、新たに「人民行動戦線(FRAP)」と命名された。これをきっかけに社会党が再統一を果たし、またその後共産党が再合法化されたことにより、ようやく完全な形で左派連合が結成された。

しかし、社会党内に根強い反アジェンデ派が存在していたことから、当のアジェンデは当初大統領候補になることには消極的であった。最終的に出馬の決め手になったの

表1　大統領選挙での各政党の得票率

1952年大統領選挙	%
カルロス・イバニェス(独立)	46.8
アルトゥーロ・マテ(自由党・右派)	27.8
ペドロ・エンリケ(急進党・中道)	19.9
サルバドル・アジェンデ(社会党・左派)	5.4

は、非合法の「冬の時代」にも自分たちを見捨てなかったアジェンデに対して共産党員から圧倒的支持が示されたことであった。

一旦候補に決まると、アジェンデは大々的に全国遊説《ゆうぜい》を開始した。とは言え資金は限られていたため、鉄道労組の協力により機関車一台を借り切り、芸術家やパフォーマーを引き連れて、文字通り長細い国土の津々浦々をめぐる遊説を敢行《かんこう》した。この「勝利の汽車」と名付けられた遊説では、政治家アジェンデの非凡さと豪傑ぶりがいかんなく発揮《はっき》された。アジェンデは毎日五回以上の演説をこなし、彼が歩く周りには常に人だかりと笑顔が広がった。朝、昼、夜を問わず行く先々の町や村の大衆とともに食事をし、ワインを飲み、語る。アジェンデ自身はほとんど睡眠をとらず、少しの空き時間に熟睡し、目覚めると頭脳明晰《めいせき》であったという。付き添いのスタッフは、彼のペースにはとてもついていけず、どんどん人を変えながらもアジェンデ自身はピンピンしていたという。

この遊説で全国区の人気を獲得したアジェンデは、五八年の選挙で、僅か三万数票の差で、右派のアレサンドリ（一八九六—一九八六）に敗北を喫した。負けこそしたものの、左派の候補が大統領選で勝利する現実的可能性があることを内外に示した選挙となった。実際、右派の差し金と目された泡沫《ほうまつ》候補サモラノの票がもしそのままアジェンデに投票されていたと仮定すれば、選挙結果は逆転していたかもしれなかった（**表2**）。

一九六四年の選挙はアジェンデにとって三度目の正直となるかどうかの正念場となった。この時ばかりはすんなり大統領候補に選ばれたアジェンデであったが、チリを取り巻く情勢は前回の五八年選挙とは大きく変化していた。それは、チリ大統領選の国際問題化であった。キューバ革命の成功とその社会主義化により、ラテンアメリカ情勢は大きく様変わりをしていた。各国でゲリラ活動が活発化し、革命的雰囲気が醸成《じょうせい》される一方で、南米大陸における左派の伸長に神経を尖らせていた米国は、CIAを通じてアジェンデの対立候補に資金援助を惜しまなかった。

もし六四年の選挙に右派、中道、左派がそれぞれ候補を擁立していたら、アジェンデの勝利は六年早まっていたかもしれなかった。しかし幸か不幸か、大統領選の直前に実施されたある補欠選挙で大方の予想を裏切って左派候補が勝利したことが選挙の構図を変えてしまった。急遽右派は候補の擁立《ようりつ》を断念、事実上中道のフレイ(一九一一―八二)候補に相乗りし、フレイは地滑り的勝利を収めた。三八・六%を獲得したアジェンデは二位に沈んだ(**表3**)。

この敗北から、共産党と社会党が、ほぼ正反対の結論を導いたのは興味深い。つまり、共産党が平和路線の継続、すなわち選挙による権力の奪取にさらなる確信を得たのとは対照的に、社会党内では選挙による勝利への悲観論が支配的となり、武装革命不可避との論調が優勢になっていった。実際に六七年の党大会では武装闘争路線が是《ぜ》とされ、「選挙への過剰な信頼」が槍玉《やりだま》に上がるなど党の大勢とアジェンデの立場との乖《かい》離《り》は明白であった。

六九年FRAPの発展的解消として、左派六政党からなる人民連合

表2　大統領選挙での各政党の得票率

1958年大統領選挙	%
ホルヘ・アレサンドリ(独立・右派)	31.2
サルバドル・アジェンデ(社会党・左派)	28.5
エドゥアルド・フレイ(PDC・中道)	20.5
ルイス・ボサイ(急進党・中道)	15.4
アントニオ・サモラノ(独立)	3.3

表3　大統領選挙での各政党の得票率

1964年大統領選挙	%
エドゥアルド・フレイ(PDC・中道)	55.6
サルバドル・アジェンデ(社会党・左派)	38.6
フリオ・ドゥラン(急進党・中道)	4.9

（UP）が結成されたときにもアジェンデが統一候補に選ばれるまでには紆余曲折《うよきょくせつ》があった。しかし、参加諸政党を束ねつつ、チリ国民の幅広い支持を集める経験と覚悟とカリスマ性を兼ね備えた指導者がアジェンデ唯一人であったことは、おそらく誰の目にも明らかであった。人民連合の結成とアジェンデの大統領就任は、紛れもなく彼がチリの左派諸政党、労働者・人民大衆とともに闘った四〇年の到達点であった。

アジェンデ政権の一〇〇〇日

一九七〇年九月四日の大統領選では、僅差ながらアジェンデが右派のアレサンドリ候補を破り、一位となったが（**表4**）、大統領就任には議会での決選投票を待たねばならなかった。米国は議会工作とＣＩＡの支援によるクーデタの両面からアジェンデ政権の誕生阻止を図ったがいずれも失敗に終わり、十一月四日アジェンデ人民連合政権が誕生した。

「人民連合綱領」と「人民政府の最初の四〇政策」に示された、同政権の主要政策には、主要輸出品を産出する銅鉱山の国有化（米系企業からの接収）、農地改革の加速化による大土地所有制の根絶、銀行と主要産業の国営化、児童への一日半リットルの牛乳配布等が含まれていたが、いずれも国内外からの抵抗と反発が必至であったのは言うまでもない。

冒頭でも見たように、最初の一年間こそ経済は好調に推移したかに見えたものの、二年目以降は内外の妨害活動や政府の失策も重なり経済は悪化の一途をたどり、財政の悪化やインフレの昂進《こうしん》に

表4　大統領選挙での各政党の得票率

1970年大統領選挙	%
サルバドル・アジェンデ（社会党・左派）	36.6
ホルヘ・アレサンドリ（独立・右派）	34.9
ラドミロ・トミッチ（PDC・中道）	27.8

歯止めがかからなかった。大企業を中心とする経営者団体だけでなく、中産階級の多くも反政府側にまわり始めるなか、ＣＩＡの支援するトラックストが物資不足と闇市場の拡大を加速させ、政権にとって大きな打撃となった。

一方で、七一年の地方選では政府に対する支持は拡大しており、政府を支持する労働者が自ら工場を占拠して操業するなど政治・社会の分極化がエスカレートしていった。七三年四月の議会選でも、人民連合は予想を上回る票を獲得したものの過半数には届かず、他方で野党勢力も大統領弾《だん》劾《がい》に必要な議席を獲得できなかったため、合憲的に政府を打倒する可能性のなくなった反対派には、事実上クーデタ以外の選択肢がなくなってしまった。

アジェンデは、軍のトップを閣僚に任用したり、中道キリスト教民主党との妥協を図ったり、国民投票による形勢逆転を模《も》索《さく》したりと、最後まで事態の改善に尽くしたものの、肝《かん》心《じん》の社会党が党大会で再び武装闘争路線を採択するなど、人民連合内での足並みの乱れにも足を引っ張られる結果となった。そして迎えた七三年九月十一日、大統領府の中で軍に囲まれたアジェンデは、国民に向けて最後の演説を行った。

労働者諸君、私は辞任しない。この歴史的な瞬間に臨んで、私は死をもって人民への忠誠を示そう。幾千ものチリ人の尊厳《そんげん》ある良心にまかれた種は、決して根絶されることはないと、私は確信している。敵は強力でわれわれを屈服させるだろう。しかし、犯罪や暴力で、社会の歩みを止めることはできない。歴史はわれわれのものであり、人民こそが歴史をつくるのだ。

　裏切りが覆《おお》いつくそうとするこの暗く苦いときを、乗り越える者が現れるだろう。忘れてはならない、やがて大通りが再び開かれ、その上を自由な人間がよりよき社会の建設を目指して歩き出すことを。

　チリ万歳！　人民万歳！　労働者万歳！

エピローグ

　最後の演説を終えたアジェンデは、わずかな側近とともに大統領府に残り抵抗を続けたが最後には、カストロにプレゼントされたとされる自動小銃で自殺した。その後、チリは十六年半におよぶ暗く残虐《ざんぎゃく》な軍政の時代に入り、数千人の死者・行方不明者、数万人から数十万人の逮捕者・拷問《ごうもん》被害者に加え、それを凌駕《りょうが》する数のチリ人が亡命を余儀なくされた。アジェンデがチリの労働者大衆と一緒に見た夢の代償はあまりにも大きかったと言わざるを得ないかもしれない。

　アジェンデの名前サルバドールは「救世主」を意味するが、やはり彼は、自己の理想とチリの労働

アジェンデ最後の写真　1973年9月11日。（TCD/ProdDB/Alamy提供）

者との公約を守り続けた「殉教者《じゅんきょうしゃ》」として歴史に名を刻まれることになるだろうか。本稿の最後に、死の一年前に彼が行った演説の一説を引用しておきたい。

私には伝道者の資質も救世主の資質もない。殉教者の資格もない。私は人民に託された任務を遂行する一介の社会運動家に過ぎない。しかし、歴史を巻き戻そうとし、チリ人の多数の意思に耳を貸そうとしない者たちは思い知るがいい、私は殉教者でなくとも一歩も引き下がりはしない。

【執筆者略歴】（掲載順）

有光 秀行（ありみつ ひでゆき）
一九六〇年、宮城県生まれ。一九九二年、東京大学大学院単位取得退学。博士（文学）。現在、東北大学大学院教授。主要著作：『中世ブリテン諸島史研究』（刀水書房、二〇一三年）

佐藤 猛（さとう たけし）
一九七五年、北海道に生まれる。二〇〇五年、北海道大学大学院文学研究科博士課程単位取得満期退学。博士（文学）。現在、秋田大学教育文化学部准教授。主要著作・論文：『百年戦争期フランス国制史研究――王権・諸侯国・高等法院』（北海道大学出版会、二〇一二年）、『百年戦争――中世ヨーロッパ最後の戦い』（中央公論新社、二〇二〇年）、「一四・一五世紀フランスにおける国王代行官と諸侯権――一三八〇年ベリー公ジャンの親任を中心に」（『西洋史学』二二七、二〇〇五年）、「百年戦争期フランスにおける諸侯権と王権――親王領の変質を焦点に」（『史学雑誌』一一五―九、二〇〇六年）、「中世後期アンジュー公国におけるルネ・ダンジューの奉仕者集団――ボーヴォー家（一・二）」（『秋田大学教育文化学部研究紀要』七四・七五、二〇一九・二〇年）

林 亮（はやし りょう）
一九七八年、神奈川県生まれ。二〇一三年、日本大学大学院文学研究科博士後期課程外国史専攻修了。博士（文学）。現在、日本大学非常勤講師。主要論文：「中世盛期フランス王領地における騎士身分の形成」（『史叢』七八号、二〇〇八年三月）、「中世キリスト教指導者層による騎士理念の構築と称揚」（『日本大学文理学部人文科学研究所 研究紀要』八一号、二〇一一年三月）、「中世フランス貴族による騎士理念形成の一形態――宮廷と騎士道文学の検討を中心に――」（『桜文論叢』九六号、二〇一八年二月）、「中世ヨーロッパにおける古代ローマ軍の記憶の継承と受容について――ウェゲティウス『軍事覚書』の検討を中心に――」（『史叢』九九号、二〇一八年九月）

馬渕 彰（まぶち あきら）
一九六四年、静岡県生まれ。二〇〇〇年、ケンブリッジ大学・大学院Ph.Dコース、歴史学研究科修了。現在、日本大学法学部教授。主要著作・論文：『マックス・ヴェーバー「倫理」論文を読み解く』（共著）（教文館、二〇一八年）、『悪の歴史 西洋編（下）』（共著）（清水書院、二〇一八年）、『オックスフォード ブリテン諸島の歴史 第九巻 一八一五―一九〇一』（共訳）（慶應義塾大学出版会、二〇〇九年）、「十九世紀後半の政治問題でのメソディスト諸派の基本方針とその影響――メソディスト派定期刊行物上の国教制度廃止運動の関連記事を中心に」（『キリスト教史学』、二〇一四年）、「アレヴィ・テーゼ再訪――E・P・トムソン『イングランド労働者階級の形成』以後の論争を中心に」（『ウェスレー・メソジスト研究』、二〇〇六年）、「チャールズ・ウェスレー――福音と出遭った詩人」（『福音主義神学』、二〇〇四年）

藤井 真生（ふじい まさお）
一九七三年、長野県生まれ。二〇〇七年、京都大学大学院文学研究科指導認定退学。博士（文学）。現在、静岡大学人文社会科学部教授。主要著作・論文：『中世チェコ国家の誕生』（昭和堂、二〇一四年）、『中世仕事図絵』（翻訳）（八坂書房、二〇一七年）、「カレル四世の『国王戴冠式式次第』にみる伝統と国王理念の変容」（『断絶と新生』、慶應義塾大学出版会、二〇一六年）、「外国人に官職を与えるな」（『コミュニケーションから読む中近世ヨーロッパ史』ミネルヴァ書房、二〇一五年）、「イタリア司教の目に映った一五世紀のチェコ」（『地中海世界の旅人』、慶應義塾大学出版会、二〇一四年）

三森 のぞみ（みつもり のぞみ）
一九六三年、東京都生まれ。一九九九年、慶應義塾大学大学院文学研究科単位取得退学。現在、慶應義塾大学非常勤講師、早稲田大学非常勤講師、東京女子大学非常勤講師。主要著作・論文：『イタリア都市社会史入門――一二世紀から一六世紀まで』（共著）（昭和堂、二〇〇八年）、

キアーラ・フルゴーニ『アッシジのフランチェスコ　ひとりの人間の生涯』（翻訳）（白水社、二〇〇四年）、「フィレンツェにおける近世的政治秩序の形成」（『歴史学研究』第八二二号、二〇〇六年）

鈴木 直志（すずき ただし）
一九六七年、愛知県生まれ。一九九七年、中央大学大学院文学研究科西洋史学専攻博士後期課程単位取得退学。博士（史学）。現在、中央大学文学部教授。主要著作・論文：『広義の軍事史と近世ドイツ――集権的アリストクラシー・近代転換期』（彩流社、二〇一四年）、『ヨーロッパの傭兵』（『世界史リブレット』、山川出版社、二〇〇三年）、「連隊簿からみた近世プロイセン軍隊社会――一七九二年の歩兵第三連隊の事例」（『中央大学文学部紀要』（史学）第六二号、二〇一七年（上）、第六四号、二〇一九年（下））、「ラウクハルトとプロイセン軍」（『ヨーロッパ文化史研究』第一九号、二〇一八年）、「『広義の軍事史』の射程」（『海外事情』第六五巻四号、二〇一七年）

上田 耕造（うえだ こうぞう）
一九七八年、大阪府生まれ。二〇一〇年、関西大学大学院文学研究科史学専攻西洋史専修博士課程後期課程修了。博士（文学）。現在、明星大学教育学部准教授。主要著作・論文：「ブルボン公シャルル三世の叛乱――一六世紀初頭フランスにおける貴族層再編」（『関西大学西洋史論叢』第二〇号、二〇一八年）、「境域にたつサヴォワ伯――サヴォワ―フランス関係からみる中世後期フランスの内紛」（朝治啓三・渡辺節夫・加藤玄編『〈帝国〉で読み解く中世ヨーロッパ――英仏独関係史から考える』（ミネルヴァ書房、二〇一七年）、『図説　ジャンヌ・ダルク――フランスに生涯をささげた少女』（河出書房新社、二〇一六年）、『ブルボン公とフランス国王――中世後期フランスにおける諸侯と王権』（晃洋書房、二〇一四年）、『西洋の歴史を読み解く――人物とテーマでたどる西洋史』（共編著）（晃洋書房、二〇一三年）

野々瀬 浩司（ののせ こうじ）
一九六四年、神奈川県生まれ。一九九五年、慶應義塾大学大学院文学研究科博士課程単位取得退学。博士（史学）。現在、慶應義塾大学文学部教授。専門はスイス宗教改革史。主要著作・論文：『ドイツ農民戦争と宗教改革――近世スイス史の一断面』（慶應義塾大学出版会、二〇〇〇年）、『宗教改革と農奴制――スイスと西南ドイツの人格的支配』（慶應義塾大学出版会、二〇一三年）、『キリスト教と「寛容」――中近世の日本とヨーロッパ』（浅見雅一との共編著）（慶應義塾大学出版会、二〇一九年）、主要論文「宗教改革と都市共同体――ベルント・メラー説をめぐって」（『思想』第一一二三号、二〇一七年）、「宗教改革者と農奴制――ベルンの再洗礼派の例を中心にして」（『西洋史学』第二一二号、二〇〇四年）、「ドイツ農民戦争期におけるチューリヒの農奴制問題について」（『西洋史学』第一九七号、二〇〇〇年）

穴井 佑（あない たすく）
一九八一年、東京都生まれ。二〇一八年、明治大学大学院修了。博士（史学）。現在、明治大学・神奈川大学・フェリス女学院大学非常勤講師。主要論文：「イングランド革命期の教区社会における教会規律権論と聖餐式――ノリッジのセント・ピーター・マンクロフトを事例として」（『歴史学研究』第九九二号、二〇二〇年）、「空位期ノリッジにおける宗教対立の意義――セント・ピーター・マンクロフト教区を中心に」（『比較都市史研究』第三五巻一号、二〇一六年）、「初期スチュアート朝イングランドの安息日厳守主義と『ユダヤ教化』」（『西洋史学』第二五〇号、二〇一三年）

嶋中 博章（しまなか ひろあき）
一九七六年、北海道生まれ。二〇〇九年、関西大学大学院博士課程後期課程修了。博士（文学）。現在、関西大学文学部助教。主要著書：『太陽王時代のメモワール作者たち』（吉田書店、二〇一四年）、『フランス王妃列伝』（共編著）（昭和堂、二〇一七年）、『GRIHL　文学の使い方をめぐる日仏の対話』（共編著）（吉田書店、二〇一七年）、「歴史記述における史料の引用――瀕死の太陽王をめぐるダンジョー侯の証言」（篠田勝英・海老根龍介・辻川慶子編『引用の文学史――フランス中世から二〇世紀文学におけるリライトの歴史』(水声社、二〇一九年)、『はじめて学ぶフランスの歴史と文化』(共著)(ミネルヴァ書房、二〇二〇年)

白木 太一(しらき たいち)
一九五九年、東京都生まれ。一九八二年、早稲田大学第一文学部卒業。一九八六～八九年、ワルシャワ大学歴史研究所に留学。一九九二年、早稲田大学大学院文学研究科西洋史専攻単位取得退学。博士(文学)。現在、大正大学文学部歴史学科教授。主要著作・論文：『近世ポーランド「共和国」の再建』(彩流社、二〇〇五年)、『(新版)一七九一年五月三日憲法』(群像社、二〇一六年)、『ポーランド学を学ぶ人のために』(共著)(世界思想社、二〇〇七年)、「聖職者イグナツィ・クラシツキと一八世紀後半のヴァルミア司教区」(『鴨台史学』第九号、二〇〇九年)。

山中 聡(やまなか さとし)
一九七八年、京都府生まれ。二〇一〇年、京都大学大学院文学研究科博士後期課程修了。博士(文学)。現在、東京理科大学理学部第一部准教授。主要著作・論文：「共和国フランスは神を求める」(山﨑耕一・松浦義弘編『フランス革命史の現在』、山川出版社、二〇一三年)、「フランス総裁政府期の国民祭典」(『西洋史学』二六五、二〇一八年)、「第二次総裁政府期の立法府による共和暦の再普及と旬日祭典の再編」(『西洋史学』二四四、二〇一二年)、「第一次総裁政府期の敬神博愛教」(『西洋史学』二三三、二〇〇九年)

牛島 万(うしじま たかし)
一九六五年、京都府生まれ。上智大学大学院外国語学研究科国際関係論専攻博士後期課程満期退学修了。博士(言語文化学)。現在、京都外国語大学准教授。主要著作：『米墨戦争前夜のアラモ砦事件とテキサス分離独立――アメリカ膨張主義の序幕とメキシコ』(明石書店、二〇一七年)、『現代スペインの諸相――多民族国家への射程と相克』(編著)(明石書店、二〇一六年)、『世界地名大辞典 九 中南アメリカ』(共著)(朝倉書店、二〇一四年)、『スペイン文化事典』(共著)(丸善、二〇二一年)、『アメリカのヒスパニック=ラティーノ社会を知るための五五章』(共編著)(明石書店、二〇〇五年)、『労働に反抗する労働者――人民戦線期のパリとバルセロナにおける労働』(共訳)(大阪経済法科大学出版部、一九九八年)

上垣 豊(うえがき ゆたか)
一九五五年、兵庫県生まれ。一九八五年、京都大学・大学院博士課程修了。博士(文学)。現在、龍谷大学法学部教授。主要著作：『規律と教養のフランス近代――教育史から読み直す』(ミネルヴァ書房、二〇一六年)、『ナポレオン――英雄か独裁者か』(山川出版社、二〇一三年)、『はじめて学ぶフランスの歴史と文化』(編著)(ミネルヴァ書房、二〇二〇年)

中野 博文(なかの ひろひみ)
一九六二年、福岡県生まれ。一九九三年、学習院大学大学院政治学研究科博士後期課程修了。現在、北九州市立大学外国語学部教授。主要著作：『ヘンリ・アダムズとその時代――世界大戦の危機とたたかった人々の絆』(彩流社、二〇一六年)、「二〇世紀アメリカ民主政への接近視角」(金井光太朗編『アメリカの愛国心とアイデンティティ』、彩流社、二〇〇九年)、「『人種』をめぐる権利政治」(川島正樹編『アメリカニズムと「人権」』(名古屋大学出版会、二〇〇五年)

森 ありさ(もり ありさ)
一九六三年、東京都生まれ。一九九五年、学習院大学大学院人文科学研究科(史学専攻)博士後期課程単位満了。博士(史学)。現在、日本大学文理学部史学科教授。主要著作・論文：『アイルランド独立運動史』(論創社、一九九九年)、『世界歴史大系 アイルランド史』(上野格・勝田俊輔と編著)(山川出版社、二〇一八年)、'Major Willie Redmond and Irish Home Rule', Journal of International Economic Studies, Hosei University, No. 24, pp. 65-79, 2010.「アイルランドにおけるイースター蜂起(一九一六)の時代背景――スティーヴンス・グリーン占拠を中心に――」(『史叢』(日本大学史学会)九五号、二〇一六年)、「イースター蜂起一〇〇年期の記念行事と歴史認識」(『エール』〔日本アイルランド協会〕三六号、二〇一七年)、「第一次世界大戦一〇〇年期のメモリアル研究」(『桜文論叢』〔日本大学法学部〕九六巻、二〇一八年)

長沼宗昭(ながぬま　むねあき)

一九四七年、埼玉県生まれ。一九七一年、東京都立大学人文学部卒業、一九七八年、一橋大学大学院経済学研究科博士課程単位取得退学。二〇一八年、日本大学法学部〔教授〕定年退職。現在、日本大学文理学部非常勤講師。主要著作・論文：『講座世界史　五　強者の論理――帝国主義の時代』(共著)(東京大学出版会、一九九五年)、『ドイツ史研究入門』(共著)(山川出版社、二〇一四年)、「ポーゼン大公国のユダヤ人について」(『桜文論叢』〔日本大学法学部〕七〇巻、二〇〇八年)、「ドイツ・ユダヤ人にとっての異教徒間結婚Mischeheについて」(『政経研究』〔日本大学法学部〕第四九巻第四号、二〇一二年)、ニコラス・デ・ランジュ著『ジューイッシュ・ワールド』(翻訳)(朝倉書店、一九九六年)、『角川　世界史辞典』(共著)(角川書店、二〇〇一年)

川上英(かわかみ　えい)

一九七九年、ロンドン生まれ。二〇一一年、東京大学大学院総合文化研究科博士過程単位取得退学。現在、慶應義塾大学商学部准教授。主要論文："El cooperativismo y la industria chiclera en la época posrevolucionaria", *Mexican Studies/Estudios Mexicanos* 33(1), 2017.「反乱マヤ集団の対外戦略――『ユカタン・カスタ戦争』再考」(『イベロアメリカ研究』三六〔二〕、二〇一五年)、"Intermediario entre dos mundos: Francisco May y la mexicanización de los mayas rebeldes", *Historia Mexicana* 62(3), 2013

金田敏昌(かねだ　としまさ)

一九七七年、奈良県生まれ。二〇一〇年、慶應義塾大学大学院経済学研究科後期博士課程単位取得退学。現在、外務省大臣官房総務課公文書監理室記録審査員および大阪経済法科大学アジア太平洋研究センター(CAPP)客員研究員。主要論文：「ドイツにおける警察史研究の成果と課題」(『三田学会雑誌』一〇〇巻二号、二〇〇七年)、「連合軍進駐直後におけるドイツ警察の治安実践と住民感情――ゲルゼンキルヒェン市警が『特記』した外国人犯罪(一九四五年)」(『三田学会雑誌』一〇二巻三号、二〇〇九年)、「連合軍占領期のドイツにおける警察実践――ゲルゼンキルヒェン市の事例(一九四六―五一年)」(『現代史研究』第五七号、二〇一一年)、「国立公文書館所蔵『戦争犯罪裁判関係資料』の形成過程とBC級戦争裁判研究の可能性」(『歴史学研究』九四五号、二〇一六年)、「ヒトラー」(『悪の歴史　西洋編〔下〕』(共著)(清水書院、二〇一八年)、「厚生省統計が伝える台湾・朝鮮人BC級戦犯者数「三二一名」に関する検証――法務省資料を用いて」(『アジア太平洋研究センター年報』三二一八―二〇一九)

高草木邦人(たかくさき　くにひと)

一九七六年、群馬県生まれ。二〇一〇年、日本大学大学院文学研究科博士後期課程修了。博士(文学)。現在、日本大学経済学部専任講師。主要著作・論文：「二十世紀初頭のルーマニアにおける選挙権改革」(『東欧史研究』第二八号、二〇〇六年)、『歴史学と、出会う』(共著)(青木書店、二〇一五年)、『歴史を社会に活かす――楽しむ・学ぶ・伝える・観る』(共著)(東京大学出版会、二〇一七年)、『せめぎあう中東欧・ロシアの歴史認識問題――ナチズムと社会主義の過去をめぐる葛藤』(共著)(ミネルヴァ書房、二〇一七年)、『悪の歴史　西洋編〔下〕』(共著)(清水書院、二〇一八年)

安井伸(やすい　しん)

一九六八年、京都府生まれ。京都大学文学部史学科現代史専攻。二〇〇〇年、メキシコ国立自治大学政治社会研究科修士課程修了。ラテンアメリカ研究修士(社会科学)。現在、慶應義塾大学商学部准教授。主要著書・論文："Transición y consolidación democrática en Chile: un balance crítico de 20 años" (América Latina en la era neoliberal. Y. Murakami, comp.) IEP: Lima,

Perú, 2013.「地球の反対側では何が起こっているのか?——チリ現代政治史の研究——」(清水透他編著『ラテンアメリカ出会いのかたち』、慶應義塾大学出版会、二〇一〇年)、"Role of US-Trained Economists in Economic Liberalization: The Cases of Chile and Indonesia" (『社会科学研究』第五五巻第一号、東京大学社会科学研究所、二〇〇三年)、"El proceso político y la transformación agraria en Chile, balance histórico de la reforma y contrarreforma agrarias en Chile, 1964-1980" (『ラテンアメリカ研究年報』二〇号、日本ラテンアメリカ学会、二〇〇〇年)

2020年8月30日　第1刷発行

「俠《きょう》の歴史《れきし》」西洋編《せいようへん》（下《げ》）

編著者

堀越宏一《ほりこしこういち》

発行者

野村久一郎

印刷所

法規書籍印刷株式会社

発行所

株式会社 清水書院

〒102-0072

東京都千代田区飯田橋3-11-6

［電話］03-5213-7151㈹

［FAX］03-5213-7160

http://www.shimizushoin.co.jp

デザイン

鈴木一誌・吉見友希・仲村祐香

ISBN978-4-389-50125-9